Der Weg aus dem Labyrinth

Meinem Bruder gewidmet

Über mich

Ich bin im Februar 1968 in Basel geboren. Ursprünglich wollte ich Musiker werden; ich spielte Violine und Klavier. Als sich dieser Wunsch nicht erfüllte, begann ich, an der Universität Basel Medizin zu studieren. Nach dem zweiten Propädeutikum wechselte ich zu Kunstgeschichte, Geschichte und Philosophie. An einer Kunstschule bei Basel studierte ich, Teil- und Ganzzeit, sechseinhalb Jahre Malerei. Das Malstudium (mit therapeutischer Gewichtung) ermöglichte mir, Malunterricht zu geben und mit kranken Menschen zu arbeiten. Auch studierte ich an der Uni Basel ein Jahr Kulturmanagement.

Bereits mit zwanzig Jahren trat ich aus der katholischen Kirche aus. Auch war ich viele Jahre Mitglied der Allgemeinen Anthroposophischen Gesellschaft und der Freimaurerei.

An der Musikakademie Basel nahm ich Dirigier- und Kompositionsunterricht. Ich führte in Basel eine kleine Kunstgalerie. Auch organisierte ich dreimal zur Art Basel eine Künstlermesse und begründete in Hamburg eine Künstlergruppe mit. Lesungen eigener Texte und Aufführungen eigener musikalischer Kompositionen führten mich bis nach Hamburg und auch nach Leipzig.

PIRMIN A. BREIG

Der Weg aus dem Labyrinth

oder

Wie das selbstständige Denken
zum Faden der Ariadne wird

Erkenntnisse eines Platonikers
über Zusammenhänge und den Sinn des Lebens

Bibliografische Information der Deutschen Nationalbibliothek
Die Deutsche Nationalbibliothek verzeichnet diese Publikation
in der Deutschen Nationalbibliografie,
detaillierte bibliografische Daten sind im Internet
über dnb.dnb.de abrufbar.

TWENTYSIX – der Self-Publishing-Verlag
Eine Kooperation zwischen der Verlagsgruppe Random House
und BoD – Books on Demand

© 2021 Pirmin A. Breig
Herstellung und Verlag:
BoD – Books on Demand, Norderstedt

ISBN: 978-3-7407-8029-6

Inhalt

Vorwort 9

1. KAPITEL 15
Einleitung

2. KAPITEL 25
Über das Seelische, das Seelenleibliche und die symbolische
Schlange. Und über die Weisheit als gespiegelte
und verfälschte Wahrheit

3. KAPITEL 43
Das selbstständige Denken und das Erkennen der Lüge

4. KAPITEL 63
Mensch, Herdentier, Leittier

5. KAPITEL 73
Schöne Worte, Illusionen, Machtübernahme

6. KAPITEL 81
Über das Land Hyperborea, die Reinkarnation
und die Entstehung der abbildhaften Welt

7. KAPITEL 93
Über die Instanz der Liebe, das Männliche und das Weibliche,
den Baum des Lebens und das Problem der Auferstehung

8. KAPITEL **109**
Über die Entstehung Ur-Adams als Ur-Erde und die
Entstehung des Menschen und über »Göttersöhne«

9. KAPITEL **117**
Die Zukunft der Vergangenheit und das Prinzip
des allein Männlichen

10. KAPITEL **127**
Der »neue Adam« als Herdenmensch und die Aufrichtung
der Schlange am Tau

11. KAPITEL **131**
Über »Gott«, das Tier und den Roboter. Und über »Gott«
als Projektion und Spiegelung

12. KAPITEL **145**
Die abbildhafte Welt als eine nichtmenschliche
und hierarchische Welt

13. KAPITEL **151**
Der immerwährende Kreislauf des Geborenwerdens
und Sterbens

14. KAPITEL **169**
Der wahre Mensch und der wahre Christus. Der abbildhafte
Mensch und der falsche Christus

15. KAPITEL **179**
Das Ende der Menschheit um das Jahr 300 n. Chr. und die missglückte Übertragung des ewigen Lebens auf Jesus

16. KAPITEL 195
Die Entscheidungszeit und die Aufteilung der Menschen
in »Gute« und »Schlechte«

17. KAPITEL 203
Über Macht und Weisheit und über den »Heiligen Geist«

18. KAPITEL 215
Das Land Hyperborea und die Welt ausserhalb des Labyrinths

19. KAPITEL 225
Nietzsche und der Begriff des Übermenschen

20. KAPITEL 231
Die Illusion der Sophisten: Der »neue Adam«
als zukünftiger Mensch

21. KAPITEL 237
Die falsche oder verfälschte Wahrheit und der Baum
der Weisheit

22. KAPITEL 245
Mein Austritt aus der katholischen Kirche – und die Abschaffung des individuellen, selbstständig denkenden Menschen
durch die Anthroposophie

23. KAPITEL 255
Über Weltflucht und Weltverbundenheit

24. KAPITEL 261
Hyperborea, das Land »jenseits des Nordens«

25. KAPITEL 275
Jesus und die darwinistischen Gesetze

26. KAPITEL 281
Der abbildhafte Mensch und die Naturgesetze

27. KAPITEL 283
Der Mensch und seine Orientierung nach der Aufrechten

28. KAPITEL 293
Der »Gott« der Sophistik und seine zwei Janusgesichter.
Die Erde, die sich in Richtung der Waagrechten dreht.
Und das Urmünder-Problem

29. KAPITEL 309
Die Reinkarnation und das »Jüngste Gericht«

30. KAPITEL 319
Die Tag- und die Nachtseite. Das angeblich »Gute« und das Böse.
Und die »ewige Wiederkehr des Gleichen«

31. KAPITEL 335
Der Wissensverlust. Und die immerwährende Wiederkehr
Abels, Seths und Kains

32. KAPITEL 351
Die Wiederkehr der Geschehnisse Golgathas

LETZTES KAPITEL 365
Der wahre Mensch, der verloren geht und vergessen wird

Nachtrag 371

Vorwort

Mit meiner Schrift erhebe ich nicht den Anspruch, wissenschaftlich zu sein. Auch soll sie nicht als religiöse oder esoterische Schrift verstanden werden, auch wenn darinnen beispielsweise Begriffe wie Gnosis oder Gnostik enthalten sind. Doch diese Begriffe sind für mich völlig wertfrei, also an keine religiös-wissenschaftliche Definition oder zeitliche Einordnung gebunden. Vielmehr stehen sie für mich mit einer entsprechenden (generellen) Denkart in Zusammenhang. Nämlich mit einer entsprechenden (generellen) Denkart eines Gnostikers oder Platonikers, wie es ihn auch heute noch gibt – und die von einer entsprechenden (generellen) Denkart eines Sophisten oder Aristotelikers, den es ebenso auch heute noch gibt, prinzipiell unterschieden werden kann. Denn der Gnostiker oder Platoniker, wie es ihn auch heute noch gibt, arbeitet primär mit Erkenntnissen und Wissen, die von einem Jetzt und der Zukunft und vom individuellen, mündigen und selbstbestimmten Menschen ausgehen. Der Sophist[1] oder Aristoteliker dagegen mit Weisheiten und dadurch mit Vergangenem und mit dem Menschen, der als Kollektiv- oder Herdenwesen von einem »Gott« oder einer Führungsinstanz, also letztlich von einem »Übermenschen«, geleitet wird. Zur Sophistik gehören deshalb alle Religionen, aber auch Weltanschauungen wie die Theosophie oder die Anthroposophie – und selbst die Ariosophie, da sie ebenso auf Weisheiten und auf Vergangenem und letztlich auf einem »Führerprinzip« aufbaut. Die Sophistik pflegt das Nachdenken beziehungsweise das Übernehmen von

---

1 Der Begriff Sophistik geht auf das Wort Sophia zurück, das aus dem Griechischen oder Lateinischen übersetzt Weisheit bedeutet.

(bereits) gegebenen, auf darwinistischen und hierarchischen Prinzipien bauenden Glaubensgebäuden und Lehrgebilden – und die Verklärung. Dies im Gegensatz zur (im obigen Sinne verstandenen) Gnostik, die mit dem selbstständigen Denken, der Erkenntnis und dem Wissen in Zusammenhang steht und den aufgeklärten Menschen zum Inhalt hat – und deshalb in der Anschauung völlig frei und vorurteilslos ist. Die Sophistik entspricht Epimetheus, der sich letztlich mit der Pandora verbunden hat. Die (im obigen Sinne verstandene) Gnostik dagegen Prometheus, dessen Gattin die Pronoia war.[2]

Auch will ich nicht »belehren« oder irgendein »Geheimes« offenbaren. Im Gegenteil: Ich will lediglich aufzeigen und beschreiben, wie ich – als Platoniker – für mich den Weg zur Wahrheit, die für *meine* Existenz die richtige ist, gefunden habe. Und welche eigenen Erkenntnisse (nicht Weisheiten!) und Lebenserfahrungen damit verbunden sind.

Persönlichkeiten, die mir halfen, meinen Weg zu dieser, für mich richtigen Wahrheit zu finden, sind vor allem Platon und Nietzsche. Aber auch, wenn doch im umgekehrten (gespiegelten) Sinne, Rudolf Steiner. Die meisten meiner Erkenntnisse jedoch ergaben sich durch meinen Bruder, dem ich deshalb dafür sehr dankbar bin. Er allein ist für mich der Faden der Ariadne.

Wichtig ist mir, auf Folgendes hinzuweisen: Da es Begriffe gibt, die, aus dem Religiösen oder sogar Esoterischen entnommen, Vorurteile oder Ängste wecken, habe ich mir erlaubt, zwei

---

[2] In der griechischen Mythologie ist Epimetheus der nachdenkende und Prometheus der vorausdenkende Mensch.

solcher Begriffe, mit denen ich hier ebenso arbeite, mit neuen, eigenen zu ersetzen. Es sind das die beiden Begriffe »Luzifer« und »Ahriman«, welche letztlich nichts anderes bedeuten als »Licht« und »Finsternis« oder besser als »Lichtträger«[3] und »Schatten« – oder als »links« und »rechts« oder »gut« und »böse«. Während sich das »Luziferische« mit Fremden schmückt, ist das »Ahrimanische« als Nichts sich selbst. Ich bezeichne »Luzifer« und »Ahriman« fortan als das »scheinbar Lichthafte« und das »tatsächlich Dunkle« – obwohl ich damit selbstverständlich dennoch weiterhin die in der Sophistik gebräuchlichen Begriffe »Luzifer« und »Ahriman« meine.

Für jene Leser, die aber auch mit diesen Begriffen ihre Mühe haben, vielleicht dies: Das »scheinbar Lichthafte« und das »tatsächlich Dunkle« sind Ausdruck einer Dualität, wie sie in der Welt besteht und der auch der Mensch generell unterworfen ist. Also Ausdruck beispielsweise auch von »warm und kalt«, von »Leben und Tod«, von »Liebe und Hass«, von »Übersinnlichkeit und Sinnlichkeit«, von »Tag und Nacht« oder sogar von »Voll- und Neumond«. Auch die Begriffe »Herz und Verstand« gehören dazu, wobei der Begriff »Herz« mit dem »scheinbar Lichthaften« und der Begriff »Verstand« mit dem »tatsächlich Dunklen« in Zusammenhang gebracht werden kann.

Nach »gnostisch-platonischer«[4] Anschauung gehen aus diesen beiden Qualitäten letztlich die »geistige« und die

---

3   »Luzifer« bedeutet Lichtträger. Das Wort »Luzifer« stammt aus dem Lateinischen und ist zusammengesetzt aus *lux* für Licht und *ferre* für tragen.
4   Gnostisch bedeutet für mich platonisch. Und platonisch gnostisch. Dasselbe gilt für die Begriffe Gnostiker und Platoniker: Ein (echter)

materielle oder stoffliche Welt, also jene beiden Welten, in die der Mensch eingebunden ist und auch als »Himmel und Erde (und Hölle)« bezeichnet werden, hervor. Dem »scheinbar Lichthaften« kann auch die Intelligenz und das Genie beziehungsweise als deren Übersteigerung die Einbildung und die Überheblichkeit zugeordnet werden. Dem »tatsächlich Dunklen« dagegen der Hass, der Wahn, die Kontrolle und die Gewalt, aber auch das Gefühl der Minderwertigkeit und der (eigenen) Macht oder Ohnmacht. Auch beinhaltet das »scheinbar Lichthafte« die Lüge und das unrechtmässige An-sich-Reissen, Rauben, Entwenden. Und das »tatsächlich Dunkle« den Verrat und den Mord.

Platoniker ist für mich ein Gnostiker. Und ein Gnostiker ein (echter) Platoniker. Denn beide Begriffe haben für mich miteinander zu tun. Zudem: Sophistische Lehren sind Weisheitslehren. Vertreter der Weisheit können als Sophisten bezeichnet werden. Dies im Gegensatz zu Vertretern der Erkenntnis, die, zumindest für mich in dieser Schrift, Gnostiker oder Platoniker sind. Gnostische Erkenntnis, wie ich sie verstehe, basiert auf einem selbstständigen Denken und weist in die Zukunft (Prometheus). Sophistische Weisheit dagegen auf einem übernommenen und bereits gegebenen Wissen, einem Wissen, über das nachgedacht werden kann, und führt in die Vergangenheit (Epimetheus). Dieses übernommene und bereits gegebene Wissen erlangte und erlangt man meist in sogenannten Weisheitsschulen. Solche Weisheitsschulen befanden sich früher beispielsweise in Ägypten oder in Griechenland. Da auch der Gnostiker dieses sophistische Wissen studiert hat, weiss er über die Weisheiten der Sophistik Bescheid. Umgekehrt weiss der Sophist aber meist nichts von einem Wissen der Gnostik. Deshalb interpretiert er gnostische Texte oder Inhalte, wenn er in deren Besitz kommt, oftmals oder eigentlich immer ganz nur in seinem Sinn und seinem Verständnis, also rein sophistisch – und somit verfälscht oder falsch. Während platonisches Denken (Platonismus) auf der Erkenntnis einer Gnostik oder Gnosis basiert, fussen Religionen und Weisheitslehren (Aristotelismus) auf dem Überlieferten, Gegebenen einer Sophistik.

Dem »scheinbar Lichthaften« ist symbolisch die Schlange (oder auch der Hahn) und dem »tatsächlich Dunklen« der (Reichs-)Adler zugeordnet.

Auch den Reinkarnationsgedanken behandle ich so, als wäre er für die meisten Menschen bekannt – was er vielleicht heute auch ist. Unter Reinkarnation verstehe ich aber die Wiederverkörperung eines Menschen als Mensch und nicht, wie zum Beispiel der Buddhismus lehrt oder auch Pythagoras schilderte, eines Menschen als Tier. Und wenn doch, dann ist das aber völlig anders gemeint, weil das Tier in dem Sinne nichts mit dem eigentlichen, wahren Menschen zu tun hat. Aber dennoch versuche ich, alle Begriffe, die ich verwende und die nicht von vorneherein klar sein könnten, immer wieder in den Fussnoten zu erklären. Den Fussnoten kommt also eine wichtige Bedeutung zu.

Auch möchte ich erwähnen, dass ich den Namen »Gottes«, der im Alten Testament der Bibel mit Jehova (oder Jahwe) angegeben wird, beibehalten und nicht wie die katholische Kirche mit einem anderen Namen ersetzen möchte. Die katholische Kirche ersetzte ihn durch »Adonai«, »Herr«, weil auch sie, also wie die jüdische Tradition, der Meinung ist, dass der Name »Gottes« als »Ausdruck für dessen unendliche Grösse und Erhabenheit« weder ausgesprochen noch übersetzt werden soll. Deren Meinung bin ich selbstverständlich nicht. In gewissen, der (religiös-wissenschaftlich definierten) Gnosis zugeordneten oder auch allgemein sophistischen Schriften (zum Beispiel in der Nag-Hammadi-Schrift) wird Jehova auch mit Jaldabaoth übersetzt. Die Esoterikerin Helena Blavatsky bezeichnete Jehova dagegen als »Demiurg«. Damit verstand (auch) sie ihn als gemeinsamen »Sohn« des »scheinbar Lichthaften« und des »tatsächlich Dunklen«.

Meine Schrift beginne ich damit, dass ich vorerst auf Allgemeines und auch auf meinen Bruder eingehe – und erst dann, und auch durch ihn, von meinen philosophischen Erkenntnissen und Erfahrungen erzähle.

Pirmin A. Breig, Basel, im Dezember 2020

1. KAPITEL

Einleitung

Schon immer habe ich mich mit dem Sinn des Lebens beschäftigt. Und mit der Frage nach der Wahrheit. Deshalb begann ich schon früh, mich für Philosophen und deren Schriften zu interessieren. Vor allem für die Schriften Platons[5] interessierte ich mich. Aber auch für Schriften und Texte von Vorsokratikern wie Pythagoras. Auch mit den Stoikern[6] setzte ich mich intensiv auseinander. Denn deren Gelassenheit und innere Einstellung zum Leben und zur Welt beeindruckte mich. Die »Selbstbetrachtungen« Marc Aurels[7],

---

5   Platon, geboren 428 oder 427 in Athen oder Aigina und gestorben 348 oder 347 in Athen, war der Begründer einer oder *der* Philosophenschule in Athen. Ein berühmter Schüler seiner Philosophenschule war Aristoteles, geboren 384 in Stageira und gestorben 322 in Chalkis auf Euböa. Dieser musste die Schule jedoch aufgrund seiner wohl völlig anderen Sicht- und Denkweise verlassen. Platons Schule fiel zu ihrer Zeit dadurch auf, dass sie auch Frauen aufnahm. Platon war der Überzeugung, dass es keine spezifischen männlichen oder weiblichen Aufgaben gebe und deshalb beide Geschlechter die gleiche Ausbildung erhalten sollten. Zwei der berühmtesten Philosophinnen seiner Schule waren Axiothea und Lastheneia von Mantineia.

6   Die Stoa ist eine bedeutende philosophische Denkrichtung und Denkweise der griechischen Antike. Der Name geht auf die Säulenhalle (Stoa) auf der Agora, dem Marktplatz von Athen, zurück. Ihr Begründer war Zenon von Kition, 333 oder 332 in Kition geboren und 262 oder 261 gestorben, auch Zenon der Jüngere genannt. Er begann dort seine Lehrtätigkeit um 300 v. Chr.

7   Marc Aurel, geboren 121 in Rom und gestorben 180 in Vindobona (Wien), war ein römischer Kaiser, der als Kaiserphilosoph in die Geschichte einging. Er war einer der letzten Vertreter der ursprünglichen Stoa.

eines der letzten Vertreter der jüngeren Stoa, sollten sogar zu einer Stütze in meinem Leben werden. Ebenso verdanke ich den Humanisten und den Aufklärern sehr viel. Weil auch sie sich mit der Frage des Menschen beschäftigten. Friedrich Nietzsche[8] dagegen sollte für mich der Philosoph und Denker der Jetztzeit werden. Seine Aussagen und Erkenntnisse fordern mich bis heute.

Immer war für mich die Frage nach dem Menschen das zentrale Thema und nie eigentlich die Frage nach dem einen »Gott«. Denn dieser eine »Gott« interessierte mich nicht. Er war mir von Anfang an zu suspekt, da er in seinem Tun sehr willkürlich erscheint. Zudem gehen die Gesetze des Darwinismus auf ihn zurück, welche alles andere als Gesetze des Menschen sind. Denn die Gesetze des Menschen sind beispielsweise Rücksicht, Vernunft und Menschlichkeit. Die Gesetze »Gottes« dagegen Bestrafung, hierarchisches Denken und Unterordnung und Angst. Und das Recht des Stärkeren. Jehova ist nicht nur der »Gott« der Religionen (der für diese dann aber jedes Mal anders heisst), sondern auch, wie ich feststellte, der »Gott« der Natur – und den suchte ich nicht.

Vor allem aber habe ich einen Bruder, der in kein Glaubens- oder Weltanschauungskonzept hineinpasst. Und deshalb auch in kein darwinistisches Korsett. Weil er in allem ganz anders ist. Wie nicht von dieser Welt. Er ist es aber, der mich letztlich durch mein Leben führt. Durch sein Wesen, sein

---

8   Nietzsche, geboren am 15. Oktober 1844 in Röcken (Sachsen-Anhalt) und gestorben am 25. August in Weimar, war ein deutscher klassischer Philologe. Berühmt wurde er als Philosoph. Ab seiner Übersiedlung nach Basel 1869, wo er Professor an der dortigen Universität war, war er staatenlos.

Menschsein. Durch seine unendliche Menschenliebe und Selbstverständlichkeit. Wie ein persönlicher Berater und Freund begleitet er mich.

...

Wenn man in Basel wohnt, da begegnet man unweigerlich der Anthroposophie, einer Weltanschauung, die auf althergebrachten (esoterischen) Weisheiten fusst. Denn etwas ausserhalb von Basel, in Dornach, einer Vorortsgemeinde, steht das »Goetheanum«, der Weltsitz der Anthroposophen. Warum deren Begründer, Rudolf Steiner, seinen Weisheitsstempel mit dem Namen »Goetheanum« versah, bleibt mir bis heute ein Rätsel. Denn Goethe war beispielsweise Freimaurer und nicht Esoteriker. Vielleicht, weil er dessen *Faust* verehrte und sich selbst als eine Art Faust verstand? Rudolf Steiner scheint immer alles auf sich selbst bezogen zu haben, wenn er darinnen eine Bedeutung für sich und seine Weisheiten sah. So zumindest zeigte es sich mir, wenn ich ihn studierte. Und ich studierte ihn mehrere Jahre. Denn ich war selbst mehrere Jahre Mitglied der Allgemeinen Anthroposophischen Gesellschaft.

Mit grösster Wahrscheinlichkeit lag die Begeisterung Rudolf Steiners für Goethe aber an dessen Metamorphose-Schrift, die ihn sich an seine eigene Lehre der Umwandlung des Menschen hin zum »neuen Adam« erinnern liess.[9]

---

9   »Versuch die Metamorphose der Pflanzen zu erklären« lautet der Titel einer von Johann Wolfgang von Goethe im Jahr 1790 verfassten Schrift. 1800 nahm er sie, leicht überarbeitet, in den siebten Band der Neuen Schriften auf. Goethe soll mit seiner botanischen Schrift als Mitbegründer der vergleichenden Morphologie gelten.

Rudolf Steiners erster Tempel, der in der Silvesternacht 1922/1923 zerstört wurde – er wurde wie der Tempel der Artemis auf Ephesus oder später der Reichstag in Berlin durch Brandstiftung zerstört –, nannte er noch »Johannesbau«.

Von Marie Steiner, seiner Frau, gibt es eine Skizze, auf der man ihn neben dem Jünger Johannes unter dem Kreuz Christi stehen sieht. Marie Steiner ersetzte also Maria, Jesu Mutter, und Maria Magdalena, der erste Mensch, der den (wahren) Christus erkannt hat, – und somit, als Frau selbst, generell das Weibliche? – mit ihm. Ganz entsprechend dem anthroposophischen Menschenbild, das allein im Männlichen letztlich eine Zukunft sieht, wie ich später noch ausführlich erfahren sollte.[10]

...

Viele Jahre hatte ich mich intensiv mit der Anthroposophie beschäftigt. Weil ich auf der Suche nach der Wahrheit und auf der Suche nach dem Sinn des Lebens war. Denn aufgewachsen

---

10 Nach der Überzeugung Rudolf Steiners wird das Weibliche als physische Gestalt in Zukunft absterben, da dessen Kultur von der Kultur des Männlichen abgelöst werde. (Siehe hierzu in der Rudolf-Steiner-Gesamtausgabe GA 93.) Seine Überzeugung entnahm er einer uralten Sophistik, die auf dem Prinzip des »neuen Adam« fusst. Denn der »neue Adam« ist der wieder allein männliche (Kollektiv-)Mensch, so wie angeblich Ur-Adam war. Auch Religionen vertreten den Glauben, dass das Ziel des Menschen letztlich das allein (Kollektiv-)Männliche sei. In der buddhistischen Religion, die den Reinkarnationsgedanken pflegt, freuen sich Frauen deshalb darauf, einst vielleicht ebenso als Männer geboren zu werden. Auch Hitler mit seinem »Herrenmenschentum« vertrat ein letztlich ausschliessliches Männertum. Mehr über das Weibliche und das Männliche schildere ich in meinem Buch »Das gnostische Christentum – Teil 2«, erschienen beim Twentysix-Verlag, Norderstedt.

bin ich (römisch-)katholisch. Und im katholischen Glauben konnte ich nichts wirklich finden, was mich persönlich mit der Wahrheit, die ich suchte, verbunden hätte. Auch nichts, was mich mit dem Sinn meines persönlichen Lebens in Zusammenhang brächte. Denn vieles innerhalb der katholischen Kirche behagte mir nicht oder schien mir nicht nachvollziehbar, völlig fremd. So vor allem auch das hierarchische, patriarchale Denken (das ich dann aber innerhalb der Anthroposophie wiedergefunden habe). Weil es, wie ich schon damals meinte, nichts mit dem eigentlichen, wahren Menschen, und schon gar nichts mit dem christlichen Menschen, wie sie, die katholische Kirche, aber vorgab, zu tun hat. Denn wie kann man sich als christlicher Mensch über einen anderen Menschen erheben und patriarchal sein? Ebenso befremdete mich, dass innerhalb der katholischen Kirche keine Gleichheit der Geschlechter existierte und die Frauen sogar als Ursache der Sünde in der Welt bezichtigt werden. Wie kann ein »Gott«[11], der die Menschen angeblich liebte, so fragte ich mich, einen Teil der Menschen so anders behandeln als den anderen, mit Schlechtem versehen und sogar ausschliessen? Auch dass das Oberhaupt des katholischen Glaubens, der Papst, der ein armer Hirte sein soll und Demut und Anspruchslosigkeit predigt, in einem prunkvollen Palast in Rom wohnt, irritierte mich. Wie ein Weltenfürst residiert er da und bestimmt über die Menschen – und spricht gleichzeitig von »Liebe«, »Bescheidenheit« und »Selbstlosigkeit«.

Besonders gekränkt hat mich aber, dass auch mein Bruder von der katholischen Kirche gemieden und abgelehnt wurde.

---

11 Den Begriff »Gott« schreibe ich in meiner gesamten Schrift mit Anführungs- und Schlusszeichen. Um mich davon zu distanzieren.

So sollte er deshalb beispielsweise nicht gefirmt werden. Die Firmung ist ein Sakrament der Kirche, das den Gläubigen in seinem Glauben festigen soll. Mein Bruder sollte dieses Sakrament nicht erhalten, da er, als »Sühne Gottes«, wohl nicht der Vorstellung der Kirche entsprach. Und weil man sich letztlich wohl deshalb für ihn schämte. Erst als sich unsere Mutter vehement beim Pfarrer für meinen Bruder einsetzte, willigte der Abt von Mariastein, der für die Firmung damals zuständig war, dann dennoch ein. Zuerst mit dem Versuch aber, dafür einen anderen, separaten Termin zu reservieren. Mein Bruder sollte an einem Abend und getrennt von den »gesunden« Anwärtern gefirmt werden. Unsere Mutter lehnte dieses Angebot jedoch erbost ab und drohte damit, auch mich nicht firmen zu lassen, sollte mein Bruder nicht gleich wie ich und wie alle anderen Firmlinge behandelt werden. Eine Drohung, die wirkte – aus welchen Gründen letztlich auch immer. Vielleicht aus »Einsicht und Verständnis«? Oder aus »Barmherzigkeit«? Oder aus »Gerechtigkeit und menschlicher Liebe«? Mitnichten. Der Grund dafür war wohl allein die Angst, mit diesem Vorgehen einen schlechten Ruf zu riskieren. Denn man hätte damit ja zu einer Zeitung gehen können.

...

Dieses Erlebnis machte mir das erste Mal bewusst, dass mein Bruder anders ist. Weil er anders behandelt wurde. Nämlich als ungewollter Mensch. Als Mensch zweiter Klasse. Als Mensch, für den man sich tatsächlich schämte und den man wohl deshalb überall aussen vor liess, bei entsprechenden Anlässen nicht dabeihaben wollte. Oder über den man später dann auch lachte. Auch traten und treten wohl bis heute aus diesem Grund immer wieder Menschen auf, die aus dreister Grundhaltung heraus der Meinung sind, über ihn als Menschen – wie selbstverständlich – zu bestimmen, ihn zu bevormunden und zu massregeln und teils sogar mit Androhen von Strafen zu »erziehen« – auch wenn sie mein Bruder nichts angeht, da er ein eigenständiger Mensch ist, und er sie deshalb wohl auch bestimmt nicht um ihre »Anteilnahme« gebeten hat. Eine Erfahrung, die mich bis heute schockiert. Und mich deshalb umso mehr bis heute veranlasst, meinen Bruder vor Menschen, die ihn als »Freiwild« betrachten, mit allen Mitteln abzuschirmen und zu schützen.

...

In meinen jungen Jahren fiel mir sein Anderssein nicht auf. Denn er war mein Bruder. Und für mich ein Mensch wie ich und wie alle anderen Menschen auch. Zudem hatten wir zueinander schon immer ein sehr gutes Verhältnis. Denn wir teilten unsere Kindheit. Und auch die Freunde. Und unsere Mutter trennte uns nicht, wenn wir draussen spielten, so wie das andere Mütter mit ihren gesunden und behinderten Kindern tun. Wir spielten immer gemeinsam. So konnten wir uns – im gewissen Sinne – gleichwertig und gemeinsam entwickeln. Und uns gegenseitig Vorbild sein. Niemals hatte ich wirklich daran gedacht oder geglaubt, dass mein Bruder »anders« wäre. Und deshalb auch anders behandelt werden sollte.

Auch wurde mir dadurch das erste Mal bewusst, dass »schöne Worte« mit der Realität nichts zu tun haben oder nichts zu tun haben müssen. Denn wenn der Pfarrer in seiner Predigt davon spricht, dass »Gott« oder dessen »Sohn« alle Menschen lieb habe und gleichbehandle und auch für alle Menschen angeblich »gestorben« sei, dann aber mit seinem eigenen Tun das Gegenteil davon beweist, so erschütterte mich das. Es erschütterte mich in meinen Grundfesten. Weil das, was er sprach, mit dem, was er tat, nicht übereinstimmte – und somit einer Lüge entspricht.

»An ihren Taten sollt ihr sie erkennen!«, wie es in der Bibel bei Johannes heisst[12], war also tatsächlich auch in meinem Leben eine erste wahre, tiefer gehende Erkenntnis. Sie sollte mich mein ganzes weiteres Leben begleiten.

. . .

Aufgrund all dieser Erfahrungen musste ich deshalb sehr bald aus der katholischen Kirche austreten. Denn ihr Verhalten und ihre Widersprüche, ihre Lügen belasteten mich. Ich wollte und konnte sie nicht mehr mittragen. Und sie auch nicht teilen. Denn sie entsprachen nicht dem Bild eines Christlichen, wie ich es schon damals, geprägt durch meinen Bruder, in mir trug. Und wie ich es auch noch heute durch meinen Bruder tagtäglich erfahren kann. Denn mein Bruder ist für mich der Inbegriff für den eigentlichen und wahren christlichen Menschen.[13] Weil er beispielsweise weder Böses noch Lüge kennt. Keine Überheblichkeit und kein »Besser-sein-Wollen«. Kein »Sich-über-jemanden-Erheben«. Und auch keinen Hass, keinen Neid, keine Missgunst. Dafür aber umso mehr Lebensfreude und Liebe. Und Aufrichtigkeit

---

12   1. Johannes 2, 1–6.
13   »Inbegriff für den (wahren) christlichen Menschen sein« bedeutet für mich, wahrhaft menschlich beziehungsweise wahrhaft Mensch sein.

und Ehrlichkeit. Und die völlige Bejahung von einem selbst. Auch will er niemand belehren, bevormunden, massregeln, »normen« oder erziehen. Und er weiss, was es heisst, nicht ernstgenommen oder sogar ausgelacht zu werden. Oder von der Gesellschaft ausgeschlossen und alleingelassen zu sein.[14]

Er ist wie ein Mensch, der aufgrund seiner menschlichen Vollkommenheit, die ich ihm attestiere, nicht richtig von seinem Körper, der wie bei allen Menschen vergänglich und unvollkommen ist, Besitz nehmen konnte und deshalb auf eine Art anders ist (und sich deshalb zum Teil auch nicht selbst abgrenzen kann) – aber dadurch sein Inneres, Wahres umso mehr unverfälscht zum Ausdruck bringt. Wie ein Schlüssel, der zu gross ist für ein Schloss, in das er aber hineinmüsste, und deshalb nur zu einem kleinen Teil, also vielleicht mit ein, zwei Zacken statt mit allen sieben hineinkommt. Ein solcher Schlüssel ist auch nicht fähig, das Schloss »richtig« funktionieren zu lassen. So zumindest erkläre ich mir sein Anderssein.

---

14 Wie sehr Menschen wie mein Bruder alleingelassen sind oder alleingelassen werden, erkannte ich beispielsweise daran, wie eine Hilfsorganisation für Behinderte, die Insieme Schweiz, selber gegen sie agierte, indem sie in mehreren Schweizer Zeitungen über eine längere Zeit Inserate geschaltet hatte, in denen sie mit grossen Lettern und mit Bild unverfroren und ehrverletzend als Menschen, die »eine Schraube locker« oder einen »Sprung in der Schüssel« hätten, blossgestellt wurden. Erst nach wiederholtem Insistieren meinerseits und mit der Ankündigung weiterer Schritte wurde auf dieses Inserat, aber ohne einsichtig zu sein, dann doch verzichtet. Menschen wie mein Bruder sind also selbst bei Organisationen, die sich für sie einsetzen sollten, zumindest, was ihre Würde und ihre Achtung betrifft, nicht geschützt. (Auch vor dem Gesetz sind sie nicht geschützt. Eine Ehrverletzungs- oder Rufschädigungsklage ist, wie ich erfahren habe, für sie in der Schweiz nicht möglich.)

2. KAPITEL

Über das Seelische, das Seelenleibliche und die symbolische Schlange. Und über die Weisheit als gespiegelte und verfälschte Wahrheit

Rudolf Steiner, der Begründer der Anthroposophie, hat aus seiner esoterischen Sichtweise heraus Menschen wie meinen Bruder als »seelenpflegebedürftige« Menschen bezeichnet. Das sind sie aber nicht, im Gegenteil – oder höchstens die, die mit ihnen zu tun haben, also beispielsweise Pädagogen, Eltern oder Geschwister.[15] Und zwar in dem Sinne, dass diese durch sie, die seelisch gesund sind, in Richtung eines eigenen wahren, möglicherweise ebenso gesunden Seelischen geformt werden. Denn Menschen wie mein Bruder soll es erst seit der Industrialisierung geben. Also seit der Zeit, in der das Seelische auf der Welt zu verschwinden droht. Somit sind es wohl tatsächlich auch sie, die Menschen Seelenpflege geben oder geben wollen und nicht umgekehrt beispielsweise die Pädagogen, Eltern oder Geschwister.

---

15 Menschen wie mein Bruder sind zwar sensibel und vielleicht zerbrechlich, seelisch aber sehr stark und gesund. Sensibel und zerbrechlich bedeutet bei meinem Bruder, dass er sich schnell in sich zurückzieht, wenn man beispielsweise böse ist. Auch zu viel äusserer Stress und Lärm behagt ihm nicht. Da die Seelen von Menschen wie meinem Bruder aber, wie ich behaupte, im Gegensatz vielleicht zu Seelen vieler anderer Menschen, gesund sind, sind sie, diese Menschen, fähig, auf die Seelen anderer Menschen ebenso gesundend, und vor allem auch verfeinernd, einzuwirken. Deshalb sind sie es, die Seelenpflege geben.

Menschen wie meinen Bruder als »Seelenpflegebedürftige« zu bezeichnen, ist, von meinem Standpunkt aus gesehen, also falsch. Falsch, weil auch spiegelverkehrt – selbst wenn eine solche spiegelverkehrte Erklärung vielleicht dennoch »in gutem Sinne« vorerst gemeint ist. Doch auch ein »guter Sinn« kann sehr leicht ein »schlechter Sinn« werden, wenn ein Mensch dadurch völlig verkannt wird. Rudolf Steiner war in seinem Denken Aristoteliker. Das heisst, er verstand den Menschen wohl auch deshalb mehr nur in seinem rein Äusserlichen, Stofflich-Hüllenhaften, Leiblichen und nicht in seinem Individuellen, wahrhaft Menschlichen, Seelischen, das von einem Seelenleiblichen[16] und generell von einem Abbildhaften[17] unterschieden werden muss. Weil ein aristotelisches Denken an einem rein Äusserlichen, Stofflich-Hüllenhaften, Leiblichen und somit Abbildhaften verhaftet bleibt. So wie dies deshalb auch bei seinen Vorträgen über die Rassen erkennbar ist, in denen er ebenso meinte, den Menschen tatsächlich nach diesen beurteilen und auch klassifizieren zu können, obwohl der Mensch in seinem wahren

---

16   Mit *Seelenleiblichem* bezeichnet der Gnostiker oder Platoniker die Hülle, in die sich das Seelische legt. Nach Meinung der Sophisten soll es in Zukunft das Seelische des Menschen gänzlich ersetzen. In der christlichen Sophistik besteht das Seelenleibliche aus zwölf Qualitäten, deren Repräsentanten auf Erden die zwölf Jünger waren. Die zwölf Jünger entsprechen den zwölf Tierkreisbildern und den zwölf Monaten eines Jahres. In der christlichen Sophistik wird das Seelische eines jeden Menschen mit dem Seelenleiblichen dieser zwölf Jünger ersetzt (und dadurch eliminiert), das dann das »Seelische« des »neuen Adam« sein wird.

17   Mit *abbildhaft* versteht der Gnostiker oder Platoniker all jenes, das an die Welt von »Himmel und Erde« gebunden und deshalb unvollkommen und vergänglich ist. Das Gegenbild dazu ist für ihn die wahre und unvergängliche Welt. Diese befindet sich jenseits der »Höhle Platons« und somit jenseits von »Himmel und Erde«, des Labyrinths.

und wirklichen Sein, in seinem wahren und wirklichen
Ich, zumindest nach gnostisch-platonischer Betrachtung,
mit den Rassen in dem Sinne überhaupt nichts gemein hat
und in absolut keinem Zusammenhang steht. Denn Rassen
sind Erscheinungen, die für den einzelnen, wahren Menschen[18] wohl eher zufällig sind oder ganz bewusst von diesem für sein Leben auf Erden genutzt werden. Abgesehen
davon, dass Rudolf Steiner mit seiner Rassenlehre nicht nur
ein Vorurteilsdenken kultivierte, so wie es dann zum Teil
auch innerhalb von anderen Bereichen der Anthroposophie
vorgefunden werden kann, sondern damit gleichzeitig auch
nichtweisse Rassen in ärgster Weise diffamierte.

Zudem steht die Anthroposophie, wenn man sie aus alter,
herkömmlicher »Eingeweihtensicht« betrachtet – ja, ich erlaube mir, auf uraltes Wissen zurückzugreifen –, und damit
ist die Sichtweise des Menschen und der Welt gemeint, wie
sie beispielsweise bereits an entsprechenden »Eingeweihtenschulen« oder Mysterien- beziehungsweise Kultstätten im
alten Ägypten oder im antiken Griechenland gelehrt wurden[19], – wie alle Religionen – mit dem Symbol der Schlange

---

18   Mit *wahrem Menschen* versteht der Gnostiker oder Platoniker jenen Menschen, der nicht mit der abbildhaften Welt in Zusammenhang steht und von jenseits der »Höhle Platons«, also von jenseits von »Himmel und Erde«, dem Labyrinth, stammt. Er muss vom abbildhaften Menschen unterschieden werden. Somit existieren für den Platoniker oder Gnostiker zwei Menschen, wobei sich der eine, der wahre Mensch, in den anderen, den abbildhaften Menschen, inkarniert, wenn er sich auf Erden zeigt. Während der abbildhafte Mensch unvollkommen und vergänglich ist, ist der wahre Mensch vollkommen und unvergänglich.
19   Man kann diese »Eingeweihtensicht« als *okkulte* Sicht bezeichnen, da sie dem gewöhnlichen Menschen verborgen ist. (*Okkultus* bedeutet aus dem

in Zusammenhang, die das Wesen der Spiegelung und der Verdrehung und dadurch das Wesen der Verfälschung, aber auch, weil sie auf diese Weise dem Mondhaften entspricht, eben das Wesen der Weisheit ist.[20] Denn Weisheit ist, nicht nur gemäss gnostisch-platonischer Erkenntnis, sondern durchaus auch gemäss dieser alten »Eingeweihtensicht«, letztlich nichts anderes als gespiegelte und verdrehte und dadurch verfälschte Wahrheit – beziehungsweise letztlich sogar, weil sie auch nicht mehr die Trägerin der Gegenwart, sondern die Trägerin der Vergangenheit ist, nämlich in Bezug auf die Wahrheit der Gegenwart, Lüge.[21] Das heisst: Sie führt den

---

Lateinischen übersetzt nichts anderes als verborgen.) Mit verborgenem Wissen ist jenes Wissen gemeint, das nicht mit einem naturwissenschaftlichen Denken erfasst oder erklärt werden kann und den Menschen letztlich im Sinne von entsprechenden »Weisheitslehren« beschreibt, wie sie beispielsweise in vergangenen Zeiten bereits an Mysterien- beziehungsweise Kultstätten und »Eingeweihtenschulen« im alten Ägypten oder im antiken Griechenland gelehrt wurden.

20 Alles, was spiegelt oder reflektiert, ist letztlich mondhaft beziehungsweise dem Mondhaften (und somit dem »scheinbar Lichthaften«, das sich als Schlange am »tatsächlich Dunklen« als Tau aufrichtet) zuzuordnen. Und dass die symbolische Schlange das Wesen der Weisheit ist, erklärt auch, weshalb in die Weisheiten Eingeweihte als Schlangeneingeweihte bezeichnet werden. Oder auch, weshalb sich in die Weisheiten Eingeweihte, wie zum Beispiel Helena Blavatsky, die (Mit-)Begründerin der Theosophischen Gesellschaft war, selbst als Schlangeneingeweihte bezeichnet haben. Helena Blavatsky liess aus diesem Grund auch ein eigenes, für sie persönliches Siegel anfertigen, das unter anderem eine Schlange zeigt, die sich in den eigenen Schwanz beisst. Auch das Siegel der Theosophischen Gesellschaft in Deutschland beinhaltet einen Kreis, der eine Schlange darstellt, die sich in den eigenen Schwanz beisst.

21 Die Wahrheit wurde gespiegelt und verfälscht und dadurch zur Weisheit, als sich die Schlange in den Baum der Erkenntnis begab. Dessen Krone wurde dadurch zu ihrem »Kopf« und der gesamte Baum zum Tau, an dem sie hängt. Die Krone des Baumes entspricht der Krone des Königs

Menschen also nicht nur in die Wahrheit, die in Bezug auf die wirkliche Wahrheit, also in Bezug auf die Wahrheit, wie sie beispielsweise als solche ausserhalb des Labyrinths besteht und deshalb als solche auch mit dem wahren Menschen in Zusammenhang steht[22], verdreht und verfälscht ist, sondern auch in die Wahrheit, die nicht mehr dem Jetzt entspricht, da sie Ausdruck des Vergangenen ist – und beisst sich somit, wie die symbolische Schlange, in den eigenen Schwanz. (Auch)

---

oder der Tiara des Papstes – und als solche dem Kehlkopf des wahren Menschen (der seinen Kopf deshalb für den König oder den Papst, den Repräsentanten »Gottes«, opfern muss) beziehungsweise dem »Kopf« des abbildhaften Menschen (der im Gegensatz zum wahren Menschen also keinen eigentlichen Kopf mehr besitzt). Der abbildhafte Mensch ist der an Jehova und an die Natur gebundene vergängliche und unvollkommene Mensch. Dies im Gegensatz zum wahren Menschen, der mit der unvergänglichen und vollkommenen Welt ausserhalb des Labyrinths in Zusammenhang steht. Weil die Krone oder die Tiara als Ausdruck des Kehlkopfes dem »Kopf« des abbildhaften Menschen (und somit dem »Kopf« der Schlange) entspricht, offenbaren somit der König und der Papst, da sie Träger der Krone beziehungsweise der Tiara sind, dass auch sie nicht den eigentlichen Kopf, sondern den Kehlkopf als »Kopf« besitzen. Denn: Würden sie den eigentlichen Kopf und nicht den Kehlkopf als Kopf besitzen, so trügen sie die Krone beziehungsweise die Tiara, wenn schon nicht auf dem Kopf, dann unter dem Kopf – und somit also genau dort, wo sich ihr Kehlkopf befindet.

22   Die gnostisch-platonische Sichtweise geht davon aus, dass sich die wirkliche Wahrheit nicht innerhalb, sondern ausserhalb des Labyrinths befindet. Mit wirklicher Wahrheit ist jene Wahrheit gemeint, die mit dem wahren Menschen in Zusammenhang steht. Deshalb befindet sich auch der eigentliche Ursprungsort des wahren Menschen ausserhalb und nicht innerhalb des Labyrinths. Nur der abbildhafte Mensch, der der Mensch Jehovas und der Mensch der Natur ist, hat seinen Ursprungsort innerhalb des Labyrinths. Weil die Welt innerhalb des Labyrinths beziehungsweise das Labyrinth selbst die abbildhafte Welt und somit die Welt Jehovas und der Natur ist.

sie ist also das Alpha, das zum Omega wird. Die »Zukunft«, die jedoch Ausdruck der Vergangenheit ist. Das »scheinbar Lichthafte«, das sich mit dem »tatsächlich Dunklen« vereint (und dadurch, wie die Sophistik lehrt, als »Christus«, der angeblich den Tod überwunden hätte, zum »Heiligen Geist« mutiert).[23]

Doch durch die Schlange, die das Wesen der Spiegelung und der Verfälschung ist und als solches in die Vergangenheit blickt, wird nicht nur die Wahrheit zur Weisheit, sondern auch das Innerliche zum Äusserlichen, das Tatsächliche zum Scheinbaren und das Lebendige, Seelische zum Stofflich-Hüllenhaften, Leiblich-Toten. Weil sie, wie der Mond oder das Mondhafte, weder selbst das Licht noch die Wahrheit und deshalb auch weder selbst das Lebendige noch das Seelische ist, sondern dieses nur (hüllenhaft) reflektiert oder imitiert. (Auch) sie schmückt sich also mit fremden Federn, die jedoch ohne Inhalt und leer sind, weil sie das Resultat der Spiegelung und dadurch tatsächlich letztlich auch das Resultat eines Verdrehten und Verfälschten sind.

Wenn man wie Rudolf Steiner – oder wie alle Religionen – meint, dass also in der Weisheit die (absolute) Wahrheit liege, so stellt man die Wahrheit, also die wirkliche Wahrheit, wie sie als solche ausserhalb des Labyrinths zu finden ist und

---

23   Alles, was den Menschen in die Vergangenheit führt, ist »scheinbar lichthaft« – und wird dadurch letztlich »tatsächlich dunkel«, also tot. (Wobei dieses Totsein, wie die Sophistik meint, mit einer angeblichen »Auferstehung« wieder »überwunden« werden könne.) So deshalb auch der »Christus« beziehungsweise Jesus der Sophistik. Denn dieser führt den Menschen wieder zurück zum »Vater« und zurück zu Adam, der als »neuer Adam« der wiedererstandene Ur-Adam ist.

(deshalb) mit dem wahren Menschen in Zusammenhang steht, automatisch falsch dar, ohne dass man es merkt oder sich dessen wirklich bewusst ist – und dies selbst dann, wenn man gleichzeitig, wie auch er, die Meinung vertritt, die Wahrheit mit einem angeblichen »Christlichen« oder sogar mit dem »Christus« selbst zu verbinden.[24] Denn in der Weisheit liegt die Schlange, die den Sinn verdreht und dadurch letztlich auch das Bild des Menschen verfälscht.

Eine Anthroposophia als Weisheit des Menschen[25], die den Menschen, gleich wie die Religionen, wieder zurück zu Ur-Adam und deshalb wie die Schlange in die Vergangenheit führt, ist in Bezug auf das tatsächlich Wahre und somit auch in Bezug zum tatsächlichen Menschen ein also von Grunde her letztlich auch tatsächlich ebenso Verdrehtes, Gespiegeltes und somit Falsches.[26] Dies zumindest, was den geistigen und

---

24 Die Weisheit kann als Wahrheit des Labyrinths bezeichnet werden beziehungsweise die Wahrheit des Labyrinths als Weisheit. Sie steht mit dem »scheinbar Lichthaften« in Zusammenhang und führt zum »tatsächlich Dunklen«.
25 Das Wort Anthroposophia setzt sich aus dem Altgriechischen *ánthrōpos* »Mensch« und *sophía* »Weisheit« zusammen.
26 Ein Beispiel, wie Falsches als Wahres interpretiert werden kann, erkennt man wohl bei den drei Kindern von Fatima, denen angeblich Maria erschien. So beschreiben sie im dritten Geheimnis ein ungeheures Licht, das für sie Gott war, als »etwas, das aussieht wie Personen in einem Spiegel, wenn sie davor vorübergehen«. Aus Sicht des Gnostikers oder Platonikers weist dieser Spiegel jedoch eindeutig auf das »scheinbar Lichthafte« und nicht auf Maria hin. Denn nur ein »scheinbar Lichthaftes« erscheint mit Spiegel, aber auch als »ungeheures Licht«. Deshalb muss auch die Maria, die ihnen erschien, als Offenbarung des »scheinbar Lichthaften« beziehungsweise sogar als Offenbarung des »scheinbar Lichthaften« selbst gedeutet werden. Denn das »scheinbar Lichthafte« ist der »Geist des Scheins und des Glanzes« und kann sich deshalb ohne

den seelischen Menschen betrifft. Denn die Leiblichkeit des Menschen, und damit ist nicht nur das physisch Leibliche, sondern auch das Lebens- und Seelenleibliche gemeint[27], ist selbst Ausdruck der Weisheit und deshalb auch selbst, nämlich als »Weisheitsleib«, deren Gesetzen, den Gesetzen der Weisheit, die die Gesetze des Verdrehten, Gespiegelten und somit Verfälschten oder sogar Falschen sind, unterworfen.[28]

Aus diesem Grund, das heisst, weil man nicht erkennt, dass die Weisheit letztlich verfälschte oder sogar, wenn man sie in Bezug zu dem wahren Menschen setzt, sogar gänzlich

---

weiteres in alles Mögliche verwandeln – so auch in Personen, wie zum Beispiel eben in Maria.

27 Die Leiblichkeit des Menschen besteht nicht nur nach sophistischer Lehre, sondern auch nach der Erkenntnis des Gnostikers oder Platonikers aus drei Teilen, nämlich aus dem physischen, dem Lebens- und dem Seelenleib, wobei der physische Leib mit dem Mineralreich, der Lebensleib mit dem Pflanzenreich und der Seelenleib mit dem Tierreich in Verbindung steht. Das Mineralreich wiederum steht mit der Erde, das Pflanzenreich mit den Planeten und das Tierreich mit der Fixsternwelt, dem Tierkreis, in Zusammenhang.

28 Dass die Leiblichkeit des Menschen sehr wohl den Gesetzen der Weisheit gehorcht, zeigt, dass eine anthroposophische Medizin, wie sie hauptsächlich auf die Ärztin Ita Wegmann zurückgeht, durchaus effektiv sein kann und deshalb auch durchaus für den (abbildhaften) Menschen ihre besondere Bedeutung hat. Diese darf jedoch nicht den Anspruch haben, damit auch in das Geistige oder Seelische eines individuellen Menschen eingreifen zu wollen. Für mich ist die anthroposophische Medizin auch deshalb sehr wertvoll, weil sie, in meinen Worten ausgedrückt, eine milde Medizin ist. Das heisst, sie bemüht sich, auf den Menschen einzugehen und auch nicht bereits bei der kleinsten Erkrankung mit chemischen Medikamenten, sondern mit eigenen, homöopathischen und pflanzlichen vorerst dagegenzuhalten. Auch ihr Wissen, dass der Mensch nicht nur einen physischen Leib, sondern beispielsweise auch einen Lebens- und Empfindungsleib besitzt, **macht sie sehr wertvoll.**

falsche Wahrheit ist, diese verdreht wiedergibt, und man gleichzeitig davon aber dennoch überzeugt ist, dass in der Weisheit die Zukunft läge, will die Sophistik auf der Grundlage dieser »alten« Leiblichkeit, das heisst also aus dieser »alten« Leiblichkeit heraus selbst, eine »neue« Leiblichkeit herrichten. Nämlich die Leiblichkeit des »neuen Adam«, die dann für sie eine »Gesamtleiblichkeit« aller Menschen ist. Sie ist für sie die »Gesamtleiblichkeit« aller Menschen, für die (zuvor) letztlich aber jeder einzelne Mensch sein eigenes individuelles Ich und seine eigene Seele (gemäss dem paulinischen Grundsatz: »Nicht ich lebe, sondern der Christus in mir«) aufgeben muss. Diese »Gesamtleiblichkeit« aller Menschen, die dem »neuen Adam« und somit Jesus entspricht – Jesus, der »Sohn Gottes«, soll nach (christlicher) sophistischer Lehre der »neue Adam« sein, dies im Gegensatz zu Jehova, der als »Vatergott« der »alte Adam« und somit Ur-Adam war –, soll sich für sie dann wieder als Leiblichkeit zeigen, die bereits Ur-Adam und somit Jehova besass.[29] Dabei

---

29 Nach sophistischer Lehre soll Jehova seine Leiblichkeit wie der Gott Osiris in der ägyptischen Mythologie verloren haben, indem diese in einzelne Teile zerstückelt wurde. Sie wurde durch die Individualisierung der Menschen in einzelne Teile zerstückelt, die durch die Zweigeschlechtlichkeit und die damit verbundene sexuelle Fortpflanzung entstand. Aus diesem Grund müssen für sie diese einzelnen Teile, die den einzelnen, individuellen Menschen entsprechen, wieder zusammengesucht und zu einer Gesamtheit, dem »neuen Adam«, zusammengefügt werden. Er muss wieder zu einer Gesamtheit, dem »neuen Adam«, zusammengefügt werden, indem sich dafür jeder einzelne, individuelle Mensch als Seelen- und Ich Wesen opfert. Für die Sophistik ist es die Sophia und somit also die Weisheit, die dafür sorgt, dass Jehova, nämlich durch seinen »eingeborenen Sohn«, als »neuer Adam« wiedererstehen kann – so wie es in der ägyptischen Mythologie Isis war, die Osiris wieder zu neuem Leben verhalf.

soll sie das »ewige« Leben besitzen, das ihr angeblich durch die Kreuzigung Jesu als »Sohn Gottes« und seiner anschliessenden »Auferstehung von den Toten« gegeben worden war. Denn durch die Kreuzigung hätte Jesus als »Sohn Gottes« den Tod überwunden, sodass er selbst »Vater« oder »Vatergott« werden beziehungsweise selbst dann zum »Vater« oder zum »Vatergott« aufsteigen konnte.

Doch auch für den Gnostiker oder Platoniker muss die »alte« Leiblichkeit mit einer neuen Leiblichkeit ersetzt werden, wenn er als Mensch in die Zukunft schreiten will. Weil sie als bisherige Leiblichkeit eben den Gesetzen der Weisheit gehorcht und dadurch, notgedrungen, den Gesetzen der Vergänglichkeit und der Unvollkommenheit unterworfen ist. Sie wird für ihn aber mit einer neuen Leiblichkeit ersetzt, die nicht nur tatsächlich vollkommen und unvergänglich, sondern auch ganz auf jeden einzelnen Menschen abgestimmt ist, ohne dass dieser sich selbst dafür aufgeben oder opfern muss. Damit steht sie also mit einer kollektiven Leiblichkeit eines »neuen Adam« und deshalb auch mit einer sophistischen Anschauung, die in dem Vergangenen die Zukunft sieht, in völligem Widerspruch. Dass sich der Mensch auch für den Gnostiker oder Platoniker eine neue Leiblichkeit aneignen muss, also eine »neue« Leiblichkeit anstelle der bisherigen, »alten«, erklärt, weshalb sich gerade auch dieser auf Erden inkarniert, auch wenn er ein Ich und eine Seele besitzt, die bereits vollkommen und unvergänglich sind.[30]

---

30 Im Gegensatz zur abbildhaften Leiblichkeit, die unvollkommen und vergänglich ist und deshalb mit einer wahren und somit vollkommenen und unvergänglichen Leiblichkeit ersetzt werden muss, geht der Gnostiker oder Platoniker davon aus, dass das Ich und die Seele eines Menschen

Denn anders gibt es für den Menschen, der in Ur-Zeiten gemeinsam vom »scheinbar Lichthaften« und vom »tatsächlich Dunklen« in die abbildhafte Welt hinabgerissen worden ist[31], wohl tatsächlich keine Möglichkeit, einen solchen zu erlangen.

...

Auch Rudolf Steiner war sich dieser Zusammenhänge wohl nicht bewusst. Deshalb ist auch sein Menschenbild, wie das Menschenbild aller Religionen, da auch deren Glauben auf der Weisheit und somit auf dem »Wissen« der Schlange, einem Wissen der Vergangenheit, fusst, letztlich falsch. Und zwar von Grunde her falsch. Es ist von Grunde her falsch, weil es dadurch ebenso automatisch Ausdruck eines »scheinbar Lichthaften« ist. Deshalb scheint es verständlich, weshalb auch er sein Menschenbild – trotz allem, das heisst, auch wenn er von einem »Seelischen« oder »Geistigen« sprach – auf einem letztlich doch allein äusseren, also stofflich-leiblichen, hüllenhaften (und somit toten) Menschen nur aufgebaut hat und nicht wie der Gnostiker oder

---

bereits vollkommen und unvergänglich sind. Deshalb wird auch nur seine abbildhafte Leiblichkeit, nicht aber sein Ich und seine Seele am Ende des Lebens sterben. Während die abbildhafte Leiblichkeit zum abbildhaften Menschen gehört, so gehören das Ich und die Seele zum wahren Menschen.

31 Die gnostisch-platonische Erkenntnis geht davon aus, dass der wahre Mensch vom »scheinbar Lichthaften« und vom »tatsächlich Dunklen« in die abbildhafte Welt gerissen worden ist, als diese der Ursubstanz des Menschen, aus der dessen vollkommener und ewiger Leib hätte hergerichtet werden sollen, Licht und Materie gestohlen haben. Mehr darüber kann in meinem Buch »Das gnostische Christentum – Teil 2«, erschienen beim Twentysix-Verlag, Norderstedt, erfahren werden.

Platoniker auf dem (tatsächlich) inneren, seelischen (und somit wirklich lebendigen).[32] Denn jede Form von »scheinbar Lichthaftem« führt in die Äusserlichkeit und dadurch zum rein Stofflichen und allein Leiblichen, Hüllenhaften (und somit Toten). Auch zu einem rein »Stofflichen« und allein Leiblichen, Hüllenhaften (und somit Toten) eines »Geistigen« oder »Seelischen«. Weil auch das »Geistige« oder »Seelische« ein Leibliches besitzt. Es besitzt ein Seelenleibliches, das aber nichts dann mit dem wirklichen, also wahrhaft Seelischen gemein hat – sodass man dabei das wirkliche und somit wahrhaft Seelische, das man mit dem Seelenleiblichen verwechselt, deshalb oftmals aber vergisst oder sogar verliert. Oder mit anderen Worten gesprochen: Auch wenn Rudolf Steiner mit seiner Anthroposophie vom »seelischen« oder »geistigen« Menschen sprach, so meinte er damit wohl tatsächlich ebenso, das heisst also wie alle Sophisten, allein den äusseren, stofflich-leiblichen, hüllenhaften und somit abbildhaften[33] Menschen, also den Menschen, der

---

32 Wenn Rudolf Steiner von einem Seelischen sprach, so meinte auch er damit wohl das allein Seelenleibliche, da auch er, wie die gesamte Sophistik, die er vertrat, von einem wirklich Seelischen nichts wusste. Denn wer den individuellen Menschen zugunsten eines Kollektivmenschen, des »neuen Adam«, ersetzen und deshalb überwinden will, kann von einem Seelischen nichts wissen, da das Seelische nur Ausdruck eines individuellen Menschen ist. Rudolf Steiner hätte also für das wirklich Seelische eines einzelnen Menschen kämpfen müssen, wenn er auch wirklich davon gewusst hätte, und es nicht wie die Sophistik ebenso zugunsten eines »neuen Adam« überwinden (beziehungsweise mit dem Seelenleiblichen, das aus den zwölf Jüngern gebildet wird, ersetzen) wollen. Das Seelische und das Seelenleibliche dürfen also nicht miteinander verwechselt werden. Beides hat in dem Sinne nichts miteinander zu tun.
33 Der abbildhafte Mensch ist, im Gegensatz zum einzelnen, wahren Menschen, der an Jehova gebundene unvollkommene, sterbliche Mensch.

vergänglich ist und letztlich auf Jehova (beziehungsweise auf die Natur, deren Ausdruck Jehova ist) zurückgeht und als »Gesamtmensch« wieder der Leib Jehovas (beziehungsweise der Leib der Natur als Ur-Adam) werden soll[34], und bestimmt nicht, wie er aber meinte, den »seelischen« oder »geistigen«. Denn vom wirklich »seelischen« oder »geistigen« und somit vom wahren, inneren Menschen wusste (auch) er, oder gerade er als Sophist und als Aristoteliker beziehungsweise, *weil* er Sophist und Aristoteliker war, wohl wirklich sehr wenig oder nichts.

Auch aus diesem Grund, das heisst, um den Menschen damit in die reine Äusserlichkeit zu zerren, die letztlich das Seelische eines Menschen vergessen oder verkümmern lässt, verfälschte die Schlange den Baum der Erkenntnis, sodass wir nun, wenn wir vom Baum der Erkenntnis essen, tatsächlich nicht mehr zum Baum des Lebens, wie er der

---

34   Die Gnostik geht davon aus, dass der wahre Mensch nicht von Jehova erschaffen wurde, sondern von einer »Mutter-Vater-Elternheit«, die sich ausserhalb der abbildhaften Welt und somit ausserhalb der »Höhle« Platons, also auch ausserhalb des »Labyrinths« befindet. (Aus diesem Grund spricht Jehova auch nur von Jesus als seinem »Sohn«. Die Menschen selbst sind ihm also fremd – auch wenn er sie angeblich dennoch erschaffen haben soll.) Nur der abbildhafte Mensch, in den sich der wahre Mensch inkarniert, geht letztlich auf Jehova zurück. Als abbildhafte Welt bezeichnet der Gnostiker oder Platoniker die vergängliche und unvollkommene Welt, also die Welt, die aus »Himmel und Erde« besteht. Sie ist, sowohl als »Himmel« als auch als »Erde«, eine äussere und deshalb »hüllenhafte« Welt. Auch der Mensch benötigt eine »Hülle«, wenn er in der abbildhaften Welt bestehen will: seine Hülle ist der abbildhafte Mensch beziehungsweise dadurch dessen Leiblichkeit.

»Pronoia« entspricht[35], sondern umso mehr allein zum Baum des Todes, der nun der Baum des »tatsächlich Dunklen« ist, geführt werden – sofern wir nicht anfangen, selbstständig zu denken und dadurch die Schlange zu überwinden.[36] Denn es ist das selbstständige Denken, das die Schlange überwinden kann. Indem man sie damit als solche erkennt. Erkennt und deshalb so in ihrer Lüge und Widersprüchlichkeit entlarvt. Das heisst: Es ist also die Schlange, die den Menschen verführt und dadurch zum Tod führt, und nicht der Baum der Erkenntnis oder sogar der Mensch selbst und das selbstständige Denken, wie aber die Sophistik meint.

---

35 Mit »Pronoia« wird nach gnostisch-platonischer Erkenntnis die Tochter einer ausserhalb des Labyrinths und somit ausserhalb der abbildhaften Welt sich befindlichen »Mutter-Vater-Elternheit« bezeichnet. Sie entspricht dem Baum des Lebens. »Pronoia« heisst übersetzt aus dem Altgriechischen Vorsorge oder auch Vorsehung. Das Wort »Pronoia« wird heute meist nur noch in materiellem Sinne verwendet. Nach gnostisch-platonischer Erkenntnis hat sich die »Pronoia« im Urbeginne (zur Hälfte) in Jehova gelegt, als dieser von seinen Göttervätern lediglich als toter Klumpen erschaffen wurde, um ihm so (abbildhaftes) Leben zu ermöglichen. Mehr darüber kann in meinem Buch »Das gnostische Christentum – Teil 2«, erschienen beim Twentysix-Verlag, Norderstedt, erfahren werden. Die »Pronoia« entspricht der Ariadne, die Theseus mittels eines Fadens aus dem Labyrinth des Minotaurus geführt hat. (Auch Leonore in Beethovens Oper *Fidelio* hat Fidelio aus dem Kerker Pizarros befreit.)

36 Nur ein selbstständiges Denken kann die Schlange überwinden. Weil auch nur ein selbstständiges Denken die Lüge erkennt und diese deshalb mit der Wahrheit ersetzen kann. Das selbstständige Denken kann als »gnostisches Denken« bezeichnet werden. Es ist ein infrage stellendes, Widersprüche erkennendes Denken. Das Nachdenken dagegen entspricht mehr einem »sophistischen Denken«. Deshalb, das heisst, weil das selbstständige Denken die Lüge erkennen und dadurch die Schlange überwinden kann, will der Sophist, der Vertreter der Schlangenweisheit ist, wohl nicht, dass der Mensch selbstständig denkt.

Durch die Schlange wurde das Wissen zur Weisheit und die Zukunft zur Vergangenheit (und somit der zukünftige Mensch zum »neuen Adam«). Respektive die Wahrheit zur Lüge und das Leben zum Tod. Die Schuld für die Lüge in der Welt und für den Tod liegt also allein bei der Schlange (beziehungsweise beim »scheinbar Lichthaften«, das sich symbolisch als Schlange zeigt) und nicht beim Menschen. Die Auferstehungsgeschichte, die davon erzählt, dass der Tod mit dem »Sohn Gottes«, einem »Helden«, überwunden worden wäre, ist ebenso auf die Wirkungsweise der Schlange (beziehungsweise auf das »scheinbar Lichthafte«, das sich symbolisch als Schlange zeigt) zurückzuführen. Weil sie es ist, die »Geschichten« erfindet und auch Wahrheiten verdreht. Denn die Auferstehungsgeschichte wäre nicht nötig und nicht entstanden, wenn der Mensch wirklich die Wahrheit erkennte. Denn die Wahrheit überwände die Lüge und dadurch den Tod automatisch. Die Auferstehungsgeschichte, wie sie die Sophistik erzählt, ist somit eine künstliche Geschichte. Eine Geschichte, die die Aufrichtung der Schlange als kriechendes Wesen am Tau beschreibt (beziehungsweise die Aufrichtung der Schlange als kriechendes Wesen am Menschen, dessen Kopf sie dabei gleichzeitig eliminiert) – so wie bereits Moses die Schlange in der Wüste am Tau aufgerichtet hat und sie dadurch auf(er)stehen liess. Sie ist eine Geschichte der (christlichen) Sophistik, also der (christlichen) Sophistik selbst, um auf diese Weise, also ohne ihr eigenes Konzept zu hinterfragen oder aufzugeben, dennoch den Tod, wenn halt nur mittels einer Fiktion, die ganz dem Reich eines »scheinbar Lichthaften« entspringt, zu überwinden. Sie meint damit, den Tod (und somit das »tatsächlich Dunkle«) zu überwinden, indem sie die Schlange am Tau (und somit am »tatsächlich Dunklen«) sich aufrichten lässt. Und diese scheinbare Überwindung erlangt sie mithilfe eines »Helden«, wie er bereits im persischen Mithras-Kult, der von den Römern übernommen wurde, als »Sol invictus«, die unbesiegbare Sonne, verehrt wurde. Man kann die »christliche« Sophistik deshalb durchaus als Fortsetzung des persischen oder römischen Mithras-Kultes verstehen, dessen Höhe- und Wendepunkt letztlich dann die Auferstehung ist. Schritt für Schritt hat sich der »Sohn Gottes« kosmisch als »Sol invictus« von der Jupiter-Sphäre kommend der Erde genähert, um sich dort am Tau des »tatsächlich Dunklen«, dessen Herkunftsort die Saturn-Sphäre ist, aufzurichten und dadurch angeblich den Tod (beziehungsweise das »tatsächlich Dunkle«) zu überwinden. Der »Sol invictus« ist also die Schlange und somit gleichzeitig der »Held«, der angeblich den Menschen »retten« will. Es gibt Astronomen, die deuten den Kometen, wie er sich da zur Weihnachtszeit über Betlehem zeigte und dem die drei Könige folgten, – wohl zu Recht – als Konjunktion der beiden Planeten Saturn und Jupiter, wie sie damals tatsächlich am Himmelsfirmament existierte.

Somit stimmt es, wenn die Kirche behauptet, in der Schlange stecke der »Teufel«. Mit der Tragik jedoch, dass gerade auch sie selbst ihren Glauben auf der Weisheit der Schlange aufbaut. Weil und indem auch sie den Menschen in die Vergangenheit führt und vom »neuen Adam« statt vom eigentlichen, wahren Menschen erzählt. Und weil gerade auch sie an eine Auferstehung glaubt. Denn der eigentliche, wahre Mensch, geschweige denn der Mensch überhaupt, interessiert sie nicht. Ihre Leidenschaft gilt allein »Gott« respektive dessen »Sohn« – den letztlich von der Jupiter-Sphäre abgestiegenen,

Mensch gewordenen »Sol invictus«, der für sie angeblich gekreuzigt worden ist. Nur für ihn setzt sie sich ein, nicht für den Menschen. Im Gegenteil: Den Menschen kasteit, verunglimpft und diskriminiert sie. Deshalb müssen sich auch für sie alle Menschen »Gott« hergeben, sich alle für diesen erniedrigen, ihr Ich und ihr Seelisches aufgeben. Das heisst: Es ist also die Kirche, die Kirche selbst, die den Menschen letztlich zum Tod führt, auch wenn sie das Gegenteil davon meint. Und auch das Gegenteil davon spricht. Weil sie ihre Lehre und ihre Dogmen auf der Grundlage der Weisheit aufbaut – und nicht beispielsweise auf dem selbstständigen Denken eines jeden einzelnen mündigen und schuldlosen (!), selbstbewussten Menschen. Mit dem wohl einzigen Sinn, sich damit der Menschen zu bedienen, sich ihrer zu bemächtigen. Sie zu manipulieren und zu beherrschen. Durch sie ihr eigenes Leben und somit auch ihre eigene Macht und Bedeutung immerzu zu bestätigen und auch ihre eigene Zukunft damit zu ermöglichen.

3. KAPITEL

Das selbstständige Denken und das Erkennen der Lüge

Um dem Tod zu entgehen, der letztlich, symbolisch gesprochen, durch die Schlange verursacht wird, die den Baum der Erkenntnis verfälscht, wird von den Sophisten, so paradox das ist, das selbstständige Denken verhindert oder sogar verboten – statt gefördert. Und dadurch jedem einzelnen Menschen die Möglichkeit genommen, die Schlange und deren Lüge selbst zu erkennen und somit zu überwinden. Denn nur wer die Schlange und deren Lüge erkennt, kann sie und ihre Lüge überwinden – und so dann zur Wahrheit geführt werden. Denn das selbstständige Denken führt den Menschen weg von der Verklärung und hin zum (selbst-)bewussten, aufgeklärten und mündigen Menschen – und somit auch wieder hin zum Leben! Denn der (selbst-)bewusste, aufgeklärte und mündige Mensch ist der lebendige Mensch. Doch der Mensch sollte nicht selbstständig denken und deshalb auch nicht lebendiger Mensch werden können, damit er wohl abhängig und unterwürfig bleibt und sich so nur noch von (spirituellen) »Führern« und »Eingeweihten« und deren Dogmen und Lehren leiten lässt, die ihn zum »Herdenmenschen«, dem »Herdentier«, dem »neuen Adam« (oder »Herrenmenschen«?) erziehen wollen. Also von »Führern« und »Eingeweihten«, wie auch Rudolf Steiner einer war. Oder der Papst einer ist. Oder irgendein Rabbiner oder Imam. Denn das völlige Ausschalten des Menschen eigener Denkfähigkeit, des Menschen eigenen Ichs und des Menschen Seele war und ist des Sophisten generelles Ziel.[37]

Die Tragik von solchen »Führern« und »Eingeweihten« ist, dass sie nichts vom eigentlichen Menschen, dem wahren Menschen, wissen – und auch nichts wissen wollen. Denn was sie wissen oder wissen wollen, betrifft nur den abbildhaften Menschen. Also den Menschen, der mit der Natur und mit Jehova in Zusammenhang steht. Und dieser abbildhafte Mensch ist wesenhaft. Das heisst auch: kollektiv veranlagt und nicht individuell. Kollektiv veranlagt sein bedeutet, sich erst dann wohlzufühlen, wenn man sich als Gruppe oder als Herde (oder auch als Volk) versteht und auch als Gruppe oder als Herde (oder auch als Volk) auftreten, sich manifestieren kann. Der abbildhafte Mensch ist also ein Gruppen- oder Herdenwesen, so wie das in der Natur bei den Tieren der Fall ist. Denn auch bei den Tieren gibt es kein individuelles Ich, sondern nur ein Gruppen- oder Herdensein. Und jedes Gruppen- oder Herdensein ist wesenhaft. Und dadurch letztlich ohne wirkliches Leben. Denn nur was ein persönliches, individuelles Ich (und somit eine Seele) besitzt, besitzt,

---

37 Mit *eigener Denkfähigkeit* wird hier des Menschen selbstständiges Denken und nicht das Denken im Sinne eines Nachdenkens gemeint, das von der Sophistik jedoch mit dem selbstständigen Denken verwechselt wird. Denn das Nachdenken wird innerhalb der Sophistik sogar gefordert und gefördert. Es wird selbstverständlich gefordert und gefördert, damit der Mensch über die Weisheiten nachdenkt, wie sie beispielsweise Religionen und auch Weisheitslehren vertreten. Das Nachdenken dient also für sie als eine Art Bestätigung des bereits Gegebenen, damit dieses dadurch besser verstanden und auch besser verinnerlicht werden kann. Dies im Gegensatz zum selbstständigen Denken, das als solches generell »Wahrheiten« hinterfragt, infrage stellt und deren Widersprüche erkennt.

zumindest gnostisch-platonisch gesehen, auch wirkliches Leben, sodass aus diesem Grund der abbildhafte Mensch, in dem der wahre Mensch inkarniert ist, am Ende des irdischen Lebens sterben muss, wenn er, der wahre Mensch, diesen verlässt.

Deshalb wohl möchten »Führer« oder »Eingeweihte« den Menschen aber wieder zurück in die Vergangenheit führen. Weil dort der Mensch, also der abbildhafte Mensch, das heisst der Mensch, in den sich der wahre Mensch mit seinem Ich und seiner Seele inkarniert, noch gänzlich wesenhaft und somit kollektiv veranlagt war. Und je weiter man in der Entwicklung des abbildhaften Menschen in die Vergangenheit zurückgeht, desto wesenhafter und kollektiv veranlagter war er. Der wesenhafteste und am kollektivsten veranlagte abbildhafte Mensch war wohl Ur-Adam – sofern man Ur-Adam (deshalb) überhaupt als Mensch bereits bezeichnen kann. Für die Sophistik ist also auch aus diesem Grund die Vergangenheit die Zukunft und nicht die Zukunft sich selbst. So wie dies auch, symbolisch gesprochen, die Schlange vertritt. Sie vertritt es, weil auch sie ohne Vergangenheit nicht Lüge sein könnte. Sie ist von der Vergangenheit abhängig, so wie die Vergangenheit, umgekehrt, von ihr, der Lüge. Lüge und Vergangenheit bedingen einander also und haben miteinander zu tun. Und deshalb benötigt auch die Sophistik den Tod, den sie aber überwinden will. Um damit ihre Lüge, auf die sic baut, ebenso aufrechterhalten zu können.

Doch die Vergangenheit bindet und die Zukunft macht frei. Sie bindet an Weisheiten und Weisheitslehren und an die Materie und an das Stoffliche. So wie Rudolf Steiner mit seiner

Lehre oder die katholische Kirche mit ihrem Glauben binden – und mein Bruder einen frei macht. Mein Bruder macht einen beispielsweise von jeglichen Bedingungen, Glaubensvorstellungen, vorgefassten, tradierten Meinungen, Vorurteilen oder Doktrinen frei. Aber auch von jeglicher Äusserlichkeit und Vergangenheit. Denn selbst sein Anderssein ist nicht erblich bedingt und deshalb wohl allein Ausdruck einer individuellen Offenbarungsmöglichkeit.

...

Die Vergangenheit bindet an die Erde, ans »Karma«[38], wie der Esoteriker sagt – und letztlich an »Menschenführer« wie

---

38 Unter »Karma« wird das Gesetz von Ursache und Wirkung verstanden. Die Lehre des Karma ist hauptsächlicher Bestandteil östlicher Religionen und der Esoterik und steht mit der Reinkarnationslehre im Zusammenhang. »Karma« bedeutet, dass sich in früheren Leben Verursachtes – im positiven wie im negativen Sinn – in späteren als Wirkung offenbaren soll. Im Gegensatz zur Prädestinationslehre des christlichen Glaubens, bei der »Gott« (aufgrund einer eigenen Willkür) schon von Anfang her das Schicksal des einzelnen Menschen bestimmt hat, ist der Mensch bei der Karma- oder Reinkarnationslehre angeblich selbst für sein »gutes« oder »schlechtes« Leben verantwortlich. Bei beiden Lehren wird jedoch die Schuld demjenigen Menschen angelastet, der (bereits) ein schweres Leben hat, das heisst, beispielsweise arm oder krank ist – was aber mit einem wahren christlichen Verständnis in absolut keinen Zusammenhang gebracht werden kann, da wahres Christentum weder diskriminiert noch bestraft und schon gar nicht den Schwächsten einer Gemeinschaft zusätzlich belastet. Dem Menschen, dem es gut geht im Leben, der reich und gesund ist, wird dagegen sowohl von der Karma- als auch von der Prädestinationslehre Schuldfreiheit und moralische Kompetenz zugesprochen. Beide Lehren zeugen davon, dass sie letztlich wohl Lehren vor allem von und für den »salomonischen« Menschen sind, da dieser am meisten davon profitiert. (»Salomonische« Menschen sind Menschen,

Rudolf Steiner, den Papst, einen Rabbiner oder Imam. Aber auch an ein unmündiges Kollektiv, also an eine Gruppe oder Herde, das von »Menschen- oder Religionsführern« geleitet wird. Dieses unmündige Kollektiv beziehungsweise die Gruppe oder die Herde ist der »neue Adam«, dessen »Ich«, zumindest für den »christlichen« Sophisten, der »Christus« sein soll – sodass der einzelne Mensch für ihn auch deshalb sein eigenes Ich dafür opfern muss. Denn »nicht ich lebe, sondern der Christus in mir«, lehrte deshalb wohl bereits Paulus. Das heisst: Der Mensch muss für das Kollektiv sein Ich aufgeben, damit es vom »Christus« für seine Zwecke genutzt und gelenkt, ja, bewohnt werden kann.

---

die dem »salomonischen« Strom angehören. Der »salomonische« Strom geht auf König Salomon zurück. König Salomon repräsentierte den weisen, reichen und elitären Menschen. Mit ihm steht beispielsweise Jesus in Zusammenhang. Auch die Hohepriester entstammen dem »salomonischen« Strom. Zu dem »nathanischen« Strom dagegen, dem Strom des einfachen Menschen, können beispielsweise Judas und Johannes der Täufer gezählt werden.) Der Gnostiker oder Platoniker geht deshalb davon aus, dass auch er, der »salomonische« Mensch, sowohl die Lehre des Karma als auch die Prädestinationslehre erschaffen hat. Er hat sie für sich selbst erschaffen, um sich damit von jeglicher Schuld und von jeglichen moralischen Bedenken gegenüber dem Menschen, der ein schweres Leben hat, arm oder krank ist, freizusprechen. Das heisst: Er kann deshalb tun und sein, was und wie er will, ohne sich selbst ein schlechtes Gewissen oder eine Schuld zuzuweisen, da er ja immer auf der »guten« und »richtigen« Seite steht, also von Grunde auf bereits »gut« und »richtig« ist. Damit stärkt er nicht nur sein »Selbstbewusstsein«, sondern auch seine Arroganz. Nämlich sein »Selbstbewusstsein« und seine Arroganz demjenigen Menschen gegenüber, dem es nicht so gut geht wie ihm und der nicht reich oder gesund ist – und kann damit diesen sogar zusätzlich umso mehr für sein schweres Leben mit Schuldgefühlen, Zurechtweisungen und Drohungen belasten oder drangsalieren.

Es ist also definitiv die Schlange und deren Wirkungsweise, die überwunden werden muss, um wahrer Mensch zu werden, und nicht das selbstständige Denken des Menschen oder dessen individuelles Menschsein! Das ist der grosse Irrtum, die grosse Lüge der Sophistik, die den Menschen bekämpft und dafür die Schlange verehrt, und deren Tragik – auch wenn sie diesen Irrtum, diese Lüge sogar mit Absicht vertritt. Doch als Vertreterin der Schlange und dadurch als Vertreterin deren Weisheit erkennt sie das Wahre automatisch nicht oder nur abbildhaft. Denn es ist erst das selbstständige Denken, das den Menschen dazu führt, wirklich Mensch, also wahrer Mensch zu werden beziehungsweise wirklich Mensch, also wahrer Mensch zu sein. Und somit auch wirklich als wahrer Mensch beziehungsweise als Mensch generell zu existieren. Indem es auch die Vergangenheit überwindet, diese hinter sich lässt. Denn wer die Vergangenheit nicht überwindet und nicht hinter sich lässt, sondern sich mit ihr sogar verbindet, erstarrt als abbildhafter Mensch zur (seelischen) Salzsäule wie Lots Frau. Er wird seelenlos, tot und – verwest. Das heisst, er wird zum Wesen, das stirbt. Auch Kleopatra, die (ebenso) Schlangeneingeweihte[39] war,

---

39 Weisheiten der Schlange werden seit ältester Zeit in sogenannten »Weisheitsschulen« oder Mysterienstätten gelehrt. Mysterien der Antike waren beispielsweise die Mysterien der Eleusis (Griechenland) oder der Mithras-Kult (Perser und Römer). Aus Ägypten stammen die Mysterien der Isis. Für die Einweihung in den höchsten Grad, den man als Grad »Gottes« oder als Grad des »Vaters« bezeichnete, benötigte man als Einzuweihender ein Opfer, meist auch ein unschuldiges Menschenopfer. (So wie deshalb wohl auch Abraham seinen Sohn Isaak für »Gott« opfern wollte, als er sich zum »Vater« einweihen liess.) Ob dieses unschuldige Menschenopfer für Kaiser Hadrian, der sich ebenso in die Mysterien von Eleusis einweihen liess, der Jüngling Antinoos war, ist aus gnostisch-platonischer Sicht durchaus

musste, symbolisch gesprochen, durch den Biss der Schlange ihr Leben hergeben.

Gnostisch-platonisch gesehen muss die Schlange also mit dem wahren Christlichen[40] ersetzt und deshalb ihr (und nicht des Menschen) Kopf zertreten werden.[41] Das wahre Christliche beinhaltet das selbstständige Denken und das individuelle

---

denkbar oder sogar anzunehmen. Denn er wurde als sein »Geliebter« genannt. Bezeichnungen wie »Geliebter« oder auch »Den er liebte« oder »Dem er einen Kuss gab« weisen auf die potenziellen Menschenopfer hin. Auch Pilatus könnte mit der Kreuzigung des wahren Christus, eines Unschuldigen, dem Judas im Garten Gethsemane einen Kuss gab, eine Mysterien-Einweihung in den höchsten Grad für sich bezweckt haben, um sich damit vielleicht selbst die Gottes- und somit die Kaiserwürde zu ermöglichen. Wenn dem so war, dann könnte es vielleicht auch stimmen, dass ihn Kaiser Caligula, wie einige Chronisten berichten, vielleicht aus Mysterienverrat oder aus Verrat am Kaiser in Rom, zum Selbstmord gedrängt hatte. Weil eine solche Einweihung nur dem eigentlichen Kaiser, dem Kaiser in Rom, zustand. (Ob auch Judas, der verheissene »Sohn des Allerhöchsten«, aus diesem Grund Selbstmord beging? Das heisst, weil auch er die Gotteswürde für sich beanspruchte und deshalb von Pilatus zum Selbstmord gedrängt wurde? Also weil er für sich beanspruchte, was ihm, zumindest vom römischen Standpunkt aus gesehen, nicht zustand?) Selbst der Tod eines Knaben beim Bau des Goetheanum in Dornach, der nie aufgeklärt wurde – er wurde von einem Lastwagen überfahren –, lässt Spekulationen in dieser Hinsicht zu. Gnostisch-platonisch gesehen kann der Tod des Knaben tatsächlich als Opfer angesehen werden, als Opfer nämlich für Rudolf Steiner und dessen Anthroposophie. Auch weil Rudolf Steiner selbst sagte, dass die Seele des verstorbenen Knaben für die anthroposophische Sache weiterlebe.

40 Ich bezeichne das Christliche, wie ich es vertrete, als das »wahre Christliche«, um es von dem Christlichen der Sophistik, dem abbildhaften, verfälschten Christlichen, zu unterscheiden.
41 Siehe hierzu in der Offenbarung des Johannes die Maria im Strahlenkranz, die auf der Mondsichel steht und den Kopf der Schlange zertritt.

Menschsein, das aus sich selbst heraus versteht. Es hat mit einem Kollektivmenschen, dem »Herdenmenschen«, der von einer Führungsinstanz, einem »Leittier«, dem »Übermenschen«, geleitet wird, nichts zu tun. Und deshalb auch nichts mit Jehova, auf den dieser Kollektiv- oder Herdenmensch ursprünglich als Ur-Adam und somit als abbildhafter Mensch, also als Mensch, der aus der Natur hervorging, zurückgeht. Zu diesem ursprünglichen »Ur-Menschen«, dem Ur-Adam, der, nach gnostisch-platonischer Erkenntnis, vorerst nichts anderes als ein Klumpen Materie war – er wurde, gnostisch-platonisch gesehen, erst zur Ur-Erde und somit zu Ur-Adam mit abbildhaftem Leben, als sich die »Pronoia« mit ihrem Leben zur Hälfte in ihn legte[42] –, soll der abbildhafte Mensch, nach sophistischer Lehre, aber wieder geformt werden, damit dieser als »alter Adam« – analog zum wiedererstandenen Osiris der ägyptischen Mythologie, der mithilfe der Isis wieder zu Leben kam – der »neue Adam« werden kann. Deshalb muss sich für die Sophisten der wahre Mensch gänzlich aufgeben, opfern. Er muss sich für den auferstandenen »Christus« opfern (und nicht dieser also für den Menschen, wie jedoch die Sophistik, die wie das »scheinbar Lichthafte« die Wahrheit verdreht, es kolportiert). So wie sich im Labyrinth auf Kreta die Jungfrauen und Jünglinge für Minotaurus geopfert haben oder sich opfern lassen mussten (und nicht Minotaurus für sie).

...

Dass es immer wieder Menschen gibt, die mit ihrer Lehre

---

[42] Mehr darüber schildere ich in meinem Buch »Das gnostische Christentum – Teil 2«, erschienen beim Twentysix-Verlag, Norderstedt.

und auch mit ihrer Dogmatik ganz auf die Schlange und deren Weisheit setzen, also auf die Weisheit, die nicht nur die Wahrheit verdreht, sondern den Menschen auch zurück in die Vergangenheit und nicht nach vorn in die Zukunft führt, und nicht beispielsweise auf die Errungenschaft einer Aufklärung, die des Menschen selbstständiges Denken fördert, erstaunt – und verwundert zugleich. Es erstaunt, weil man sich dann doch die Frage stellt, weshalb es in der Welt überhaupt Menschen gibt, die in solch sophistischer und abbildhafter Weise denken. Also so denken, dass es ihnen tatsächlich ein Anliegen ist, dem andersdenkenden Menschen oder dem Menschen generell kein eigenes, freies Menschsein zu ermöglichen und diesen stattdessen umso mehr an sich zu binden und über diesen zu bestimmen. Und es verwundert, weil es doch gerade die Errungenschaft einer Aufklärung ist, den Menschen mit der Aufforderung, (selbstständig) zu denken, zu sich selbst hin- und nicht wie die Weisheitslehren von sich selbst wegzuführen.

Im Gegensatz zur sophistischen Lehre macht das aufgeklärte Denken den Menschen frei. Es macht ihn frei von Vorurteilen, frei von gegebenen Dogmen und Doktrinen und auch frei von Aberglauben. Es macht ihn aber auch mündig. Nämlich mündig beispielsweise in Bezug auf autoritäre Vorgaben und Obrigkeiten, die alleine bestimmen, was beispielsweise von jedem einzelnen Menschen als »wahr« oder als »falsch« oder als »richtig« oder als »unrichtig« zu erachten ist. Doch die Menschen, die gänzlich auf die Schlange und deren Weisheit setzen, negieren die Bedeutung des selbstständigen Denkens. Und auch die Bedeutung ihrer eigenen Mündigkeit. Strenge, orthodoxe

Sophisten (wie zum Beispiel Rudolf Steiner) sprechen deshalb sogar davon, dass nicht nur das selbstständige Denken, sondern auch der Kopf des Menschen, der der »Sitz« des selbstständigen Denkens und der Mündigkeit ist, in Zukunft wieder überwunden werden müsse – und auch, in Hinblick auf den »neuen Adam«, überwunden werde. Er werde wieder überwunden und überwunden werden müssen, weil er über den Tierkreis[43], also über den Kreis des

---

43   Unter Tierkreis versteht die Sophistik jenen Bereich, der mit dem Seelenleiblichen des Gesamtmenschen, das nicht mit dem Seelischen beziehungsweise nicht mit der Seele eines einzelnen Menschen verwechselt werden darf, in Zusammenhang steht. Äusserlich findet er seine Entsprechung in den zwölf (oder auch mehr) Sternbildern des Kosmos. Das Seelenleibliche des Gesamtmenschen entspricht dem Tierischen oder »Tierleiblichen« des abbildhaften Menschen. (Der abbildhafte Mensch ist, im Gegensatz zum einzelnen, wahren Menschen, der an Jehova beziehungsweise an die Natur gebundene unvollkommene und sterbliche Mensch.) Diesen Tierkreis durchwandert die Sonne während eines ganzen Jahres einmal. Seine zwölf Sternbilder entsprachen innerhalb der griechischen Mythologie den zwölf Göttern des Olymp. Diese zwölf Götter des Olymp bestanden aus sechs männlichen und sechs weiblichen Gottheiten. Nach sophistischer Lehre übernahmen die zwölf Jünger Jesu die zwölf kosmischen Tierkreisbilder als deren Wirksamkeiten. Für die Sophistik sind diese Wirksamkeiten seither deshalb allein männlich und nicht mehr ebenso weiblich. Sie entsprechen für sie dem Seelenleiblichen des »neuen Adam«. Als »neuer Adam« gilt in der christlichen Sophistik der Leib des »Mensch gewordenen Sohn Gottes«, dessen Seelenleib also die zwölf Jünger sind, die Jesus umgaben. Das Seelenleibliche beziehungsweise der Seelenleib des »neuen Adam« hat mit dem Seelischen beziehungsweise mit der Seele des einzelnen Menschen nichts (mehr) zu tun, da nur der einzelne (wahre) Mensch ein Seelisches beziehungsweise eine Seele besitzt. Alle anderen Kreaturen wie die Tiere, und so auch der »neue Adam«, der im Sinne der als Herde »konzipierten« Tiere ein »Kollektivmensch« werden soll, besitzen, gnostisch-platonisch gesehen, lediglich ein Seelenleibliches. Das Seelenleibliche kann als seelenloses

Tieres, der im Kosmos als Tierkreis der Sternbilder seine Entsprechung findet, hinausrage und deshalb »egoistisch« und somit »luziferisch« oder »scheinbar lichthaft« wäre. Dabei ist es, gnostisch-platonisch gesehen, doch gerade der Kopf, der mit dem wahren Menschen am meisten in Zusammenhang steht! *Weil* er über den Tierkreis und somit über das Tier hinausragt und somit sowohl Tierkreis als auch Tier überwindet – und dadurch gerade eben nicht dem »Luziferischen« beziehungsweise dem »scheinbar Lichthaften« entspricht. Auch ist es der Kopf (beziehungsweise das Gesicht), der (oder das), zumindest seelisch gesehen, beim Menschen am meisten Auskunft über sein wahres, eigentliches Menschsein gibt. Weil der Kopf (beziehungsweise das Gesicht), seelisch gesehen, auch das Persönlichste und Individuellste am Menschen ist. Hier offenbart sich, durch die Seele, die durch diesen (oder dieses) hindurchscheint, sein gesamtes Wesen. Ein Wesen ohne Kopf (oder Gesicht) kann also schon deshalb nicht wirklich Mensch sein, schon deshalb nicht wirklich als Mensch erachtet werden.

Es kann aber auch nicht wirklich Mensch sein, weil es dann den Gesetzen des Taus, welche die Gesetze der Fremdbestimmung beziehungsweise, umgekehrt betrachtet, die Gesetze des Fremdbestimmtwerdens sind, gehorcht. Und weil es (deshalb) auch nicht selbstständig denken, sondern höchstens nur nachdenken oder eben: reflektieren kann. Denn nur ein Wesen, das einen Kopf besitzt, kann selbstständig

---

Abbild oder als Spiegel der individuellen menschlichen Seele verstanden werden. Es bildet die Hülle für das Seelische des einzelnen (wahren) Menschen in der abbildhaften Welt, von dem der Sophist aber nichts weiss oder nichts wissen will.

denken und auch sich selbst sein und umgekehrt – sodass es dann aber auch nicht mehr als Wesen bezeichnet werden kann, sondern als Mensch bezeichnet werden muss. Das Tier ist ein Wesen ohne Kopf[44] – beziehungsweise ein Wesen höchstens mit *Kehlkopf*[45]. Doch wer anfängt, mit dem

---

44 Natürlich besitzt auch das Tier einen Kopf. Doch innerhalb der Gnostik wird dieser nicht als eigentlicher Kopf verstanden, sondern als »zum Kopf hin verlängerter Kehlkopf«.

45 Innerhalb der gnostisch-platonischen Erkenntnis wird der Kopf des Tieres als »zum Kopf hin verlängerter Kehlkopf« verstanden, da das Tier als Wesen, das nicht selbstständig denken kann, keinen Kopf im eigentlichen Sinne besitzt beziehungsweise keinen Kopf im eigentlichen Sinne besitzen kann. Die auf dem Kopf sitzende Krone des Kaisers oder des Königs und die auf dem Kopf sitzende Tiara des Papstes entsprechen dem Kehlkopf, wie er auf dem Adamsapfel sitzt. Damit bekunden sowohl der Kaiser oder der König als auch der Papst, ebenso keinen im Sinne des einzelnen, wahren Menschen eigenen Kopf, und deshalb wohl auch kein eigenes Denken, zu besitzen. Ihr Kopf und ihr Denken entsprechen damit tatsächlich dem Kopf und dem Denken »Gottes« (der wohl ebenso keinen Kopf und kein eigenes Denken besitzt). Der Ausspruch, dass der Mensch die Krone der Schöpfung wäre, bezieht sich also auf den allein abbildhaften Menschen. Er bedeutet, dass der abbildhafte Mensch der Kehlkopf der Schöpfung ist. Als Kehlkopf der Schöpfung kann er, im Gegensatz zu allen anderen Wesen, sprechen. Man kann aber auch sagen, der abbildhafte Mensch wäre der Kentaur, denn auch sein unterer, nach der Waagrechten hin orientierter Teil des Leibes besteht gänzlich als Teil des Tieres (Sexualorgan) und der obere, aufgerichtete Teil als Teil des Menschen (Kehlkopf als Sprechorgan). Da nur der Kaiser oder der König eine Krone und auch nur der Papst eine Tiara besitzen oder besitzen dürfen, bedeutet dies, dass auch nur der Kaiser oder der König beziehungsweise der Papst das »Sprechorgan« für das Volk, dem sie als »Leittiere« vorstehen, sind oder sein dürfen. Das heisst mit anderen Worten: Nur sie haben also das Recht zu sprechen (beziehungsweise die Erlaubnis oder die Legitimation, Recht zu sprechen). Alle anderen Menschen, so besonders die Frauen, wie bereits Paulus insistierte, sollen schweigen – obwohl oder weil gerade den Frauen oder besser: dem Weiblichen nach

Kehlkopf zu »denken«, der denkt überhaupt nicht oder nicht wirklich. Im Gegenteil: Er *lässt* denken. Ganz im Sinne eines »es denkt«, wie das Sophisten bezwecken und fordern. Und damit beweisen, dass sie den eigentlichen Menschen also tatsächlich verhindern und nicht fördern wollen, um ihn so umso mehr in Richtung Tierwesen Ur-Adam zu erziehen. Eine Anschauung jedoch, die zeigt, dass auch sie tatsächlich Gefangene der »Höhle Platons«[46] sind – und auch Gefangene der »Höhle Platons« bleiben wollen. Vor allem aber auch eine tragische Anschauung für den Menschen, da sie ihn nicht oder nicht wirklich wahrer Mensch werden lässt, sondern tatsächlich zurück zu Ur-Adam und somit gänzlich wieder zurück zum Tier oder Tierwesen, aus dem er einst als abbildhafter Mensch erstanden ist, führen will. Denn die »Höhle Platons« ist die Welt, die lediglich bis zum Tierkreis reicht. Mehr als das Tier ist in ihr – bewusstseinsmässig

---

gnostisch-platonischer Erkenntnis als Abbild der »Pronoia« das selbstständige Denken zugeordnet werden kann.

46 Wie das Labyrinth beschreibt auch die »Höhle Platons«, gnostisch-platonisch gesehen, die abbildhafte Welt. Die »abbildhafte Welt«, die eine unvollkommene und vergängliche Welt ist, wird als solche bezeichnet, da sie der eigentlichen und somit wahren und unvergänglichen Welt, also jener Welt, die sich jenseits oder ausserhalb des Labyrinths und somit auch jenseits oder ausserhalb der »Höhle Platons« befindet, nacherschaffen ist. Sie wurde, nach gnostisch-platonischer Erkenntnis, von den beiden »Göttervätern« Jehovas, die innerhalb der Sophistik als »Luzifer« (das »scheinbar Lichthafte«) und »Ahriman« (das »tatsächlich Dunkle«) bezeichnet werden, nacherschaffen, nachdem sie dem Menschen, wie er da in der wahren und unvergänglichen Welt am Entstehen war, physische und geistige Substanz gestohlen und so diesen dadurch selbst in die »abbildhafte Welt« mit hinabgerissen haben. (Mehr darüber schildere ich vor allem in meinem Buch »Das gnostische Christentum – Teil 2«, erschienen beim Twentysix-Verlag, Norderstedt.)

oder reell als Veranlagung – nicht enthalten und auch nicht möglich. Wer den Kopf des Menschen infrage stellt oder des Menschen selbstständiges Denken (und dadurch auch dessen Individualität und Mündigkeit) bekämpft, indem er es beispielsweise als »egoistisch« oder als »nicht zum eigentlichen Menschen gehörend« bezeichnet, so wie das sowohl Sophisten als auch Esoteriker tun, der will also bewusst den Menschen innerhalb des Tierkreises bewahren und dadurch bewusst auch dessen wahres Menschsein verhindern.

Es ist also das Tier und nicht der wahre Mensch, mit dem sich Sophisten letztlich verbinden. Das Tier, das sie für den Menschen halten. Und somit tatsächlich der »neue Adam«[47], der an den »alten Adam« bindet und auf Jehova (beziehungsweise durch ihn dann auch allein auf die Natur) zurückgeht. Es war Noah, der mit seiner Arche erstmals den Leib des »neuen Adam« angekündigt hat, sodass er deshalb auch alle

---

47 Mit »neuem Adam« ist innerhalb der Sophistik der zukünftige Mensch gemeint. Dieser zukünftige Mensch ist ein Kollektivmensch, bestehend aus allen individuellen Menschen, die dafür ihr eigenes Seelisches und ihr Ich aufgeben und somit opfern müssen. Das »Ich« des »neuen Adam« soll, wie die (christliche) Sophistik lehrt, der zum »Vater aufgestiegene Sohn Gottes«, also »Christus« sein, der sich letztlich als »Heiliger Geist« offenbart. Der Leib des »neuen Adam« entspricht der Arche Noah, der letztlich alle Tiere wieder in diese aufgenommen hat und deren Führer (»Leittier«) er, Noah selbst, war. Noah nahm in seiner Bedeutung und Funktion also bereits die Bedeutung und Funktion von Jesus voraus, wobei ihm ebenso bereits der »Heilige Geist« erschien. Dieser »Heilige Geist« erschien ihm in Form einer Taube. Der »neue Adam« ist zugleich der »neue Osiris«, der dann nicht mehr wie der »alte Osiris« in Einzelteile (individuelle Menschen) zerstückelt sein wird, da alle (individuellen) Menschen ihr selbstständiges Ich für ihn aufgegeben und sich zu einem Kollektiv vereint haben.

Tiere wieder in diesen Leib zurückholte. Alle Tiere wieder in sich zurückzuholen, um sie so dann wieder in sich enthalten zu haben, bedeutet, selbst wieder Tier im Ganzen, also tatsächlich Ur-Adam statt wahrer Mensch zu sein. (Also Ur-Adam, in den sich aber bereits die »Pronoia« zur Hälfte gelegt hat, weil er sonst lediglich ein Klumpen ohne abbildhaftes Leben, als der er ursprünglich gemeinsam von seinen »Göttervätern«, dem »scheinbar Lichthaften« und dem »tatsächlich Dunklen«, selbst erschaffen worden ist, geblieben wäre.)

Doch das Tier hat mit dem wahren Menschen nichts zu tun. Es hat mit Jehova (beziehungsweise dadurch mit der Natur) zu tun, was auch immer man unter Jehova (und der Natur) versteht. Denn Jehova ist, wenn es ihn als solchen wirklich gibt – ich werde später über seine reale oder nichtreale Existenz schreiben –, seelenlos und wesenhaft. (So wie die Natur und das Tier letztlich seelenlos und wesenhaft sind.) Auch aus diesem Grund hat der Mensch, nach gnostisch-platonischer Erkenntnis, das Tier, und somit also all dasjenige, was ihn mit Jehova (und der Natur) verbindet, aus sich ausgesondert. Um nicht selbst wie Jehova und das Tier (beziehungsweise die Natur) zu sein. Das Tier ging also, gnostisch-platonisch gesehen, aus dem Menschen und nicht, umgekehrt, der Mensch aus dem Tier hervor.[48] Er hat das Tier aus

---

48 Die gnostisch-platonische Erkenntnis geht davon aus, dass der wahre Mensch nicht aus dem Tier, sondern die Tiere aus dem Menschen hervorgegangen sind. Dieser Prozess fand ursprünglich in einem noch nicht physisch-irdischen, sondern in einem noch gänzlich geistigen Zustand statt. Damit konnten alle »Grobheiten«, welche im Ur-Mensch (Ur-Adam) enthalten waren und den Menschen am eigentlichen Menschsein hinderten, ausgesondert werden. Zuerst wurden aus dem Ur-Menschen die

sich ausgesondert, wie die Ur-Erde den Mond (und auch alle Planeten) aus sich ausgesondert respektive von sich abgespalten hat. Weil auch Jehova (beziehungsweise dadurch die Natur), vom Standpunkt des Gnostikers oder Platonikers aus gesehen, nichts mit dem wahren Menschen zu tun hat. Und weil es ihn, den wahren Menschen, umso mehr an Jehova (und an die Natur) bindet und umso mehr somit auch an der Entfaltung seines wahren Menschseins selbst hindert.

Je mehr sich der Mensch also wieder mit dem Tier verbindet, ja vielleicht sogar selbst wieder gern Tier werden will, desto mehr verhindert er in sich die Entfaltung seines eigenen wahren Menschseins und Ichs – und gelangt dafür umso mehr wieder zurück zu Jehova (und zur Natur). Und zurück zu den Religionen. Weil das Tier, im Gegensatz zum wahren Menschen, Ausdruck Jehovas (und der Natur) und Ausdruck der Religionen ist.[49]

Pflanzen und dann die Tiere ausgesondert, sodass auf Erden zuerst die Pflanzen und dann die Tiere erschienen. Erst als all jenes, was den Ur-Menschen im noch geistigen Zustand am wahren Menschsein hinderte, ausgesondert war, erschien auch er, der eigentliche Mensch, als irdischer Mensch auf Erden. Da der Ur-Mensch Jehova entsprach, als dieser noch ganz »Gesamtmensch« war, muss davon ausgegangen werden, dass auch er selbst, sofern es Jehova in dem Sinne gibt, diese wieder alle in sich vereint haben möchte.

49 Das heisst selbstverständlich nicht, dass man sich nicht mit Tieren abgeben oder sich nicht um Tiere kümmern soll, mitnichten. Das heisst lediglich, dass man sich im Umgang mit Tieren immerwährend bewusst sein soll, als eigentlicher Mensch mit den Tieren in dem Sinne also ursprünglich nichts zu tun zu haben. Denn aus diesem Grund wurden sie aus dem Menschen ausgesondert. Man hat als Mensch mit den Tieren nichts zu tun, weil der eigentliche Mensch, also der wahre Mensch, im

Nach gnostisch-platonischer Erkenntnis hat der wahre Mensch respektive, wenn man genau sein will, die »Pronoia« das Tier eins nach dem anderen aus Ur-Adam, dem angeblichen »Ur-Menschen« (der letztlich mit der Ur-Erde gleichgesetzt werden kann), ausgesondert – bis dass es ihm als wahrem Mensch selbst möglich war, sich auf der übriggeblieben Erde in einem von ihr befreiten, eigenständigen abbildhaften und nackten Menschen zu inkarnieren. Vielleicht ist der Cro-Magnon-Mensch der erste befreite, eigenständige abbildhafte, nackte Mensch, in den sich der wahre Mensch auf Erden dann inkarnierte, sodass er sich deshalb auch Kleider erschuf. Der Cro-Magnon-Mensch erschien vor cirka 40'000 Jahren auf einmal als eigenständiger Mensch auf Erden und unterschied sich von allen bisherigen menschlichen oder menschähnlichen Kreaturen massgeblich. Er war Jäger und Sammler, schuf neuartige Waffen und Werkzeuge und kreierte nicht nur Kleider, sondern auch Schmuck. Auch entwickelte er erste Werke der bildenden Kunst wie Felsenmalereien oder Figuren.

Das Schlimme ist, dass dieser nun irdisch gewordene Mensch oftmals meint, wie Noah mit seiner Arche, quasi selbst als »neuer Adam«, alle Tiere wieder in sich zurückzuholen und wieder in sich zu vereinen, um auch selbst dadurch wohl wieder eine Art Tiermensch oder vielleicht sogar gänzlich Tier zu werden. Zumindest fanatische Tierschützer oder Menschen, die sich generell mit den Tieren sehr verbunden fühlen, scheinen dies oft zu meinen. Denn sie bemühen sich, zum Teil mit allen Mitteln, beispielsweise auch mit ihrem so-

---

Gegensatz zum abbildhaften Menschen kein Tier ist und deshalb auch nicht mit dem Tier gleichgesetzt werden kann.

genannten »Antispeziesismus«, der dem Menschen anderen Wesen gegenüber keinen besonderen Status zubilligt, den Menschen wieder auf die Ebene des Tieres hinabzureissen beziehungsweise das Tier auf die Ebene des Menschen emporzuzerren. Weil sie wohl den Menschen und somit sich selbst tatsächlich mit dem Tier verwechseln und das Tier mit dem Menschen – und letztlich wohl auch tatsächlich meinen, selbst nur Tier und nicht mehr Mensch zu sein. Denn als Tier sind sie allein abbildhafter und nicht mehr wahrer Mensch. Und somit derjenige Mensch, der auch nur den Tiermenschen, nicht aber den wahren Menschen kennt.

Der Mensch schreitet so also wieder zurück zum Tier und somit tatsächlich wieder zurück zu Ur-Adam beziehungsweise zurück zu Jehova, der Ausdruck aller Tiere (und der Natur) oder sogar selbst Tier beziehungsweise »Gesamt-Tier« ist[50], wenn er sich nicht auf sein wahres Menschsein besinnt. Und je sophistischer oder religiöser er ist, desto mehr. Denn die Sophistik und dadurch auch die Religionen, die Teil der Sophistik sind, führen den Menschen weg von sich und auch

---

50 Dass Jehova selbst Tier ist oder Tier sein könnte, zeigt sich daran, dass die Gesetze der Welt, die auf ihn zurückgehen, die Gesetze der Natur und somit die Gesetze des Tieres, also die darwinistischen Gesetze, und nicht die Gesetze des Menschen sind. Der Mensch scheint Jehova völlig gleichgültig oder unwichtig oder besser: unbekannt zu sein, weil er sonst die Welt wohl nach dessen Gesetzen (und somit nach den Gesetzen seines angeblich eigenen Ebenbildes) und nicht nach den Gesetzen der Natur, welches die Gesetze des Tieres sind, erschaffen hätte. Auch den Religionen, die ihn auf Erden vertreten, scheint der Mensch völlig gleichgültig oder unwichtig und unbekannt zu sein. Weil auch sie ihn mit allen Mitteln und mit aller Macht den Prinzipien und Gesetzen Jehovas unterwerfen und unterordnen wollen. Ihr Ziel ist es, damit den individuellen, freien und mündigen Menschen zu verhindern.

weg von seiner eigenen wahren, individuellen Persönlichkeit. Ob sich auch deshalb viele Sophisten und religiöse Menschen oftmals mit den Tieren so sehr verbinden – oder auch verbunden fühlen? Weil sie sich in ihnen spiegeln und so selbst auch auf eine Art wie diese Tiere werden können? Mit der Konsequenz aber, dadurch ebenso wohl allmählich ihr Seelisches aufzugeben, um es mit einem Seelenleiblichen[51], einem allein Wesenhaften nur, wie es Tiere besitzen, zu ersetzen.[52]

---

51 Das Seelenleibliche hat nichts mit dem Seelischen zu tun – oder nur insofern, als es ein physisch Abbildhaftes und deshalb ein Vergängliches und Unvollkommenes eines (vollkommenen) Seelischen ist. Nur der einzelne Mensch besitzt ein Seelisches, nicht das Kollektiv. Denn das Seelische des einzelnen Menschen ist, gnostisch-platonisch gesehen, (bereits) Ausdruck eines Individuellen, Ewigen und somit Wahren. Der moderne Mensch verwechselt den Seelenleib mit dem Seelischen, weil er gewöhnlich nichts von einem Seelenleib oder Seelenleiblichen weiss. Derjenige Teil, der bei einem Kollektiv scheinbar als »Seelisches« wahrgenommen wird, ist dessen Seelenleib oder Seelenleibliches – oder dasjenige »Seelische«, das von Menschen selbst vielleicht in dieses Kollektiv hineinprojiziert wird. (Einem Oldtimer-Auto oder einer alten Dampflok attestieren wir auch eine »Seele«, obwohl weder ein Oldtimer-Auto noch eine alte Dampflok eine solche hat.)
52 Das Seelenleibliche des Tieres, welches (»makrokosmisch«) symbolisch (oder tatsächlich) dem zwölfteiligen Tierkreis und den zwölf Sternbildern im Kosmos entspricht, wurde innerhalb der (christlichen) Sophistik (»mikrokosmisch«) beim Menschen zum Seelenleiblichen Jesu, der wie Noah mit seiner Arche alle Tiere wieder in sich vereinte. Der kosmische Tierkreis, der in Urzeiten mit der Isis in Zusammenhang stand (und ihr als Seelenleib entwendet wurde), ist seit Erscheinen Jesu auf Erden (und seit dieser ihn während der Hochzeit zu Kana der Isis entwendet hat) nun Ausdruck des Seelenleibes Jesu, dessen zwölf Repräsentanten die zwölf Jünger sind.

4. KAPITEL

Mensch, Herdentier, Leittier

Indem der Mensch Jehova vergöttert, ihn anbetet und ihn als Ideal verehrt, macht er sich gewissermassen selbst wieder zum Tier oder zum Tierwesen, als das und aus dem er von Natur aus und somit von Jehova, dem (angeblichen) Schöpfer (oder Stellvertreter) der Natur, ursprünglich als abbildhafter Mensch tatsächlich erschaffen worden ist, ohne dass er sich dessen wohl wirklich gewahr wird. Weil er dadurch (freiwillig) sein selbstständiges Denken aufgibt, sich in seinem Ich negiert und sich, wie ein Herdentier, das sich unter die Obhut eines Leittieres stellt, einer Führungsinstanz ergibt.[53] Einer Führungsinstanz, die ihn dann leitet, bestimmt und kontrolliert.

Dass er (freiwillig) sein selbstständiges Denken aufgibt, sich in seinem Ich negiert und sich wie ein Herdentier manifestiert, hat letztlich wohl auch damit zu tun, dass er sich nur als abbildhaften und nicht (auch) als wahren Menschen versteht. Denn dieser unterliegt den Gesetzen der Natur und somit dem

---

53 Vom Standpunkt des Gnostikers oder Platonikers aus gesehen, benötigt der Mensch, im Gegensatz zum Tier, keinen Führer und somit auch kein »Leittier« (oder »Alphatier«), weil er fähig ist, selbstständig zu denken. Und sich dadurch selbst zu kontrollieren und auch selbst zu führen. Das heisst: Nur ein Wesen, das nicht selbstständig denken kann, wie zum Beispiel ein Tier, muss von einer »höheren Instanz«, also von einem »Leittier« (beziehungsweise von seinen Instinkten und Trieben), kontrolliert und geführt werden. Weil es dadurch, das heisst also, weil es nicht selbstständig denken kann, (automatisch) auch kein persönliches Ich hat.

Tierhaften oder sogar dem Tier selbst. Er kann als »Mensch des Vergessens« bezeichnet werden, weil er alles vergisst und auch nichts mehr in sich enthalten hat, was mit dem wahren Menschen in Zusammenhang steht. Er unterliegt den Gesetzen der Natur und somit dem Tierhaften oder dem Tier selbst, weil er selbst aus der Natur und somit aus dem Tierhaften beziehungsweise sogar aus dem Tier ursprünglich entstanden ist. Denn auch das Tier oder das Tierhafte und auch die Natur kennen, umgekehrt gesehen, den wahren Menschen nicht. Im Gegenteil: Sie kennen nur sich selbst. Und deshalb auch nur ihre eigenen Gesetze und nicht die Gesetze des wahren Menschen. Denn würden sie den wahren Menschen und somit auch dessen Gesetze kennen, dann wären sie wohl selbst wahrer Mensch und nicht Tier oder Natur.

Auch Jehova beziehungsweise dasjenige, war wir als Jehova verstehen, kennt nur sich selbst. Deshalb weiss auch er nichts vom Menschen, geschweige denn vom wahren Menschen. Denn wüsste er vom wahren Menschen und nicht nur von sich selbst, so wüsste auch er von dessen Gesetzen – und wäre dadurch wohl ebenso selbst Mensch oder wahrer Mensch. Doch er ist »Gott« und nicht Mensch – was letztlich auch erklärt, weshalb man ihn in seiner Bedeutung, quasi als »*Über*menschen«, *über* den Menschen und nicht auf die gleiche Stufe wie den Menschen stellt. Denn auch ein Leittier in der Natur, zum Beispiel ein Leittier eines Rudels Wölfe, steht in seiner Bedeutung, quasi als »*Über*tier«, *über* dem gewöhnlichen Herden- oder Rudeltier – mit dem Unterschied jedoch, dass es sich sowohl beim Leittier in der Natur als auch beim gewöhnlichen Herden- oder Rudeltier beide Male um das gleiche Wesen handelt, nämlich um ein Tier, was zwischen

Mensch und »Gott« aber nicht der Fall ist, da »Gott« »Gott« und der Mensch Mensch ist – obwohl »Gott« den Menschen aber nach seinem Ebenbilde angeblich erschaffen hat. Das Leittier stellt sich über das Herdentier, um über dieses zu bestimmen. So wie »Gott«, oder was wir als »Gott« verstehen oder als »Gott« bezeichnen, sich über den Menschen stellt, um letztlich auch über diesen zu bestimmen. »Gott«, oder was wir als »Gott« verstehen oder als »Gott« bezeichnen, will über den Menschen bestimmen, indem er ihn beherrscht und kontrolliert – was er jedoch nur tun kann, wenn der Mensch selbst tatsächlich eben wieder ganz »Herden- oder Rudeltier« wird, wie er es als abbildhafter Mensch wohl ursprünglich mal war, als er sich noch ganz primitiv oder auch noch ganz in Ur-Adam gefangen sah und von sich selbst als individuellem, wahren und befreiten Menschen nichts wusste. Doch für dieses »Herden- oder Rudeltier«, das er wieder werden soll, den »neuen Adam«, muss er auf sein wahres, individuelles Menschsein verzichten. Oder besser: Er muss sein wahres, individuelles Ich und seine Seele für »Gott« und für den »neuen Adam« aufgeben.[54] Denn der »neue Adam« ist, so die Sophistik, die Leiblichkeit »Gottes«, für die er seinen »Sohn« Jesus auf Erden geschickt hat. Er hat seinen »Sohn« Jesus auf Erden geschickt, damit er »Mensch« werde – und als solcher diese Leiblichkeit für ihn, den »Gott«, herrichte.

Dass Ur-Adam als angeblich »erster« Mensch, also als »erster« Mensch, in den sich bereits aber die »Pronoia« zur Hälfte gelegt hatte, weil er sonst kein abbildhaftes Leben

---

54 Siehe hierzu beispielsweise auch bei Markus 8,34: »Und er rief zu sich das Volk samt seinen Jüngern und sprach zu ihnen: ›Will mir jemand nachfolgen, der verleugne sich selbst …‹«

besessen hätte, vorerst tatsächlich Tier oder Tierwesen und noch nicht Mensch war, ist ein Standpunkt, den so auch die Naturwissenschaft (die selbstverständlich als solche, nämlich als »Naturwissenschaft«, auch nur den abbildhaften und nicht den wahren Menschen kennt) teilt. Sie teilt ihn, weil auch sie in ihrer Evolutionslehre für die Entwicklung des Menschen vom Tier ausgeht. Dies im Gegensatz zu den reinen, orthodoxen Sophisten, die letztlich alle davon überzeugt sind, dass der Mensch (also der abbildhafte Mensch, da auch sie den wahren Menschen nicht kennen und deshalb auch nur vom abbildhaften Menschen ausgehen) von Grunde her eigentlich bereits Mensch war, als er erschaffen wurde, und nicht Tier oder Tierwesen – obwohl auch sie aber den Menschen selbst nun zum Tier wieder zurückverwandeln wollen, indem sie ihn zum »neuen Adam« erziehen, was ein völliger Widerspruch zu ihrer Meinung in Bezug auf den ursprünglichen, »ersten« Menschen ist. Denn wenn Ur-Adam als ursprünglicher Mensch Mensch war und nicht Tier, also so, wie wir heute den Menschen als Menschen verstehen, und auch »Gott« wie Ur-Adam, da er ihn nach seinem Ebenbild erschaffen hat, so müsste die Sophistik den Menschen also unbedingt (wieder) in Richtung des Menschen erziehen und bestimmt nicht, was sie aber mit ihrer Weisheit tut, zurück zu Ur-Adam und somit zurück in Richtung Tier oder Tierwesen. Somit beweist sie, dass sie tatsächlich vom Menschen, geschweige denn vom wahren Menschen, nichts weiss und auch den Menschen, geschweige denn den wahren Menschen, nicht will, obwohl sie aber dennoch vom Menschen spricht.

Sie will ihn in gleichem Sinne nicht, wie ihn bereits der »Sohn Gottes«, also Jesus, nicht wollte, der ja ebenso alles unternahm, um dem Menschen das individuelle, wahre Menschsein zu verhindern, obwohl auch er vom Menschen sprach und angeblich sogar für den Menschen auf Erden erschien (und auch angeblich gestorben ist). Er verhinderte es, indem er den Menschen beispielsweise dahin erzog, sich als »Schaf« an ihn, den »Hirten« (der eigentlich aber nicht er, sondern Judas war, da er aus dem Hause des Löwen stammte und nicht mit dem Widder-Strom in Verbindung stand), zu binden und allein seinen Worten zu folgen.

Nach gnostisch-platonischer Erkenntnis erschien der »Sohn Gottes« auf Erden, um sich so auch wieder die Macht über den Menschen zu sichern, die der Sophistik zu dieser Zeit wohl zu entgleiten drohte. Denn zu gleicher Zeit, als Jesus auf Erden wirkte, offenbarte sich ein Mensch, den der Gnostiker oder Platoniker, im Gegensatz zum »Christus« der Sophisten, der sich in Jesus zeigte, als wahren Christus bezeichnet, da er von »jenseits des Labyrinths« kam, um den Menschen von seinem Schicksal als Gefangenem der abbildhaften Welt, des Labyrinths, und somit auch von seiner Bindung an die Erde zu befreien – statt ihn wie Jesus an sich und an die Erde zu binden. Auch war der Mensch zu dieser Zeit mit seinem Leben, das er im Urbeginne als abbildhaftes Leben von der »Pronoia« erhielt und das seither immer mehr an Kraft und Energie verlor, generell wohl an einen Endpunkt gelangt, sodass es deshalb von sophistischer Seite her neu »impulsiert« werden musste. Die Hoffnung der Sophistik bestand, zumindest damals, darin, es nun mit dem »ewigen Leben« dieses wahren Christus neu zu »impulsieren«, indem man diesen dafür kreuzigte. Denn mit der Kreuzigung sollte das »ewige Leben« des wahren Christus, ganz nach den Gesetzen eines sophistischen Opferrituals, die die Erhöhung eines Adepten vom »Grad des Sohnes« in den »Grad des Vaters« bezweckte, auf Jesus, den »Sohn Gottes«, übertragen werden, der dafür in einen Tiefschlaf versetzt in einem Einweihungsgrab in einem Tempel in Jerusalem lag – was jedoch, glücklicher- oder logischerweise, misslang.

...

Der Mensch entwickelt sich also wieder zurück zum Tier oder zum Tierwesen, das er einst war, als er (angeblich von »Gott«) erschaffen wurde oder (aus der Natur) entstanden ist, wenn er ganz im Sinne Jehovas (oder der Natur) wieder »Mensch« werden will, und dies umso mehr, je religiöser, erdgebundener oder sophistischer er wird.[55] Dadurch verliert er aber sein Seelisches und letztlich sogar tatsächlich sein persönliches Ich. Weil ein Tier oder ein Tierwesen weder ein Seelisches (dafür ein Seelenleibliches, das aber nicht mit einem Seelischen verwechselt werden darf) noch ein persönliches Ich (dafür ein »übergeordnetes Ich«) besitzt – und auch weder ein Seelisches noch ein persönliches Ich benötigt. Denn für ein Tier oder Tierwesen ist ein Seelisches, das Ausdruck eines persönlich empfindsamen Innerlichen ist,

---

55 Die Diskrepanz zwischen Tier- und Menschsein offenbarte sich auch zwischen dem Aufklärer Voltaire und dem Scheinaufklärer Rousseau. Während Rousseau den Menschen wieder zurück zur Natur führen wollte, machte sich Voltaire über dessen Ansichten lustig. In einem Brief an Rousseau als Antwort auf dessen Buch »Emile oder über die Erziehung«, in dem dieser das Ziel der *Erziehung* als das der *Natur* selbst erklärte, schrieb Voltaire sehr hämisch: »Niemand hat es mit mehr Geist unternommen, uns zu Tieren zu machen, als Sie; das Lesen Ihres Buches erweckt in einem das Bedürfnis, auf allen vieren herumzulaufen.«

und ein persönliches Ich, das sich im (selbstständigen) Denken offenbart und mit dem menschlichen Kopf in Zusammenhang steht, tatsächlich, wie der Sophist betont, völlig fehl am Platz, sodass er wohl deshalb beides bei jedem Menschen unbedingt austreiben (oder höchstens dann mit einem von einem Seelischen losgelösten »Herz-Denken« ersetzen) will. Beides ist fehl am Platz, weil beides letztlich, auch hier tatsächlich, nur mit dem individuellen wahren Menschen im Zusammenhang steht, sodass es wohl *deshalb* auch für den Sophisten ein Anliegen ist, den Menschen wieder zurück zum Tier oder zum Tierwesen zu erziehen. Er will den Menschen wieder zurück zum Tier oder zum Tierwesen erziehen, da dieses Tier oder Tierwesen dem »neuen Adam« entspricht und somit als Wesen nur einen Seelenleib und keine Seele und nur einen Kehlkopf und keinen Kopf besitzt. Einen Seelenleib, der für den christlichen Sophisten dann aus den Qualitäten der zwölf Jünger besteht, die Jesus deshalb wohl für seine Gemeinschaft und seine Mission überall in seiner Gegend vorerst zusammengesucht hat, und einen Kehlkopf, der die Aufgaben eines Kopfes übernimmt.

Dass der Mensch auf diese Weise selbst wieder umso mehr auf ein »Leittier« angewiesen ist, das ihn als »Herdentier« leitet und bestimmt, ist somit nachvollziehbar und logisch.

Die »Leittiere«, die diese Aufgabe für ihn übernehmen, sind dann die Religionsführer und »Weisheitslehrer« – oder die weltlichen Kaiser und Könige oder Fürsten, die es heute in dem Sinne, auch dank der Aufklärung, aber glücklicherweise nicht mehr gibt. »Werdet wie die Kinder!« und »Nicht ich lebe, sondern der Christus (oder der Kaiser) in mir!«

sind dann so tatsächlich seine Maximen, die sein Leben bestimmen.

Die Sophistik[56] macht den Menschen also wieder zum Tier oder Tierwesen, wie er es einmal war, als er als abbildhafter Mensch erschaffen wurde oder entstanden ist. Und wie es ihm als abbildhaftem Mensch letztlich auch tatsächlich entspricht. Denn ein abbildhafter Mensch ist letztlich ein (am höchsten entwickeltes oder das am höchsten entwickelte) Tier oder Tierwesen. Sie macht ihn wieder zum Tier oder Tierwesen, weil sie den eigentlichen Mensch, den wahren Mensch, den Mensch, der wirklich der Mensch der Zukunft ist, nicht kennt und der sie (deshalb auch) nicht interessiert. Sie macht ihn zum Tier oder Tierwesen, indem sie ihn zum

---

56 Die Sophistik ist die Lehre der Weisheit. Ihr gehören alle Sophien wie zum Beispiel die Theosophie oder die Anthroposophie, aber auch alle Religionen an. Auch die Ariosophie zählt zur Sophistik. Diese basiert auf rassistischen Grundlagen und geht auf den angeblich überlegenen arischen Menschen, den Herrenmenschen, ein. Nach gnostisch-platonischer Erkenntnis steht der Begriff Arier mit *aries*, lateinisch für Widder, in Zusammenhang. (Dies entgegen der Sprachwissenschaft, die mit Arier lediglich die Selbstbezeichnung von Sprechern indogermanischer Sprachen versteht.) Der Widder ist auch das Zeichen oder das Symbol des »nathanischen Menschenstroms«, dem beispielsweise neben Judas und Johannes dem Täufer auch Moses angehörte. Deshalb wird Moses mit zwei (Widder-)Hörnern (und Johannes der Täufer mit Fell) dargestellt. Dem »nathanischen Menschenstrom« steht der »salomonische Menschenstrom« gegenüber. Diesem Strom gehörte beispielsweise Jesus an. Ihm zugeordnet sind die »Betuchten«. (Über beide Ströme berichte ich ausführlich in meinen beiden Büchern über das gnostische Christentum – »Das gnostische Christentum« und »Das gnostische Christentum, Teil 2« –, erschienen beim Twentysix-Verlag, Norderstedt.) Auch »Ahriman« (das »tatsächlich Dunkle«) geht, gnostisch-platonisch gesehen, letztlich wohl auf den Begriff Arier zurück.

»neuen Adam« erzieht. Denn der »neue Adam« ist der alte Adam und somit letztlich als Ur-Adam, zu dem sich alle einzelnen Menschen wieder zusammenfinden und dabei ihr individuelles Ich und ihre Seele aufgeben müssen, »Gott« (oder die Natur beziehungsweise sogar die Ur-Erde) selbst.[57]

---

[57] Nach gnostisch-platonischer Erkenntnis, aber auch nach Berichten der Nag-Hammadi-Schriften, misslang die Menschenschöpfung Jehovas, sodass ihn seine »Götterväter«, nämlich das »scheinbar Lichthafte« und das »tatsächlich Dunkle«, von sich stiessen. Sie stiessen ihn von sich, so wie Jehova den Menschen letztlich von sich stiess, als er ihn aus dem »Paradies« ins Dunkel warf. Nach gnostisch-platonischer Erkenntnis und nach den Nag-Hammadi-Schriften hätte aber bereits Jehova Mensch werden sollen. Nämlich Mensch, gemeinsam »gezeugt« durch das »scheinbar Lichthafte« und das »tatsächlich Dunkle«, was jedoch ebenso misslang.

5. KAPITEL

Schöne Worte, Illusionen, Machtübernahme

Immer wieder gibt es Fragen, die mich eigentlich mein ganzes Leben in besonderer Weise beschäftigten, weil sie mit grundsätzlichem menschlichen Verhalten in Zusammenhang stehen. So deshalb zum Beispiel auch die Frage, wie man letztlich wissen oder selber in Erfahrung bringen kann, ob (und auch warum) sich ein Mensch, der sich angeblich für den Menschen und das »Menschliche« engagiert und sich vielleicht deswegen sogar als »Menschenführer« versteht, sich wirklich für den Menschen und die Menschlichkeit einsetzt und nicht letztlich doch nur für sich selbst und seine Ideologie oder für seine sophistische Lehre, die er vertritt. Denn allein »schöne Worte«, die jemand spricht, oder »unerhörte Dinge«, die jemand erzählt, also »Dinge«, die man so vielleicht selbst noch nie gehört hat, vielleicht auch Versprechungen, oder eine »Ausstrahlung«, eine »Aura« oder eine »Überzeugungskraft«, die Menschen betört, können ja nicht der Grund dafür sein, dass ein Mensch letztlich bereits allumfassende Instanz ist, der man blindlings folgt. Und doch verhält es sich vielfach oder eigentlich immer so. Ein bedeutendes Beispiel der jüngeren Geschichte ist dafür das deutsche Volk im letzten Jahrhundert, das sich gerade auf diese Weise selbst und auch die gesamte Welt ins Verderben stürzte. Denn es folgte tatsächlich blindlings einem Führer, nämlich Adolf Hitler, und dies wohl allein aufgrund seiner Betörungs- und Worteskraft (und natürlich auch aufgrund seiner Schreckensherrschaft, die er dann in Gang setzte).

Indem und weil es sich von seinen Hasstiraden und Heilsversprechungen, aber auch von ihm als »messianische« Gestalt selbst, leiten und verführen und motivieren liess. Aber selbstverständlich auch, weil er mit seiner Kriegsindustrie, die er in Gang setzte, Deutschland wieder, wenn auch auf Pump, in die Vollbeschäftigung führte und so den einzelnen Menschen von Armut und Elend befreite. Er trat wie eine Art »Übermensch« auf, als »Wundertäter«, weil er in gewissem Sinne tatsächlich und auf nicht fassbare Weise »Wunder« vollbrachte und dem deutschen Volk wieder eine Zukunft gab.

Auch die Religionen haben die Menschen auf diese Weise in ihrer Gewalt. Indem und weil auch sie betören, versprechen, warnen und drohen und von »Wundern« sprechen. Aber auch, indem und weil sie verklären und Illusionen erzeugen und »Perspektiven« aufzeigen und ebenso mit »Heilsbringern« und Messiassen auftreten – und damit gleichzeitig die Kontrolle übernehmen. Dasselbe Verhalten finden wir bei Despoten, Demagogen und Patriarchen auf der ganzen Welt. Denn sobald sich Menschen (nur) als Teil eines Volkes und somit als Teil einer »Herde« oder wie bei Religionen als Teil einer Glaubensgemeinschaft verstehen oder verstehen müssen, so können sie – notgedrungen – nicht mehr (selbstständig) denken. Weil sie dann das Volk oder die »Herde« oder die Glaubensgemeinschaft selbst sind und deshalb ihr Denken an eine Führungsinstanz beziehungsweise, wie im Tierreich, an ein »Leittier«, das für sie »denkt« und auch entscheidet, abgeben oder abgeben müssen. Sie sind dann von dieser Führungsinstanz, zum Teil wie hypnotisch, gebannt – vor allem auch, wenn diese mit ihrer Rhetorik, aber auch mit ihren Massnahmen, die sie ergreift und umsetzt, Angst und Schrecken erzeugt. Zum Beispiel Angst und Schrecken vor dem Fegefeuer und dem »Jüngsten Gericht«. Oder Angst und Schrecken vor Ächtung und Verfolgung. Und von einer Gemeinschaft, der man angehört und von der man vielleicht abhängig ist, ausgeschlossen, diffamiert, angeschwärzt oder diskriminiert zu werden, weil man beispielsweise deren Gebote oder Forderungen nicht erfüllt.

Es ist also gefährlich, sein Denken einfach so an einen Menschen abzugeben, ohne dass man diesen, beispielsweise in seinem Reden und Tun, selbst prüft, und diesem dann blindlings folgt. Denn jeder Mensch muss geprüft werden. Auch in seiner Ideologie oder Lehre und deshalb in seinen (wirklichen) Absichten, die er vertritt. Nämlich mit dem eigenen (selbstständigen) Denken, das man zur Verfügung hat und mit dem man hinterfragen und auch infrage stellen und Widersprüche erkennen kann. Also Widersprüche, die man dann aber ernst nehmen muss und nicht einfach so wieder, indem man sie bagatellisiert und auf die leichte Schulter nimmt, übergehen darf. Denn wenn man diese Widersprüche, die man erkennt, nicht ernst nimmt, dann gelingt es »Menschenführern« und Despoten umso mehr, einen zu verführen und für sich zu gewinnen, sich als Persönlichkeiten zu manifestieren, die sie in Wirklichkeit aber nicht sind, und zu betören.[58] Und dies ganz in der Art und der Manier

---

58 Dies gilt selbstverständlich auch für die Leserin und den Leser dieser Schrift – mit jedoch einem wohl wichtigen Unterschied: Ich, der Autor, will mit meiner Schrift weder überzeugen noch verführen oder betören, sondern lediglich meine persönlichen Erkenntnisse kundtun. Sie hat für die Leserin und den Leser – in dem Sinne – deshalb keine Konsequenzen.

eines »scheinbar Lichthaften«, das sich ebenso als Licht präsentiert, obwohl es dieses Licht, das es (spiegelverkehrt) reflektiert, selbst nicht ist. Denn das »scheinbar Lichthafte« (oder wie bei Hitler sogar das »tatsächlich Dunkle«) ist die »Instanz des Scheins« (beziehungsweise wie bei Hitler die »Instanz des Scheins«, die dann zu Gewalt und Terror führt und so zur »Instanz des tatsächlich Dunklen« wird). Und als solche verfälscht und verklärt sie automatisch (oder erzeugt, wie Hitler mit seinen Drohungen und Kriegen oder wie die Kirche mit ihrem Fegefeuer und »Jüngsten Gericht«, Angst und Schrecken).

...

Auch Rudolf Steiner gab vor, um nochmals auf ihn zurückzukommen, Verfechter des Menschen und sogar Verfechter eines Christlichen zu sein, obwohl er gleichzeitig beispielsweise dem Weiblichen jegliche Zukunft (und auch Vernunft?) absprach, Rassen diskriminierte, das hierarchische Denken pflegte oder das Denken für alle Menschen selbst übernahm und dadurch den einzelnen Menschen in seinem Denken entmündigte. Zudem baute auch er sein Menschenbild auf einem allein Vergangenen und nicht auf einem wirklich Zukünftigen, also auf Ur-Adam, dem angeblich bereits »ersten Menschen«, einem Kollektiv- oder Herdenwesen, und nicht auf dem eigentlichen, wahren und individuellen Menschen auf. Wo soll da also der »Messias«, der »Retter aller Menschen«, auch in ihm enthalten sein? Wo dieser gefunden und wirklich erkannt werden?

Auch Hitler baute für sein arisches Menschentum auf einem Vergangenen und nicht auf einem wirklich Zukünftigen auf.

Auf einem Vergangenen, das sich beispielsweise auf das Römer- und vor allem dann auf das Germanentum bezog.

...

Um zu erkennen, wer den Menschen auf einen tatsächlich wahren Weg führen will oder wer ihn mit seinen Betörungen doch nur für seine eigenen Zwecke und für seine Ziele missbraucht, benötigt man also ein selbstständiges Denken. Also ein Denken, das hinterfragt, infrage stellt und Widersprüche erkennt. Aber auch einen gewissen Willen, der einem hilft, sich beispielsweise von verklärten Zuständen und Stimmungen zu lösen. Und selbstverständlich eine Unvoreingenommenheit und Vorurteilslosigkeit. Denn wer nicht unvoreingenommen und nicht ohne Vorurteile ist, bekämpft automatisch, was für ihn beispielsweise neu oder anders ist oder auch nicht seiner eigenen Meinung oder Überzeugung entspricht.

Für mich ist mein Bruder derjenige Mensch, der mir über das Wahre und das Falsche in der Welt Auskunft geben kann. Dafür musste ich mich aber vorerst mit ihm innerlich verbinden. Ihn in seinem seelischen und wahren Menschsein studieren. Und auch lernen, dieses seelische und wahre Menschsein auf richtige Weise zu interpretieren. Denn vieles, was in der Aussenwelt gilt, ist für ihn fremd. Er gibt mir Auskunft über das Wahre und das Falsche in der Welt, weil er letztlich mit seinem vorab inneren, seelischen Menschsein, so mein Standpunkt, selbst Ausdruck eines Wahren in dieser Welt ist. Und dies allein aufgrund seiner ureigenen Persönlichkeit, seiner ureigenen Wesensnatur. Gefangen jedoch, wie alle anderen Menschen auch, in einem abbildhaften Leib, der unvollkommen und vergänglich ist. Also in einem Leib der Lüge, einem »Vergessensleib«, den er jedoch mit seinem Seelischen und mit seinem Ich durchdringt, da er ihn aufgrund seines Andersseins nicht gänzlich ergreifen kann, sodass man nun durch diesen, den »Vergessensleib«, den er besitzt, umso mehr das Wahre, das er in sich trägt, erkennen oder erahnen kann.

Auch gehört mein Bruder zu den Geringsten in der Welt und nicht zu den »Grössten«, »Bedeutsamsten« oder gar »Besten«. Im Gegenteil, er steht zuunterst in der menschlichen Hierarchie und nicht zuoberst. Auch ist er still und schweigsam, was die wirklichen Wahrheiten betrifft. Und in einem gewissen Sinne selbstlos, bescheiden. Er muss niemandem etwas vormachen, vor niemandem »grossartig« sein, als »Eingeweihter« oder »Übermensch« mit »genialen« Vorträgen, Reden oder Predigten auf sich aufmerksam machen und glänzen. Auch muss er vor niemandem als »Führer« oder »Allwissender« auftreten, der, als »Erneuerer« gar, den anderen Menschen den »richtigen Weg« erklärt – obwohl er dennoch imstande ist, das Leben anderer Menschen grundlegend zu verändern. So wie er mein Leben – in dankbarster Weise – durch sein Menschsein und Anderssein grundlegend verändert hat. Er hat es grundlegend verändert, weil ich ihn ernst nahm und ernst nehme, mich mit ihm verbunden habe. Und weil ich auf ihn eingehe. Und weil er mir wirklich viel wert ist, mich frei macht.

Auch schmücken ihn keine Titel und keine Äusserlichkeiten. Oder angebliche vorhergehende »Inkarnationen«, von denen er selbst meint, dass sie schon damals überaus »wichtig« und »bedeutsam« waren. Und es begleitet ihn auch keine »göttliche Mission«, höchstens eine persönliche, nämlich beispielsweise jene, mir den Weg aus dem Labyrinth zu zeigen, damit auch ich mich aus diesem befreien kann. Im Gegenteil: Keinen Schein und auch keine Aura benötigt er, um sich selbst zu sein und seine wirkliche Bedeutung zu offenbaren. Denn alles »scheinbar Lichthafte« und somit Verfälschte fällt von ihm ab. Auch das Gespiegelte und Verdrehte. Ebenso das »tatsächlich Dunkle«, das einem angeblich »Macht« und »Autorität« verleiht. Wem anders als ihm sollte ich also glauben? Wen anders als ihn als Massstab oder Berater für das wirkliche wahre Menschsein hinzuziehen? Und wem anders als ihm folgen?

Mein Bruder ist ein Mensch, der mit einem äusserlichen Verstehen, aber auch mit den »Glaubensgebilden« von Weisheitslehren und Religionen, die den Menschen letztlich ebenso in ein rein nur äusserliches Verstehen hineinführen, nicht verstanden werden kann. Und deshalb auch nicht mit einem rein an das Stoffliche, Abbildhafte gebundenen aristotelisch-sophistischen Denken, das letztlich nichts anderes als Vorurteile schafft, weil und indem es den Menschen nicht aus sich selbst heraus, sondern beispielsweise allein anhand von gegebenen Vorstellungen oder Meinungen, die letztlich auf einer auch allein äusseren Betrachtung und Sichtweise beruhen, zu beurteilen meint. Denn mein Bruder spricht nicht so, wie es der aristotelisch-sophistisch geprägte Mensch gewohnt ist, nämlich, seelisch gesprochen, rau, rüpelhaft und rein intellektuell, hüllenhaft. Im Gegenteil, er spricht oftmals unscheinbar und unerkannt. Deshalb muss man ihm zuhören, wenn er spricht. Oder wenn er generell etwas zu sagen hat. Und dabei auch seine eigenen äusseren Betrachtungs- und Sichtweisen ablegen. Denn dasjenige, was er spricht, muss man immerzu »seelisch« übersetzen. Weil alles, was er spricht, letztlich seelisch ist. Das Raue, Rüpelhafte und rein nur Intellektuelle, Hüllenhafte kennt er nicht. Er kennt es nicht, weil es auch nicht in ihm enthalten ist. Man muss sich also für sein gesamtes Menschsein, für sein gesamtes Befinden gegenüber der Welt und den Menschen sensibilisieren. Denn erst dann beginnt man auch, seine Sprache zu verstehen. Und erfährt von ihm eine Antwort oder Antworten. Ob das auch erst den wirklichen »Eingeweihten« ausmacht? [59]

---

[59] Ob das hier Beschriebene auf alle Menschen, die sind wie mein Bruder, zutrifft, kann ich nicht beurteilen. Vielleicht ja, vielleicht nein. Ich zumindest möchte mich hier allein auf meinen Bruder beziehen, der vielleicht sogar, wer weiss, eine Ausnahme ist.

6. KAPITEL

Über das Land Hyperborea, die Reinkarnation und die Entstehung der abbildhaften Welt

Sich »ausserhalb des Tierkreises« zu befinden, heisst, gnostisch-platonisch gesehen, mit jenem Bereich in Zusammenhang zu stehen, der jenseits und somit auch ausserhalb der abbildhaften Welt (und somit auch ausserhalb des Labyrinths oder ausserhalb der »Höhle Platons«) zu finden ist. Allem Anschein nach wussten auch die antiken griechischen Philosophen und Dichter von diesem Bereich, da sie von einem Land, das »jenseits des Nordens« läge, dem Land Hyperborea, sprachen. Denn »jenseits des Nordens« bedeutet im übertragenen, aber auch im gnostisch-platonischen Sinn – und warum sollten die antiken griechischen Philosophen und Dichter auch hier nicht im übertragenen Sinne nur gesprochen haben? – auch jenseits oder ausserhalb der eigenen Denkfähigkeit, da mit »Norden des Menschen« auch der Kopf und deshalb das Denken des Menschen verstanden werden kann. Das heisst also mit anderen Worten: Mit dem Bereich »ausserhalb des Tierkreises« und dem Bereich »jenseits des Nordens« ist somit tatsächlich das Gleiche gemeint. Weil sie als Bereiche beide die abbildhafte Welt infrage stellen und auch (dadurch oder deshalb) mit dem menschlichen Denken nicht mehr erfasst oder höchstens, wie Platon meinte, nur noch erahnt werden können. Der Grund, weshalb der Bereich »ausserhalb des Tierkreises« und somit auch »jenseits des Nordens« mit dem eigenen Denken nicht mehr erfasst oder nur noch erahnt werden kann, liegt, gnostisch-platonisch gesehen, wohl einzig darin, dass das menschliche Bewusstsein dafür, also das Bewusstsein, wie es sich als Bewusstsein eines Menschen zeigt, der in der abbildhaften Welt selbst gefangen ist, wiederum zu klein oder besser: zu begrenzt ist. Das heisst: Das menschliche Denken führt den Menschen zwar bis zur Grenze der abbildhaften Welt, aber nicht mehr weiter, also nicht mehr darüber hinaus. Weil es wohl selbst an die abbildhafte Welt nur gebunden und dadurch nicht frei ist. Deshalb wohl bezeichnete Platon diesen Bereich, der sich als Bereich »ausserhalb« oder »jenseits« der abbildhaften Welt zeigt, als Ideen- oder Urideenwelt. Weil er wohl meinte, dass diese mit dem menschlichen Denken eben nur noch, wenn überhaupt, in Form von Ideen oder Urideen begriffen oder erfasst werden kann.

Da dieser Bereich »ausserhalb des Tierkreises« und auch »jenseits des Nordens« nicht mehr abbildhaft ist und auch nicht mehr mit einem menschlichen Denken erfasst werden kann, hat er deshalb auch weder mit einem konkreten Land auf Erden noch mit dem physisch-materiellen Fixsterngürtel im Weltall, der die Stern- und somit die Tierkreisbilder formt, und schon gar nicht mit dem »Himmel« beziehungsweise mit der übersinnlichen oder »geistigen« Welt einer religiösen oder esoterischen Sichtweise zu tun. Auch wird man dort selbstverständlich keinen »Gott« und auch keine »Götter« oder »Engel« (mehr) finden. Weil dieser Bereich, im Gegenteil, eben einzig und allein nur noch ein Bereich oder ein Ort des wahren Menschen ist. Und deshalb auch nur noch ein Bereich oder ein Ort, der gerade eben unvollkommene und vergängliche Zustände wie »Himmel und Erde« oder aber »Wesenheiten« oder »Vorstellungsgebilde« wie »Gott« und

»Götter« oder »Engel« von vorneherein völlig ausschliesst und nicht mehr zulässt. Er schliesst sie aus und lässt sie nicht mehr zu, weil er mit ihnen in keinerlei Zusammenhang steht und er sie auch, in jeglicher Beziehung, überragt – und dadurch (automatisch) infrage stellt, da man sonst ja als wahrer Mensch, wenn dies nicht der Fall wäre, die abbildhafte Welt als solche nicht verlassen, nicht hinter sich lassen, nicht überwinden würde. Denn die abbildhafte Welt besteht nicht nur aus der sinnlichen, irdischen (und untersinnlichen oder unterirdischen), sondern auch aus der übersinnlichen, »geistigen« oder »Himmels«-Welt, die als Welt des »scheinbar Lichthaften« deshalb im gleichen Masse unvollkommen und vergänglich ist wie die sinnliche, irdische (und auch untersinnliche oder unterirdische), die mehr (oder ganz) dem »tatsächlich Dunklen« zuzuordnen ist. Sie ist im gleichen Masse unvollkommen und vergänglich wie die sinnliche, irdische (und auch untersinnliche oder unterirdische) Welt, da sie als Welt des »scheinbar Lichthaften« ebenso eine Scheinwelt ist. Also ebenso eine Scheinwelt, in die sich der Mensch begibt, wenn er beispielsweise physisch-leiblich stirbt – obwohl er auch dort dann als wahrer Mensch völlig fehl am Platz sein wird und auch völlig fremd und ungewollt ist. Denn als wahrer Mensch gehört er zu einer Welt, die – eben – jenseits dieser abbildhaften Welt zu finden ist, und nicht zu einer Welt, in der er weiterhin als Gefangener und Unterjochter zu leben gezwungen wird.

Nach gnostisch-platonischer Erkenntnis begibt er sich nach seinem physisch-leiblichen Tod in diese übersinnliche oder »geistige« Welt, die Welt des »Himmels«, um entweder, wie er meint, nämlich dann, wenn er beispielsweise katholisch ist, in einer »Zwischenwelt« auf das »Jüngste Gericht« und somit auf das ewige Leben oder auf die ewige Verdammnis zu warten – sofern er nicht direkt in den »Himmel«, also in den »Schoss Abrahams«, wie es in der Bibel heisst, oder in die Hölle kommt. Oder aber, wenn er nicht katholisch ist und er den eigentlichen Weg des Menschen geht, um den Kreislauf des immer wieder Geborenwerdens und Sterbens fortzusetzen, der ihn vorerst bis zum Rand des Tierkreises führt. Am Rand des Tierkreises angekommen, wendet sich sein Weg wieder in Richtung Erde, um sich dann dort, dem Wasser gleich, das verdunstet und wieder zu Regen wird, neu zu inkarnieren. Auf dem Weg hinauf zum Tierkreis verliert er nach seinem physischen Leib, der verwest, kontinuierlich auch seinen Lebens- und seinen Seelenleib, bis dass sein Bewusstsein völlig erlischt, um sich dann erneut, auf dem Weg hinab auf die Erde, einen neuen Seelen-, Lebens- und auch physischen Leib anzueignen – sofern er nichts von einer Welt ausserhalb des Tierkreises und deshalb auch nichts von einer Welt des wahren Menschen weiss. Denn weiss er von einer Welt ausserhalb des Tierkreises und deshalb auch von einer Welt des wahren Menschen, so wird er diesen Kreislauf oder Prozess des immer wieder Sterbens und Geborenwerdens, diese »ewige Wiederkunft des Gleichen« (Nietzsche), durchbrechen und hinter sich lassen und damit beenden. Weil er sich dann in die Welt begibt, welche letztlich die für ihn tatsächlich wahre und somit eigentliche Welt ist. Also jene Welt ist, in der er wirklich zu Hause und geborgen ist und der er wirklich auch angehört (und die deshalb auch von den antiken griechischen Dichtern und Philosophen als Welt oder Land »jenseits des Nordens« bezeichnet und auch gesucht wurde).

...

Nach gnostisch-platonischer Erkenntnis ist die abbildhafte Welt die Welt, die der eigentlichen, wahren und somit unvergänglichen Welt, also der Welt, aus der auch der eigentliche, wahre (und somit in seinem Ich und in seinem Seelischen bereits unvergängliche) Mensch selbst ursprünglich entstammt, nachgebildet oder nachempfunden wurde. Sie wurde gemeinsam vom »scheinbar Lichthaften«, also von der »Instanz des Scheins«, und dem »tatsächlich Dunklen«, der »Instanz der Materie und der Dunkelheit«, aus einer dieser Welt jenseits des Tierkreises entwendeten geistigen und materiellen Substanz nachgebildet oder nachempfunden – und ist aus diesem Grund, das heisst, weil es sich dabei nicht um die eigentliche, wahre Welt selbst handelte, sowohl unvollkommen (»scheinbar lichthaft«) als auch vergänglich (»tatsächlich dunkel«). Denn die geistige und materielle Substanz, die sie der wahren Welt entwendet haben, war selbst noch unvollkommen und vergänglich, weil ihr auch selbst noch das Leben und das Seelische fehlten (sodass wohl deshalb auch das »scheinbar Lichthafte« und das »tatsächlich Dunkle« von diesen zwei Qualitäten nichts wissen).

Da diese geistige und materielle Substanz dem Menschen entwendet wurde, wie er da in der wahren Welt immer noch am Entstehen war – nach dem Ich und seiner Seele hätte ihm noch seine Leiblichkeit daraus erschaffen werden sollen –, wurde dadurch auch dieser selbst in die abbildhafte Welt, wie sie das »scheinbar Lichthafte« und das »tatsächlich Dunkle« beide gemeinsam aus dieser Substanz als seelenlose, tote (klumpenhafte) Welt erschaffen haben, hinabgerissen.⁶⁰ Seither muss er deshalb nun in dieser abbildhaften Welt sein Leben fristen, obwohl sie für ihn eine völlig falsche und verfälschte Welt ist. Denn als solche ist sie auch eine unvollkommene und vergängliche Welt, aber auch eine Welt voller Sorge und Leid, deren Ursache aber, wie die Sophistik als Vertreterin des »scheinbar Lichthaften« und des »tatsächlich Dunklen« meint, allein mit ihm, dem Menschen selbst, angeblich in Zusammenhang stünde, sodass sie ihm deshalb auch jegliche Schuld, so wie es der Verdrehung von Wahrheiten eines »scheinbar Lichthaften« entspricht, zuschiebt. Sie schiebt ihm jegliche Schuld zu, obwohl allein das »scheinbar Lichthafte« und das »tatsächlich Dunkle«, deren Weisheiten und Absichten sie vertritt, die dafür Verantwortlichen sind. Die beiden Entsprechungen für das »scheinbar Lichthafte« und das »tatsächlich Dunkle« im Weltall findet man in den Sonnen und den schwarzen Löchern.

...

Das ans Stoffliche, Irdische gebundene aristotelische Denken bleibt somit, weil es ein ans Stoffliche, Irdische gebundene Denken ist, gnostisch-platonisch gesehen, tatsächlich mit dem Tierkreis und, weil es diesen Tierkreis nicht überwindet, auch automatisch mit dem Tier oder dem Tierhaften selbst verbunden.⁶¹ Deshalb versucht es auch, aus diesem heraus

---

60 Ausführlich berichte ich darüber in meinen beiden Büchern »Das gnostische Christentum« und »Das gnostische Christentum – Teil 2«, erschienen beim Twentysix-Verlag, Norderstedt.
61 Dass der Tierkreis Tierkreis heisst, ist, zumindest vom gnostisch-platonischen Standpunkt aus gesehen, nicht von ungefähr. Denn der Bereich,

den Menschen zu erklären. Aber auch, mittels dessen Gesetzen, die die Gesetze des Tieres und somit die darwinistischen Gesetze sind, den Menschen zu verstehen. Denn mehr als das Tier oder Tierhafte ist innerhalb der abbildhaften Welt nicht enthalten und auch nicht möglich. Deshalb wohl vergleicht der Aristoteliker den Menschen auch oftmals mit dem Tier, wenn er ihn beschreibt oder auch, zum Beispiel psychologisch, analysieren will. Er baut sogar sein gesamtes, zum Bespiel auch psychologisches, Menschenbild auf dem Tier und dessen Gesetzen und Verhaltensweisen auf. Denn von einem wahren Menschen mit eigenen Gesetzen, also von einem Menschen, der mit dem Tier oder dem Tierhaften und vor allem auch mit dessen Gesetzen nichts zu tun hat, weiss er nichts oder will er nichts wissen – weil er sich letztlich selbst nur als abbildhaften Menschen und somit letztlich als Tier, also als »höherentwickelten«, und nicht als wahren, eigentlichen Menschen, wie ihn der Gnostiker oder Platoniker vertritt, versteht oder verstehen will. Er versteht sich selbst nur als abbildhaften Menschen und somit als »höherentwickeltes« Tier und nicht als wahren, eigentlichen Menschen, obwohl er, zumindest als gläubiger Sophist, dennoch

---

der mit dem Fixsterngürtel auf die Planeten folgt, entspricht, gnostisch-platonisch gesehen, tatsächlich dem Tierischen beziehungsweise dem Seelenleiblichen, nämlich dem Tierischen oder Seelenleiblichen, aus dem jeder einzelne Mensch letztlich sein »Tierisches« oder Seelenleibliches aufbaut, wenn er dabei ist, sich auf Erden zu inkarnieren. So wie die Planeten als bewegliche Sterne, die den Fixsternen vorangestellt sind, dem Pflanzlichen beziehungsweise dem Lebensleiblichen entsprechen, sodass aus diesem dann jeder einzelne Mensch ebenso sein eigenes »Pflanzliches« oder Lebensleibliches entnimmt, wenn er wieder auf Erden geboren werden will. Die Erde schliesslich entspricht dem Irdischen, aus dem heraus der Mensch seinen irdischen Leib aufbaut.

meint, der Mensch sei von »Gott« ursprünglich als Mensch und nicht als Tier erschaffen worden – was ein völliger Widerspruch ist.

Auch das Zählen, das Wiegen und das Messen sind ihm deshalb die alleinigen Grundlagen, mit denen er sich in der Welt orientiert. Denn das Zählen, das Wiegen und das Messen gehören zur irdischen, also zur physisch-materiellen, stofflichen und somit zur abbildhaften Welt. Sie sind Ausdruck der irdischen, also physisch-materiellen, stofflichen und somit abbildhaften Welt. Mit diesen Grundlagen kann er die irdische, also die physisch-materielle, stoffliche und somit abbildhafte Welt tatsächlich erfassen und verstehen.

Nicht aber den wahren, eigentlichen Menschen! Denn hier verhält es sich völlig anders, ja, umgekehrt! Der wahre, eigentliche Mensch, also der Mensch, der nichts mit dem Tierkreis zu tun hat, weil er ihn mit seinem Ich-Bewusstsein und seinem Seelischen überragt, kann letztlich nur mit einer »inneren«, seelischen Wahrnehmung verstanden werden. Weil dieser selbst letztlich nur »innerlich«, seelisch und nicht abbildhaft ist. Wer den wahren Menschen mit Zählen, Wiegen oder Messen verstehen will, versteht ihn also überhaupt nicht. Im Gegenteil: Er läuft damit ins Leere. So wie man ins Leere läuft, wenn man das Seelische eines Menschen als Ausdruck eines Leiblich-Körperlichen verstehen will und dadurch das Seelische mit dem Seelenleiblichen verwechselt oder sogar gleichsetzt. Ob auch aus diesem Grund Platon Aristoteles aus seiner Schule in Athen geworfen hat? Weil er merkte, dass auch dieser von der eigentlichen Wahrheit und somit von der eigentlichen, wahren Welt, wie er sie vertrat, und deshalb letztlich vom eigentlichen, wahren Menschen, nichts verstand und dadurch ebenso ins Leere lief? Das heisst: Weil auch er nur das Stoffliche oder höchstens noch das »Überstoffliche« (Metaphysische) und somit generell nur das Abbildhafte und nicht das wirklich Wahre erkannte?

Leider geht durch ein allein aristotelisches Denken auch das Seelische in der Welt verloren. Weil es ein Denken ist, das, im Gegensatz zum gnostisch-platonischen Denken, dessen Hauptanliegen das Ergründen des wahren, seelischen Menschen ist, nicht ins wirkliche Wahre, Seelische eines Menschlichen oder Menschen eindringt, sondern an dessen Oberfläche, eben Äusserlichem, Leiblichem, dem allein Irdischen, Abbildhaften, Stofflichen oder auch Seelenleiblichen nur stehen bleibt. Auch beim einzelnen Menschen selbst dringt es deshalb, wenn überhaupt, nur bis in dessen eigenen »Tierkreis« oder Seelenleib und nicht weiter bis in sein Seelisches und wahres Ich ein. (Sodass auch deshalb wohl viele aristotelisch-sophistisch denkende Menschen das persönliche Ich eines Menschen, wie fast automatisch, als »egoistisches« Ich bezeichnen, weil sie es, da sie es wohl selbst nicht besitzen, nicht erkennen.)

...

Im Zweiten Weltkrieg, als das Seelische auf der Welt zu verschwinden oder sogar gänzlich ausgerottet zu werden drohte, da wurden Menschen wie mein Bruder, die das Seelische in die Welt bringen und die Lüge nicht kennen, systematisch umgebracht. Denn für die Nationalsozialisten entsprachen sie nicht dem Ideal eines werten Lebens, sondern dem Gegenteil davon. Ihr Leben sollte für sie deshalb – im Sinne der Rassenhygiene – gänzlich ausgerottet werden.

Auch heute noch mag man Menschen wie meinen Bruder grösstenteils nicht. Weil man wohl ebenso in ihnen vielfach keinen Wert erkennt. Und deshalb auch oftmals meint, dass sie die Gesellschaft nur unnötig belasten. Denn auch sie entsprechen nicht der Vorstellung oder der Norm eines heutigen idealen Menschen. So wie in ähnlicher Weise damals der nichtarische Mensch nicht der Norm und nicht der Vorstellung eines idealen Menschen entsprach. Sogar der religiöse Mensch hat zu ihnen ein zwiespältiges Verhältnis. Er sieht in ihnen sogar, so dreist wie er ist, eine »Sühne Gottes«. Der ebenso dreiste Esoteriker dagegen ist davon überzeugt, in ihnen ein »unreines«, »verdunkelndes« Karma zu erkennen.

Somit werden sie eigentlich von allen Seiten bekämpft. Bekämpft, ausgesondert und wohl letztlich auch aus diesem Grund allesamt in Heime abgeschoben. Oder bereits vor der Geburt abgetrieben. Weil man, auch in heutiger Zeit, keine behinderten oder »kranken« Menschen will, sich sogar für sie schämt. Und vor allem auch keine Menschen, die anders sind, keine Individualisten. Und keine, die vielleicht sogar auffallen oder sich mit den Gesetzmässigkeiten und den Gesetzen der abbildhaften Welt, beispielsweise mit den darwinistischen Gesetzen, überhaupt nicht auskennen, weil sie ihnen fremd sind. Man will nur Menschen mit den vermeintlich besten und den am meisten gewünschten Qualitäten. »Positive« Menschen also. Also Menschen, für die man letztlich auch weder menschlich noch – eben – finanziell, wirtschaftlich, sozial aufkommen muss. Ob wir deshalb den seelenlosen Roboter so sehr lieben? Weil auch dieser, gewissermassen als »genormter Mensch der Zukunft«, ohne Ich und eigene Seele, aus keiner Reihe tanzt und ganz nach gewünschten, der Zeit entsprechenden Vorstellungen und Normen und auch Interessen »funktioniert«? Und der deshalb auch ohne Widerrede und ohne, dass man sich seiner »menschlichen« Werten, die er nicht hat, annehmen muss, seine Aufgaben erfüllt? Weil man ihn entsprechend programmieren und einstellen kann? (Und der deshalb auch jederzeit wieder entsorgt werden kann, wenn er einem nicht mehr dient oder nicht mehr nützlich ist?)

...

Manchmal hat man den Eindruck, die Instanz der Liebe, aber auch die Instanz der Wahrheit, wie sie in Menschen wie meinem Bruder zum Ausdruck kommt oder verborgen ist, und somit auch das Seelische, Unschuldige, das wahre Menschliche, ziehe sich allmählich wieder von der Welt zurück. Warum? Weil die Zeit des wahren Menschen auf Erden nun doch allmählich vorbei ist – sodass auch deshalb heute, wenn überhaupt, nur noch die allein abbildhaften, irdischen Menschen das Sagen haben? Die allein abbildhaften, irdischen Menschen, die, wie es in der Apokalypse im Brief an die Gemeinde in Sardes heisst, »dem Namen nach lebten, aber letztlich doch tot sind«?

7. KAPITEL

Über die Instanz der Liebe, das Männliche und das Weibliche, den Baum des Lebens und das Problem der Auferstehung

In meinem Leben fragte ich mich oft, wer oder was die »Instanz der Liebe« ist, wie sie sich beispielweise in Menschen wie meinem Bruder offenbart. Ist sie ein Männliches, so wie das die Sophistik, beispielsweise mit Jesus, dem »Sohn Gottes«, suggeriert, oder doch eher ein Weibliches? Oder vielleicht sogar ein Männliches und ein Weibliches gemeinsam, vielleicht auch als zwei Eigenschaften in einem einzelnen Menschen selbst? Nämlich so, wie das die sogenannte Saba-Tempellegende[62] beschreibt, in der sich Hiram Abiff und die Königin von Saba in ihrem Tun miteinander verbinden,

---

62 Die Tempellegenden sind Erzählungen, die Einweihungswege des Menschen aus verschiedener Sicht beschreiben. Sie beinhalten die Frage, wie, auf welche Weise der Mensch sein (zukünftiges) Menschsein erlangen kann. Mit Tempel ist in der »Eingeweihtensprache« der Leib des Menschen gemeint. Bei den Tempellegenden geht es letztlich also um des Menschen (ewige) Leiblichkeit. Vier solcher Tempellegenden sind bekannt: Die *Abel- oder Salomon-Legende* ist sowohl im Alten Testament als auch im jüdischen Tanach als Buch der Könige enthalten. Die *Kain- oder Hirams-Legende* ist Grundlage der Freimaurerei. Die *Seth- oder Goldene Legende* wird von Rudolf Steiner beschrieben. *Die Saba- oder auch Maria Magdalena- (oder Lazarus-)Legende* ist die Legende, wie sie der Gnostiker oder Platoniker kennt. Alle vier Legenden beschreibe ich ausführlich in meinem Buch »Das gnostische Christentum – Teil 2«, erschienen beim Twentysix-Verlag, Norderstedt.

um damit gemeinsam das »eherne Meer«[63] zu erschaffen? Nämlich als Vertreter von Licht und Leben, sodass daraus erst dann die Liebe und somit die Grundlage für das »eherne Meer« entsteht?

Wenn dem so ist, dann käme die Sophistik aber in Erklärungsnot, da sie die Gleichwertigkeit der Geschlechter und deren Bedeutung letztlich infrage stellt oder sogar gänzlich negiert. Sie negiert sie, weil sie Vertreterin der Weisheit und dadurch Vertreterin des »scheinbar Lichthaften« ist, das von Grunde auf allein auf das Männliche setzt und deshalb auch dieses erhöht. Denn das Symbol des »scheinbar Lichthaften«, also das Symbol des »Lichtträgers«, ist die Schlange. Und die Schlange verdreht und verfälscht die Wahrheit. Und führt (dadurch) den Menschen zum Tod. Sie verdreht und verfälscht die Wahrheit des Baums der Erkenntnis und führt

---

63 Mit »ehernem Meer« ist die Seelensubstanz gemeint, aus der einst der vollkommene und ewige Leib des zukünftigen Menschen hervorgehen wird. Nach Auffassung der Sophistik soll dieser angeblich aus den sieben (planetarischen) Metallen, die in einem richtigen Verhältnis zueinander gemischt werden, erschaffen werden. Ob aus dieser Anschauung heraus letztlich die Idee des »metallenen« Roboters der heutigen Zeit entsprang? Nach Rudolf Steiner wird das »eherne Meer« von dem Männlichen und für das Männliche allein erschaffen, das heisst, das Weibliche hat für ihn damit nichts zu tun. Diese Meinung steht selbstverständlich in völligem Gegensatz zur Erkenntnis des Gnostikers oder Platonikers. Denn für diesen ist das »eherne Meer« das gemeinsame Resultat vom Männlichen *und* vom Weiblichen und hat nichts mit sieben Metallen zu tun. Auch kann es dann von allen Menschen für den jeweiligen Leib für sich genutzt werden. Zudem steht es für den Gnostiker oder Platoniker mit der abbildhaften Welt in keinem Zusammenhang. Oder mit anderen Worten: Nach gnostisch-platonischer Erkenntnis könnte der ewige Leib des zukünftigen Menschen ohne das Weibliche gar nicht erst erschaffen werden.

deshalb den Menschen zum Baum des Todes – statt zum Baum des Lebens, den es dadurch aber nicht mehr gibt.

Wenn der Mensch also mit der Schlange in Kontakt kommt, sich mit dieser verbindet, beispielsweise weil er deren Weisheiten vertritt, so wird er (automatisch) nicht mehr zum Baum des Lebens, sondern zum Baum des Todes geführt, weil er sich durch die Erkenntnis, die die Schlange verfälscht, (automatisch) mit der Vergangenheit verbindet. Denn die Vergangenheit ist nicht mehr lebendig, sondern tot. Sie ist tot, weil ihr die Gegenwart und auch die Zukunft fehlt – und damit das Leben. Und das heisst mit anderen Worten: Es fehlt ihr, nicht im übertragenen, sondern im tatsächlichen Sinne, das Weibliche (und das Seelische). Weil das Weibliche (und das Seelische) Ausdruck des Lebens und nicht Ausdruck des Todes ist. Somit entspricht der Baum des Lebens tatsächlich dem Prinzip des Weiblichen oder sogar dem Weiblichen selbst, welches man jedoch augenblicklich nicht mehr auffinden kann, wenn man an die Stelle des Baums des Lebens den Baum des Todes setzt. Wer also den Weg der Schlange geht, eliminiert das Weibliche (und das Seelische) unweigerlich, ob er nun will oder nicht – oder sogar das Gegenteil davon behauptet.

Für den Gnostiker oder Platoniker entspricht also der Baum des Lebens, zu dem eines der Baum der Erkenntnis führt, wenn er nicht von der Schlange verfälscht wird, prinzipiell dem Weiblichen – ohne dass hier das Weibliche aber nun (im abbildhaften Sinne) »vermenschlicht« wird.[64] Das heisst:

---

64   Mit Weiblichem soll hier, also beim Baum des Lebens, das Weibliche im übergeordneten und nicht im sexuellen, abbildhaft menschlichen Sinne

Er entspricht dem Prinzip des *ewig* Weiblichen. Weil das Weibliche beziehungsweise das ewig Weibliche für ihn mit dem Leben in Zusammenhang steht. Der Baum des Todes ist für ihn also das Gegenbild zum Baum des Lebens, so wie die Vergangenheit das Gegenbild zur Gegenwart und auch das Gegenbild zur Zukunft ist, weil die Vergangenheit mit dem Tod und die Gegenwart und vor allem die Zukunft mit dem Leben in Zusammenhang steht. Dies im Gegensatz zum Baum der Erkenntnis, der für ihn mehr mit dem Männlichen beziehungsweise auch hier, da auch hier das Männliche nicht (im abbildhaften Sinne) »vermenschlicht« werden soll, mit dem *ewig* Männlichen in Zusammenhang steht.[65] Er steht mit dem *ewig* Männlichen in Zusammenhang, dessen Gegenbild der Baum der Weisheit ist – deshalb wohl verbinden sich Sophisten, die den abbildhaften Menschen vertreten, so sehr mit dem Baum der Weisheit. Weil der Baum der Weisheit mit dem abbildhaften Menschen in Zusammenhang steht. Sie verbinden sich mit dem Baum der Weisheit und meinen in diesem oder durch diesen, so paradox das ist, das Leben, zumal das ewige Leben zu finden.

---

gemeint sein. Denn auch Männer tragen ein Weibliches und somit Leben in sich – ohne dass sie dadurch Frauen sind. Dasselbe gilt in umgekehrter Weise beim Baum der Erkenntnis für das Männliche (siehe später). Auch dieses soll hier, als Baum der Erkenntnis, im übergeordneten Sinne und nicht sexuell, (abbildhaft) menschlich verstanden werden, da auch Frauen ein Männliches und somit Erkenntnis in sich tragen, ohne dass sie Männer sind. Deshalb hat der Lebensbaum in dem Sinne, also hier, auch nichts mit den Frauen generell zu tun, so wie der Baum der Erkenntnis in dem Sinne, also hier, auch nichts mit den Männern generell zu tun hat. Zudem gilt: Wer das Weibliche und das Männliche im allein sexuellen, abbildhaft menschlichen Sinne nur versteht, fängt automatisch an, in Vorurteilen zu denken.

65   Siehe vorherige Fussnote.

Indem die Erkenntnis und somit das Männliche also durch die Lüge der Schlange verfälscht wird, wird gleichzeitig das Leben und somit das Weibliche mit dem Tod ersetzt. Das heisst mit anderen Worten: Wenn die Sophistik das Weibliche negiert, so tut sie das, weil dieses aufgrund der Schlange, die die Erkenntnis verfälscht und somit den Menschen in die Vergangenheit führt, tatsächlich dann nicht mehr in ihr enthalten ist. Weil ihre Erkenntnis, die die Schlange verfälscht, (bereits) nicht mehr die wahre Erkenntnis, sondern die verfälschte (oder auch abbildhafte) Erkenntnis, also die Weisheit ist. Es ist nicht mehr in ihr enthalten, weil es durch den Baum des Todes automatisch eliminiert wird, der durch die Verfälschung des Baums der Erkenntnis, die den Menschen zur Weisheit und somit in die Vergangenheit führt, den Baum des Lebens und somit das Weibliche (und auch das Seelische) mit sich selbst ersetzt.[66]

---

66 Dass Rudolf Steiner mit seiner Lehre ebenso eine Zukunft für das Geschlecht des Weiblichen ausgeschlossen hat – Frauen könnten höchstens, um dennoch irgendwie weiterleben zu können, den von Männern allein erschaffenen neuen männlichen Leib »mitbewohnen«, sofern dies Männer wohl gestatteten ... –, beweist, dass also auch er tatsächlich den Weg des »scheinbar Lichthaften« und nicht, wie er aber selber meinte, den Weg des wahren Christlichen ging. Denn wäre er wirklich den Weg des wahren Christlichen gegangen, so hätte er, gleich dem Gnostiker oder Platoniker, zum Weiblichen hin- und nicht vom Weiblichen weggeführt. (Dass er seinen Weisheitstempel nach Goethe benannte, ist also ein Widerspruch, zumal ja gerade auch Goethe von einem »ewig Weiblichen« sprach, das »uns hinanzieht«.) Seine Christologie ist deshalb nicht eine Christologie des Wahren, sondern, wie bei der christlichen Religion, vielmehr weiterhin lediglich eine Christologie des allein Abbildhaften und somit Verfälschten – oder letztlich sogar Falschen. Generell kann gesagt werden, dass Lehren, die Frauen ausschliessen oder diskriminieren, weil sie das Wahre ohne das Weibliche definieren, den Weg des »scheinbar Lichthaften« gehen. So deshalb nicht nur die Weisheitslehren, sondern

Um dieses Problem des Todes aber dennoch auf irgendeine Weise zu »lösen«, also das Problem zu »lösen«, dass das Vertreten der Weisheit automatisch zur Eliminierung des Weiblichen (und auch Seelischen) und somit zum Tod führt, ohne dabei jedoch den eigenen Weg aufzugeben, erfand oder »konstruierte« die Sophistik das »Wunder der Auferstehung«, das jedoch ebenso (oder deshalb?) eine rein nur männliche Angelegenheit ist. Die »Auferstehung«, so meint sie, führe den Menschen zu ewigem Leben, ohne dennoch auf das Weibliche zurückgreifen zu müssen und deshalb auch auf die Weisheit zu verzichten. Sie ist somit für sie das perfekte »Mittel« oder die perfekte »Lösung«, dem Tod von der Schippe zu springen, indem gleichzeitig das Weibliche gänzlich übergangen beziehungsweise eliminiert und auch der Glaube an die Weisheit dennoch beibehalten werden kann. Damit präsentierte sie als Vertreterin der christlichen Weisheit eine Idee, deren Ursprung augenscheinlich also dem »scheinbar Lichthaften« selbst entspringt.

Es scheint, zynisch gesprochen, deshalb mehr als logisch, wenn die Sophistik, die mit ihrem Glauben auf die Weisheit setzt, von einem letztlich allein Männlichen nur ausgeht oder ausgehen muss (und sogar das Prinzip der Liebe sowie das Prinzip des Lebens dem allein Männlichen zuordnet). Weil sie damit die Schlange vertritt und somit selbst

---

auch alle Religionen. Um nicht den Weg des »scheinbar Lichthaften« zu gehen, müssten Menschen also anfangen, auf das Weibliche zu setzen und es nicht auszuschliessen. Und somit auch anfangen, wirklich selbstständig zu denken und sich von Weisheiten und Religionen zu distanzieren. Denn nur so begeben sie sich auch auf die Suche nach der wirklichen Wahrheit und somit auf den Weg hin zur wirklichen Zukunft.

»scheinbar lichthaft«, das heisst, in Bezug auf die wirkliche Wahrheit, nicht mehr wirklich wahr, sondern eben verdreht und verfälscht ist. Und deshalb, indem sie in die Vergangenheit führt, deren Bezug das »tatsächlich Dunkle« ist[67], vom Weiblichen in dem Sinne auch nichts mehr weiss oder auch nichts mehr wissen will (oder auch nichts mehr wissen kann) – und auch von diesem wegführt und es selbst nicht mehr in sich wirklich enthalten hat. Denn wer den »scheinbar lichthaften« Weg geht, der negiert das Weibliche automatisch. Nicht nur, weil er es selbst willentlich negieren will, sondern allein aus Gründen einer gegebenen Gesetzmässigkeit. Weil ihn der Weg damit zum »tatsächlich Dunklen«, der Instanz des Todes, und somit weg vom Weiblichen, der Instanz des Lebens führt. (Und dies gilt auch umgekehrt: Wer das Weibliche negiert, geht automatisch den Weg des »scheinbar Lichthaften«.)

Deshalb kann auch sehr leicht erkannt werden, ob und wann ein Mensch vom »scheinbar Lichthaften« bestimmt wird. Nämlich immer dann, wenn und sobald er das Weibliche (und auch das Seelische!) irgendwo ausschliesst, diskriminiert oder eliminiert – und auch umgekehrt. So wie das der Vatikan und mit ihm alle Religionen tun oder – die Anthroposophie (um nicht zu reden von der Freimaurerei). Denn sie alle verneinen, diskriminieren, negieren und eliminieren letztlich das Weibliche (und damit auch das Seelische). Rudolf Steiner spricht sogar sehr deutlich davon,

---

67 Das »tatsächlich Dunkle« als Prinzip des Todes steht mit der Vergangenheit in Zusammenhang, weil auch die Vergangenheit kein Leben mehr in sich trägt, sondern tot ist. Sie trägt kein Leben mehr in sich und ist tot, *weil* alles, was mit ihr in Zusammenhang steht, vergangen ist.

dass das Weibliche in Zukunft keine Bedeutung mehr haben werde. In einem Vortrag vom 23. Oktober 1905 in Berlin, den er nur vor Männern gehalten hat (!), erklärte er, dass das Weibliche als physische Gestalt absterben werde, weil die männliche Kultur die alte weibliche ablöse. Dann werde das Männliche eine Kraft in sich haben, ein Individuum aus sich selbst hervorzubringen, weil letztlich nur noch ein Geschlecht, nämlich das männliche, bestehen werde. Denn das Wort, das verloren ging, ging verloren durch die Zweigeschlechtlichkeit. Indem die Zweigeschlechtlichkeit wieder rückgängig gemacht werde, könne es aber wiedergefunden werden. Die weibliche Weisheit werde sodann zu einer männlichen Weisheit, die erweckt werden müsse, und das verloren gegangene Wort, welches die Freimaurer als Andenken in sich bewahrt hätten, von ebendiesen wieder errungen werden. Aus diesem Grund konnten auch die Freimaurer, so erklärte er weiter, keine Frauen in ihre Bünde aufnehmen. Denn wenn man »das Weib zum Mitwisser dieses Geheimnisses« machte, so würde man dem Manne die Kraft nehmen und das Ganze, für das der Manne sich anschickte, unwirksam sein lassen. Nur der Mann wäre dazu berufen, das verloren gegangene Wort auszusprechen und es umzugiessen, da auch nur der männlich gebaute Kehlkopf imstande wäre, dasjenige zu sagen und zu wissen[68],

---

68 Dass Rudolf Steiner im Zusammenhang mit dem Kehlkopf das Wort »wissen« gebrauchte, weist darauf hin, dass auch er tatsächlich den Kehlkopf als zukünftigen Kopf des Menschen sah. Die Kehlkopf-Qualitäten entsprechen dem »verloren gegangenen Wort« beziehungsweise dem Y-Chromosom eines ursprünglichen männlichen YY-Geschlechtschromosomenpaars, wie es Ur-Adam angeblich noch besessen hat oder wohl tatsächlich besessen haben musste und das durch das Einwirken der »Pronoia«, des »ewig Weiblichen«, in die menschliche Entwicklung mit

was durch das verloren gegangene Wort wieder erreicht werden könne.[69]

Die Sophistik, zu der nicht nur alle Religionen, sondern auch Weisheitslehren wie die Anthroposophie und die Theosophie (und auch die Freimaurerei) gehören, lehnt also das Weibliche ab, weil sie dem »scheinbar Lichthaften« folgt und dadurch selber »scheinbar lichthaft« ist. Sie folgt dem »scheinbar Lichthaften«, damit sie das tatsächlich Wahre, wie es der Gnostiker oder Platoniker vertritt, nicht ergründen und dadurch auch den Weg des tatsächlich Wahren nicht selber gehen muss. Doch deshalb ist auch das Weibliche (und somit aber auch das Seelische!), wenn sie mit ihrer Lehre in die Zukunft blickt, nicht mehr vorhanden. Weil sie, ihrer Eigenart entsprechend, ihren Blick, wenn sie diesen in die Zukunft lenkt, nicht tatsächlich in die Zukunft, sondern vielmehr letztlich eben in die Vergangenheit und somit zum »tatsächlich Dunklen« lenkt – das dann aber, so paradox das ist, tatsächlich zum Beispiel für sie mit einer Auferstehungs-

---

einem X-Chromosom beim männlichen Geschlecht ersetzt worden ist. Es wurde mit einem X-Chromosom ersetzt, um dadurch auch dem männlichen Menschen abbildhaftes Leben, Aufrichtekraft und menschliches Antlitz zu geben. Siehe hierzu mein Buch »Das gnostische Christentum – Teil 2«, erschienen beim Twentysix-Verlag, Norderstedt.

69 Mit demjenigen, das durch das »verloren gegangene Wort« angeblich wieder erreicht werden könnte, meinte Rudolf Steiner die »Schöpferkraft«. Denn die »Schöpferkraft« steht für ihn mit den Kehlkopfkräften in Zusammenhang. Zukünftig soll der Mann wie »Gott« schöpfen, also Schöpfer werden können, indem er mit seinem Kehlkopf ausspricht, »was werden soll«. Diese »Schöpferkraft« wäre ihm angeblich durch die Zweigeschlechtlichkeit und somit durch das Weibliche genommen worden.

geschichte überwunden und kompensiert werden muss[70]. Denn Weisheit ist wie das allein abbildhafte und somit *sterblich Männliche*[71] Vergangenheit und niemals Zukunft, also niemals Zukunft selbst. Oder höchstens nur die Zukunft, die in einem Vergangenen liegt, und somit eine falsche, eine Schein- oder fiktive, verkehrte oder eben abbildhafte Zukunft. Und somit eine Zukunft, die es also in Wirklichkeit nicht gibt.

Die Zukunft einer Sophistik ist also nicht *wirklich*, sondern – tatsächlich – nur *Schein* – so wie das ebenso (seitenverkehrt) reflektierte und letztlich verfälschte sonnenhafte Licht des Mondes nur Schein ist. Sie ist nur Schein, weil sie Ausdruck

---

70 Ginge die Sophistik wirklich den Weg in die Zukunft und nicht den Weg zurück in die Vergangenheit, so müsste sie keine Auferstehungsgeschichte erfinden, da sie sich dann auch nicht hin zum Baum des Todes, sondern hin zum Baum des Lebens bewegte. Doch ginge sie den Weg in die Zukunft, dann wäre sie keine Sophistik mehr, die allein auf der Weisheit und somit auf der Schlange fusst. Das ist also die Tragik der Sophisten: dass sie eine Lösung für die Überwindung des Todes suchen mussten, die jedoch nicht nötig wäre, wenn sie statt des Weges in die Vergangenheit zum »neuen Adam« tatsächlich den Weg in die wirkliche Zukunft zum eigentlichen, wahren und somit zum selbstbewussten, mündigen Menschen gingen.

71 Wie beim Weiblichen, das als abbildhaftes, *sterblich* und als wahres, *ewig* Weibliches besteht, muss auch beim Männlichen zwischen einem abbildhaften, *sterblich* Männlichen und einem wahren, *ewig* Männlichen unterschieden werden. Das abbildhafte, sterblich Männliche ist dasjenige Männliche, das mit dem Baum der Weisheit in Zusammenhang steht und von der Sophistik in Richtung »neuer Adam« geführt werden will und deshalb kein Weibliches mehr in sich enthalten hat. Dies im Gegensatz zum wahren, ewig Männlichen, das mit dem (unverfälschten) Baum der Erkenntnis in Zusammenhang steht und den Menschen (deshalb) hin zum ewig Weiblichen und somit in Richtung des Baums des Lebens führt.

einer Weisheit ist, die aufgrund ihrer Vergangenheit, an die sie anknüpft und die sie pflegt, den Tod und nicht mehr das Leben und dadurch auch nicht mehr das Weibliche (und auch nicht mehr das Seelische) in sich enthalten hat. Das Alpha wird dadurch tatsächlich zum Omega, das selbst aber das Alpha ist. Oder eben zur Schlange, die sich in den eigenen Schwanz beisst.

Dies im Gegensatz zum eigentlichen, wahren Menschen, dessen Zukunft tatsächlich in der Zukunft liegt, also in der Zukunft selbst und nicht in der »Zukunft« einer Vergangenheit, sodass er dadurch den sich schliessenden Kreis der Schlange und somit auch den sich schliessenden Kreis der abbildhaften Welt, in der alles, selbst die Zeit, rund ist, (und mit ihr somit also auch der Kreislauf des immer wieder Sterbens und Geborenwerdens![72]) überwinden kann und durchbricht. (Er überwindet und durchbricht diesen Kreis oder Kreislauf zum Beispiel auch, wenn er den Tierkreis durchbricht und überwindet. Der Mensch muss also, mit anderen Worten formuliert, generell jede Art von Kreis oder Kreislauf durchbrechen und überwinden und somit hinter sich lassen, wenn er in Richtung seiner eigenen Zukunft schreiten will.) Für ihn ist das Alpha deshalb nicht das Omega, sondern, wenn schon, das Alpha oder das Omega sich selbst. Und somit auch nicht die Schlange, die sich in den eigenen Schwanz beisst,

---

72   Der Kreislauf des immer wieder Sterbens und Geborenwerdens, die Reinkarnation, ist also tatsächlich nichts anderes als die Schlange, die sich in den eigenen Schwanz beisst – und somit das Alpha und das Omega. Und wenn Jesus sagte, dass er das Alpha und das Omega wäre, dann sagte er damit also auch, dass *er* die Schlange ist.

sondern der aufrecht gehende, mündige, selbstbewusste individuelle und befreite Mensch.

Es ist also die Schlange, die das Weibliche negiert (und das Männliche regiert). Weil sie den Menschen in die Vergangenheit und somit zum Baum des Todes und nicht mehr zum Baum des Lebens führt. Sie verdreht wie ein Spiegel des Menschen Weg und Bedeutung, indem sie die Zukunft zum Vergangenen verklärt – und das Vergangene zur Zukunft. Das ist also das Erschütternde an der Sophistik: Dass sie ihr »Wissen« dem Spiegel der Schlange entnimmt und dadurch das Scheinbild dieses Spiegels, die Lüge, als Wahrheit versteht. Auch Narziss meinte, im Spiegel sein wahres Menschenbild zu erblicken, obwohl auch ihm nur sein (seelenloses, seitenverkehrtes, äusseres) Spiegelbild entgegenkam.

...

Um all diese Qualitäten des Baums des Lebens nicht zu verlieren oder sie sogar wiederzufinden, verband ich mich – glücklicherweise – mit meinem Bruder. Glücklicherweise deshalb, weil er mich durch sein Anderssein, das mir die Widersprüchlichkeiten (Spiegelungen?) der Welt offenbart, aber auch durch sein Menschsein generell, das letzlich nur die Wahrheit und nicht die Lüge kennt, zum (selbstständigen) Denken führt. Und damit wohl tatsächlich auf den Weg in die wirkliche Zukunft. Weil der Weg in die wirkliche Zukunft letztlich nur, wie meine eigene Erfahrung zeigt, mit einem (selbstständigen) Denken gefunden und gegangen werden kann. Er führt mich also auf den Weg in die wirkliche Zukunft, in der beispielsweise das Weibliche genauso wie das Männliche und umgekehrt, und dies in jedem Menschen selbst und auch als Mensch selbst, enthalten ist. Bei der wirklichen Zukunft handelt es sich um die Zukunft des wirklich wahren und somit auch seelischen und lebendigen Menschen. Nicht der Schein, also das »scheinbar Lichthafte«, oder die Vergangenheit, also das »tatsächlich Dunkle«, ist in dieser wirklichen Zukunft also das Wahre, Reelle, sondern das Wahre, Reelle sich selbst. Wir müssen also den Schein und die Vergangenheit hinter uns lassen, überwinden, wenn wir zum wahren Menschen gelangen wollen – und nicht uns damit noch verbinden und arrangieren, wie es aber die Sophistik verlangt. Die Sophistik will, dass wir uns mit dem »scheinbar Lichthaften« und dem »tatsächlich Dunklen« arrangieren, indem sie diese beiden Wesenheiten oder Wirksamkeiten als Wesenheiten oder Wirksamkeiten eines »Grossen und Ganzen« idealisiert (und dafür mit ihrem »Christus« auch eine Ausgleich schaffende »Mitte« kreiert), statt dass wir uns von diesen (samt ihrem dazu kreierten »Christus«) befreien, um uns selbst werden zu können.

Die wirkliche Zukunft ist also nicht die Zukunft einer Vergangenheit, wie die Sophistik mit ihrer Weisheit lehrt, sondern allein die Zukunft einer Zukunft selbst. Weil sonst tatsächlich die Vergangenheit die Zukunft und die Zukunft die Vergangenheit wäre. Denn das Leben stirbt automatisch ab, wenn man sich in die Vergangenheit begibt und sich mit der Vergangenheit verbindet. Es stirbt ab, weil es seinen Bezug zur Gegenwart und dadurch seinen Bezug zum wirklich Wahren (und somit auch zum Weiblichen, zum Seelischen und zum Leben) verliert. Die Sophistik, die dennoch behauptet, dass in der Vergangenheit die Zukunft liege, beisst sich damit deshalb tatsächlich wie die Schlange, deren Vertreterin sie ist, in den eigenen Schwanz.

...

Die Zukunft in der Vergangenheit und nicht in der Zukunft selbst zu sehen, bedeutet für den Menschen also, in Zukunft das Leben zu verlieren. Aber auch die Seele. Und dadurch automatisch das eigene Ich. Weil die Schlange, die das Symbol der Weisheit ist, den Menschen zwingt, sich für ein »Höheres« oder für »Gott« (beziehungsweise für den »neuen Adam«) und deshalb letztlich allein auch für sie, die Schlange selbst und ihre Weisheit, aufzugeben. Eine Gefahr, der der Mensch deshalb nur mit der Überwindung der Schlange und dadurch mit der Überwindung der Lüge und der Vergangenheit entgehen kann. Indem er sie, die Schlange, bodigt und ihr, wie es die Maria in der Apokalypse tat, mit den Füssen den Kopf zertritt! Man muss als Mensch also der Schlange den Kopf[73] zertreten (und nicht etwa den eigenen Kopf, wie die Sophistik meint), damit man dafür sein eigenes Leben

---

73 Der Kopf der Schlange entspricht, nach sophistischer Lehre, aber auch nach gnostisch-platonischer Erkenntnis, letztlich dem Kehlkopf des Menschen – und steht dadurch beim Mann mit dem »Wort«, das diesem angeblich verloren ging, in Zusammenhang. Der Grund, weshalb der Kehlkopf beim Mann mit dem »Wort« in Zusammenhang steht, ist, dass er bei ihm als Kräfteorgan des »scheinbar Lichthaften« Ausdruck desjenigen Y-Geschlechtschromosomen ist, das bei Ur-Adam, sophistisch, aber auch gnostisch-platonisch gesehen, noch existierte, seit dem Einwirken der »Pronoia« aber mit einem X-Chromosom ersetzt wurde. Seine Sexualkräfte als Kraftorgan des »tatsächlich Dunklen« sind dagegen Ausdruck des anderen, noch vorhandenen Y-Geschlechtschromosoms. Mehr darüber schreibe ich in meinem Buch »Das gnostische Christentum – Teil 2«, erschienen beim Twentysix-Verlag, Norderstedt.

und auch sein eigenes Ich und seine Seele, das heisst also seinen eigenen Kopf retten kann. Auch Lots Frau wäre wohl nicht zur Salzsäule erstarrt[74], wenn sie nicht zurück ins brennende Sodom und somit zurück in die Vergangenheit geblickt hätte. Denn auch sie verlor dadurch sich selbst und ihr Leben beziehungsweise als Salzsäule ihre Seele. Was ein weiterer Beweis dafür ist, dass die Sophistik tatsächlich nicht, wie sie selber aber meint, auf einem Wahren fusst, sondern höchstens, wenn doch, nur scheinbar, nämlich auf dem Wahren eines eben tatsächlich längst Vergangenen und deshalb Toten. Als Vertreterin der Weisheit ist sie Vertreterin der Schlange und dadurch Vertreterin des Spiegels, mit dem auch sie, wie die Schlange, die Wahrheit verfälscht und damit dem Menschen nicht nur sein persönliches Ich, sondern vor allem auch sein Seelisches raubt. Sie raubt ihm damit nicht nur das Leben, sondern vor allem auch sein persönliches Ich und sein Seelisches, um es für ein »Grosses und Ganzes«, das ihr, der Schlange selbst, entspricht, aufzugeben und opfern zu lassen. So wie Paulus deshalb für sie bereits sehr richtig lehrte: »Nicht ich lebe, sondern der Christus in mir!« Denn

---

74 Interessant hierbei ist, dass es Lots Frau, also die Frau von Lot und nicht Lot selbst war, die zur Salzsäule erstarrte und gestorben ist, so wie das Rudolf Steiner, der mit seiner Weisheit, der Anthroposophie, auf die Vergangenheit baute, für das Geschlecht der Frauen vorausgesagt hat, wenn er sagte, dass das Weibliche in Zukunft als physische Gestalt absterben werde. Denn Frauen werden tatsächlich absterben, wenn sie den Weg der Sophistik und somit auch seinen Weg, den Weg der Anthroposophie, gehen. Dann blicken nämlich auch sie zurück, zurück zu Ur-Adam, der als »neuer Adam« wiedererstehen soll. Mit Lots Frau, die zurückblickte, ist auch generell des Menschen Seelisches und Leben gemeint, also das Seelische und das Leben, wie es übrigens bereits auch im Roboter, den sich der Mensch heute mit seiner Intelligenz und seiner Weisheit selbst erbaut, nicht mehr enthalten ist.

der »Christus in mir« soll das »Grosse und Ganze« sein, für das sich alle Menschen persönlich aufgeben und opfern und somit eliminieren müssen.

Um zur wirklichen Wahrheit und somit zum wahren Leben und zu sich selbst zu gelangen, muss oder müsste der Spiegel der Schlange also überwunden beziehungsweise zertreten und somit gänzlich zerstört werden.

. . .

Die Sophistik geht also zurück in die Vergangenheit und sogar zurück bis zum Ursprung des Lebens, um daraus den für sie wieder »zukünftigen Menschen« zu erschaffen. Dieser für sie »zukünftige Mensch«, der »neue Adam«, soll wie der alte Adam, also Ur-Adam, wieder »Mensch« werden, indem auch er wieder alle Tiere, die einst aus ihm ausgesondert wurden, in sich vereint. Doch dieser »neue Adam« ist wie die angebliche Zukunft, die zu diesem »neuen Adam« führen soll: eine Illusion. Eine Illusion oder Einbildung, weil er ebenso niemals Leben und schon gar nicht ewiges Leben in sich enthalten haben wird. Er wird lediglich den Tod in sich enthalten, nämlich den Tod des »tatsächlich Dunklen«, so wie das bereits beim »alten Adam«, also Ur-Adam, der Fall war.

8. KAPITEL

Über die Entstehung Ur-Adams als Ur-Erde und die Entstehung des Menschen und über »Göttersöhne«

Als nach gnostisch-platonischer Erkenntnis Ur-Adam von seinen »Göttervätern«, dem »scheinbar Lichthaften« und dem »tatsächlich Dunklen«, erschaffen wurde[75] – Ur-Adam entsprach als Ur-Erde Jehova, als er noch nicht als Mond aus dieser ausgesondert wurde, und sollte bereits der erste Mensch sein –, da war er noch ein Klumpen. Und zwar ein Klumpen Materie ohne Leben und auch ohne menschliches Antlitz.

---

75 Nach gnostisch-platonischer Erkenntnis entsprach Ur-Adam Jehova und dieser hatte zwei »Götterväter«, nämlich das »scheinbar Lichthafte« und das »tatsächlich Dunkle«. Gemeinsam wollten diese beiden »Götterväter« mit Jehova (ebenso wie die wahre Welt) einen oder *den* Menschen erschaffen, als sie zufällig aus den Äonen (Äon bedeutet aus dem Griechischen übersetzt Ewigkeit und somit wahre Welt) vom wahren Menschen erfuhren, was ihnen aber gründlich misslang. Es misslang ihnen, weil Jehova, als sie ihn erschaffen hatten, weder ein menschliches Antlitz noch Leben besass. Dass das »scheinbar Lichthafte« und das »tatsächlich Dunkle« Jehovas gemeinsame »Götterväter« sind, erkennt man beispielsweise daran, dass Jehova wie der Mond, dessen wesenhafter Ausdruck er nun ist, zwei Seiten hat, nämlich eine hell scheinende, »gute« oder »gütige«, angeblich »lebensspendende« (Vollmond), und eine dunkle, böse, lebensvernichtende (Neumond). Die hell scheinende, »gute« oder »gütige«, angeblich »lebensspendende« Seite weist auf das »scheinbar Lichthafte« und die dunkle, böse, lebensvernichtende auf das »tatsächlich Dunkle« hin. Auch Jehovas eigene Söhne Jesus und Judas entsprachen diesen beiden Seiten, also Jesus der Voll- und Judas der Neumondseite. Dasselbe gilt für Abel respektive für Seth und Kain als Söhne Adams.

Vielleicht war er auch eine Kugel, so wie sich Gestirne im Weltall generell als Kugeln offenbaren. Nämlich als Kugeln, die ebenso kein Leben und auch kein menschliches Antlitz besitzen. Die kugelige, runde Form der Gestirne im Weltall verrät also, gnostisch-platonisch gesehen, dass sie allesamt Ausdruck eines Abbildhaften und nicht eines Wahren sind, so wie auch das Weltall selbst Ausdruck eines Abbildhaften und nicht eines Wahren ist, da es gemäss der Astrophysik ebenso die Form einer Kugel besitzt. Denn alles was kugelförmig und rund ist oder sich auch als Kreis oder Kreislauf offenbart (auch der Kreislauf des Sterbens und Geborenwerdens), zeugt davon, abbildhaft zu sein, da das Abbildhafte das Aufrechte (und auch Aufrichtige) eines Menschen und menschlichen Ichs, das das Runde und Kugelige überwindet, durchbricht, nicht kennt.[76] Von diesem Standpunkt aus

---

76 Dass auch der menschliche Kopf rund ist, zeigt die Tragik des menschlichen Seins und des menschlichen Denkens in der abbildhaften Welt. Es ist in sich gefangen, gegen aussen abgeschlossen und kann deshalb nicht in die wahre Welt, also nicht in die Welt jenseits des Tierkreises oder jenseits der »Höhle Platons«, vordringen, wenn es nicht vom individuellen menschlichen Ich ergriffen wird. Das heisst mit anderen Worten: Nur ein selbstständiges Denken ist imstande, die Grenzen der abbildhaften Welt, wenn wohl auch nur ahnend, aber dennoch zu überwinden. Deshalb bleibt ein »gewöhnliches« Denken, das ein Nachdenken oder ein »es denkt« ist, auch innerhalb der abbildhaften Welt verhaftet. Man kann dieses »gewöhnliche« Denken – im übertragenen Sinne – letztlich vielleicht auch als »liegendes« Denken bezeichnen, weil es den Menschen in die Waagrechte und dadurch ebenso in die Runde zwingt, sodass deshalb die Aufforderung »Stehe auf, nimm dein Bett und gehe hin« nicht, wie kolportiert, Jesus, sondern allein dem wahren Christus zuzuordnen ist, da nur dieser das selbstständige Denken des Menschen und somit dessen Aufrichten bewusst ansprach. Diese Aufforderung sprach er genau zu drei Menschen, nämlich zu jenen drei Menschen, die er alle als abbildhafte Menschen in ihrem wahren Ich und somit in ihrem wahren Menschsein

gesehen ist also menschliches Leben, das eine aufrechte Form oder Gestalt besitzt, ausser auf Erden mit dem Menschen selbst, im gesamten Weltraum, das nur aus Kugeln und Klumpen (oder auch aus runden Sonnen und runden schwarzen Löchern) besteht, wohl nicht zu erwarten – und wohl auch gar nicht möglich. Es ist wohl nicht zu erwarten und wohl auch gar nicht möglich, weil der Mensch nicht nur als lebendiges Wesen, sondern auch als Mensch selbst im gesamten Weltall, so die gnostisch-platonische Sichtweise, ein Unikum, also eine Besonderheit, die es kein zweites Mal gibt, darstellt. Er stellt ein Unikum dar, da er in dem Sinne auch mit der abbildhaften Welt (und deshalb selbst auf Erden und mit der Natur) in keinem Zusammenhang steht und somit von Grunde her fremd, also von »ausserhalb« ist.

Da sowohl das »scheinbar Lichthafte« als auch das »tatsächlich Dunkle« weder Menschen noch menschlich sind und auch das Menschliche nicht kennen, war es deshalb naheliegend und auch logisch, dass es ihnen nicht gelang, gemeinsam (ebenso) einen Menschen zu erschaffen. Auch Jehova misslang dann dieser Versuch, als er mit Adam meinte, einen Menschen hervorzubringen. Erst als die »Pronoia« Jehova (und auch all jenes, das sich dann ebenso also leblose Planeten zeigte) von Ur-Adam, der Ur-Erde, trennte und sich dann als Instanz des Lebens und des Seelischen selbst (zur Hälfte) in die übriggebliebene Resterde legte, begann die (abbildhafte) menschliche Entwicklung. Dies zumindest nach gnostisch-platonischer Erkenntnis, deren Teile davon, wenn

---

erweckte. Bei diesen drei Menschen handelte es sich um den Jüngling von Nain (Judas), die Tochter des Jairus (Maria Magdalena) und Lazarus (als Ersatz für Judas).

auch meist in sophistischer Denkweise formuliert, sogar in den Nag-Hammadi-Schriften gefunden werden können.[77]

...

Als sich die »Pronoia« als Instanz des Lebens und des Seelischen (zur Hälfte) in Ur-Adam, die Ur-Erde, legte, begann sie, alles, was noch mit Jehova in Zusammenhang stand und den wahren Menschen daran hinderte, selbst auf Erden Mensch zu sein, aus diesem auszusondern.[78] Zuerst sonderte sie die Pflanzen und dann die Tiere aus – bis dass es dem wahren Menschen selbst möglich war, Besitz vom abbildhaften Menschen zu nehmen, als sie letztlich auch diesen aus Ur-Adam ausgesondert (oder aus den Tieren herausentwickelt[79]) hatte, und sich in diesen zu inkarnieren.

---

77   Die Nag-Hammadi-Schriften sind eine Sammlung frühchristlicher Texte, die 1945 in der Nähe des ägyptischen Ortes Nag Hammadi von ansässigen Bauern gefunden wurden. Deren Inhalt kann zum Teil der Gnosis zugeordnet werden. Vielfach, wenn nicht gar hauptsächlich, ist er jedoch von gänzlich sophistischer Natur.

78   Jehova und Ur-Adam waren, nach gnostisch-platonischer Erkenntnis, ursprünglich eins und entsprachen beide der Ur-Erde, einem unförmigen Klumpen Materie, der anfänglich ohne Leben war. Also jener Erde, die auch alle Planeten samt dem Mond noch in sich enthalten hatte. Jehova als »eigenständiges« Wesen entstand erst durch den Mond, als dieser, wie die übrigen Planeten auch, von der »Pronoia« aus der Ur-Erde abgespalten wurde.

79   Wenn sich der abbildhafte Mensch aus den Tieren heraus entwickelt hat, da er direkt aus diesen und nicht aus Ur-Adam hervorgegangen ist, so hat er deshalb auch keine direkte Verbindung zu Jehova (oder zur Ur-Erde). Ob das letztlich der Grund dafür ist, dass sich vor allem auch der religiöse Mensch oftmals mit den Tieren so sehr verbunden fühlt? Um sich auf diese Weise, nämlich durch die Tiere, dennoch eine Art »direkten Zugang zu Gott« zu ermöglichen?

Als Jehova nach der Aussonderung jedoch erkannte, wer der Mensch wirklich ist, also der Mensch, der auch er als Schöpfung seiner beiden »Göttervater« bereits hätte sein sollen und den auch er selbst dann in Eigenregie mit Adam hätte erschaffen wollen, schickte er seinen »Sohn« auf Erden, damit dieser »Mensch« werde und so das »Menschsein« als »Gott« selbst erfahren konnte – so zumindest ergibt es die gnostisch-platonische Erkenntnis. Aber auch die Sophistik spricht davon, dass Jehova seinen »einzigen Sohn« auf Erden geschickt hat, damit er »Mensch« werde. (Aus diesem »Sohn Gottes« mussten wohl dann auch all jene Menschen hervorgegangen sein, bei denen man vermutet, dass sie tatsächlich grundlegend nichts vom wahren Menschen wissen und deshalb auch diesem, dem »Sohn Gottes«, folgen. Doch Jehova hat nach gnostisch-platonischer Erkenntnis noch einen anderen »einzigen Sohn«. Einen, den er bereits vor Jesus auf Erden geschickt hat, nämlich Judas. Denn Judas verkörperte, im Gegensatz zu Jesus, die Neu- und nicht die Vollmondseite Jehovas.)

Dass ein »Sohn Gottes« auf Erden erschien, hatte wohl aber noch einen anderen Grund. Nämlich den Grund für die Sophisten, die die Vertreter »Gottes« auf Erden sind, auf diese Weise die Menschen umso mehr wieder in ihre Pflicht und in ihren Besitz zu nehmen, da diese in jener Zeit, also in der Zeit, als auch der wahre Christus auf Erden war, Gefahr liefen, sich von »Gott« beziehungsweise vom sophistischen Weg der »Menschwerdung« (und deshalb von ihrer Macht über den Menschen) zu entfernen. Jesus als »Sohn Gottes« sollte deshalb auf Erden in Erscheinung treten, um den Menschen zu belehren und über die angeblich wirklichen, das heisst sophistischen »Wahrheiten« und »Richtigkeiten« zu unterrichten. So wie dies dann auch alle anderen »Göttersöhne« taten, die nach ihm kamen oder aus denen bereits vorher (Buddhismus) oder auch nachher (Islam) ebenso Religionen hervorgegangen sind. Denn die »Gefässe« für diese Belehrung und Unterrichtung bilden hauptsächlich die Religionen. Dass all den »Göttersöhnen« ihre Mission zum grössten Teil gelang, sieht man daran, dass sich deren Religionen bis heute tatsächlich erhalten und sich jetzt sogar definitiv, trotz Humanismus, Aufklärung oder Naturwissenschaft, in der Gesellschaft etabliert haben. Denn die meisten Menschen hangen heute einer Religion an, und gerade in jetziger Zeit, so hat man den Anschein, umso mehr. Sie hangen also einer Religion an, statt dass sie (weiter oder überhaupt) daran arbeiteten, sich selbst und damit auch den Weg heraus aus dem Labyrinth zu finden (sofern sie selbst auch wirklich dem wahren und nicht nur doch dem abbildhaften Menschen zuzuordnen sind).

...

Im Gegensatz zu Adam, der als abbildhafter Mensch dem Ebenbild »Gottes« entsprach – er entsprach beispielsweise dem Ebenbild »Gottes«, weil auch in ihm die Naturgesetze wirkten (und somit kann er eigentlich als Ebenbild der Natur bezeichnet werden) –, wurde, nach gnostisch-platonischer Erkenntnis, Eva dagegen als ebenso abbildhafter Mensch nach dem Ebenbild jenes Weiblichen erschaffen, dem auch Adam letztlich sein Menschsein und sein Leben verdankt, nämlich der »Pronoia«. Vom Standpunkt der gnostisch-platonischen Erkenntnis aus gesehen, wird innerhalb der

Sophistik deshalb zurecht behauptet, dass Eva (beziehungsweise die Frau als solche) nicht dem Ebenbild »Gottes« entspreche. Auch weil sie ursprünglich wohl als Ebenbild der »Pronoia«, so muss man annehmen, weniger die Gesetze der Natur, welches die darwinistischen Gesetze sind, sondern mehr die Gesetze des Menschen in sich trug.

Doch aus diesem Grund, das heisst, weil Eva nicht dem Ebenbild »Gottes« entsprach, meinte auch der Kirchenvater Ambrosius, dass Frauen ihr Haupt verhüllen müssten. Denn es ist vor allem das Haupt, das Auskunft über den Menschen gibt. Auch ist es das Haupt, das beim Menschen am deutlichsten den Unterschied zum Tier und seinen Trieben zeigt. Deshalb ist es bedeutsam und vielsagend, dass es für Sophisten gerade das Haupt ist, das sie bei Menschen am meisten stört. Und das sie dann vor allem auch bei Frauen am meisten verdeckt haben möchten. Auch im Koran wird in Suren von Frauen verlangt, ein Kopftuch zu tragen. Hier vor allem wohl auch, wie islamische Experten behaupten, aus Gründen der männlichen Sexualität. Denn die Sexualität bei Männern scheint für den Islam, der allem Anschein nach noch mehr als andere Religionen mit der Natur verbunden ist[80], sehr ausgeprägt und nicht einfach kontrollierbar zu sein, sodass sie deshalb nicht anders als mit einer Order an die Frauen (die ihrerseits für sie ihre Sexualität allem Anschein nach gut unter Kontrolle haben oder vielleicht auch gar keine besitzen) in den Griff bekommen werden kann.

---

80 Aus diesem Grund fühlen sich wohl auch in der Politik die Grünen, die fast fundamental für die Natur kämpfen, ebenso in besonderer Weise mit dem Islam verbunden, obwohl dieser frauenunterdrückend und frauendiskriminierend ist.

Hiermit bewiese sich, zumindest gnostisch-platonisch gesehen, sofern diese Einschätzung in Bezug auf islamische Männer und Frauen und deren Sexualität wirklich stimmt – und warum sollte sie nicht stimmen, wenn der Islam ja selbst solche Anordnungen trifft und auch durch eigene Experten solche Behauptungen vertritt –, dass Adam und somit der Mann wohl tatsächlich nach dem Ebenbild »Gottes«, dem die Natur- und Tierkräfte zugeordnet werden können, und Eva und somit die Frau nach dem Ebenbild der »Pronoia«, die die Ich-Kräfte und die Vernunft besitzt, erschaffen worden sind. Denn es ist die Frau, die mit dem Kopftuch oder sogar mit der Ganzkörperverschleierung aufgefordert wird, die männliche Sexualität unter Kontrolle zu halten – und nicht der Mann sich selbst. Aber auch die Frau, der man umgekehrt dafür oftmals deshalb wohl keine eigene Sexualität zuspricht, sondern nur dem Mann.

9. KAPITEL

Die Zukunft der Vergangenheit und das Prinzip des allein Männlichen

Die Sophistik baut auf dem allein Männlichen auf, weil sie die Lehre der Weisheit vertritt. Und als solche sieht sie ihre Zukunft in der Vergangenheit und nicht in der Zukunft selbst. Deshalb ersetzt sie das Weibliche mit dem »tatsächlich Dunklen« und das Seelische, Lebendige mit dem Seelenlosen, Toten. Denn alles, was vergangen ist, ist letztlich seelenlos, tot. So deshalb auch der Baum des Lebens, der dadurch zum Baum des Todes wird. Er wird zum Baum des Todes, indem und weil der Baum der Erkenntnis durch die Vergangenheit zum Baum der Weisheit wird. Es ist die Schlange, die den Baum der Erkenntnis zum Baum der Weisheit formt.

Der Baum der Erkenntnis, der durch die Sophistik zum Baum der Weisheit wird, führt einen somit automatisch, wenn man von ihm isst, zum Baum des Todes und nicht mehr zum Baum des Lebens. Weil der Baum der Erkenntnis durch den Verlust der menschlichen Erkenntnis – das menschliche Denken wird genommen und durch ein Nachdenken, ein »es denkt« ersetzt – nicht mehr der Baum der Erkenntnis, sondern der Baum der Weisheit, und dadurch der Baum des Lebens durch den Verlust des Menschen Seele und Ich-Kraft nicht mehr der Baum des Lebens, sondern der Baum des Todes ist.

Und dennoch, das heisst, obwohl die Weisheit den Menschen zum allein Männlichen und letztlich zum Toten führt, wird sie als solche innerhalb der Sophistik – paradoxerweise – dem Weiblichen zugeordnet. Der Grund dafür liegt wohl darin, dass sie mit Isis, der Göttin der ägyptischen Mythologie, in Zusammenhang steht, die die Trägerin der Weisheit und somit – wie Eva, die den Apfel des (von der Schlange verfälschten) Baums der Erkenntnis Adam weitergab – die Trägerin des vergangenen Wissens war. Sie war aber auch die Trägerin des Gedächtnisses oder sogar die Trägerin des Erinnerns. Dies im Gegensatz zu Osiris, ihrem Göttergatten, der sich als Träger des scheinbaren Lichts und der Offenbarung und auch als Träger der verklärten Erkenntnis zeigte (und dadurch mit dem »scheinbar Lichthaften« beziehungsweise mit der Schlange gleichgesetzt werden kann).

Wenn Isis als Trägerin des vergangenen Wissens wie Eva war, die mit dem Apfel des (von der Schlange verfälschten) Baums der Erkenntnis das Wissen der Vergangenheit und somit das Gedächtnis oder die Erinnerung an Adam weitergab, dann gab auch sie ihr Wissen an Osiris weiter, der dieses dann für sie (zum Beispiel heute in Form von Religionen und Weisheitslehren) offenbarte. Auf diese Weise konnte sich auch Osiris, der Adam entsprach, wie Adam, ein Bild der Vergangenheit aneignen. Weil Osiris, der mit dem »scheinbar Lichthaften« gleichgesetzt werden kann, Adam entsprach, kann davon ausgegangen werden, dass auch Adam bereits das »scheinbar Lichthafte« in sich trug, das die Wahrheit verdreht. Das »scheinbar Lichthafte« verdreht die Wahrheit, indem es sich als Schlange in den Baum der Erkenntnis begab und so die Erkenntnis seither selbst verklärt und verfälscht.

Wie das Wissen der Isis war auch das Wissen, das Eva an Adam weitergab, »scheinbar lichthaftes« Wissen und somit Weisheit. Denn auch sie kostete wohl vom Baum der Erkenntnis, in dem sich bereits die Schlange befand. Diese Weisheit diente Adam (und dient seinen Vertretern bis heute) als Grundlage, die Menschheit wieder in Richtung Jehovas und somit wieder in Richtung des allein Männlichen zu »erziehen«. Eva, die eigentlich die Hilfe für Adam war, nämlich die Hilfe, mittels wahrer, unverfälschter Erkenntnis und selbstständigen Denkens die »Höhle Platons« zu verlassen – wahre, unverfälschte Erkenntnis und selbstständiges Denken sind der Faden der Ariadne, der wieder aus dem Labyrinth herausführt –, wurde dadurch zur »Gehilfin« Adams degradiert. Zur Gehilfin Adams, die Adam mit eigenem Einsatz half, »neuer Adam«, also »Gesamtmensch« ohne Weibliches, zu werden. Weil sie diesen mit der Weisheit, welche ein von der Schlange verfälschtes Wissen ist, umso mehr wieder zurück zum Anfang und somit hinein ins Labyrinth Jehovas statt zum Ausgang des Labyrinths und somit hin zur wahren Welt des Menschen führte.

Das ist also die grosse Tragik Evas, dass sie eins zu eins übernahm, was die Schlange ihr erzählte, statt es mit ihrem eigenen Denken zu prüfen, um so die Lüge der Schlange zu erkennen. Und die grosse Tragik Adams, dass auch er eins zu eins übernahm, was Eva ihm gab, ohne ebenso zu prüfen, ob das, was sie ihm gab, wirklich der Wahrheit oder nicht doch nur einem Verdrehten und Verfälschten der Wahrheit entsprach. Adam und Eva sind die Ur-Repräsentanten des männlichen und weiblichen abbildhaften Menschen – und haben deshalb beide selbst in dem Sinne nichts mit dem wahren Menschen zu tun.

Heute tragen nun die Männer als Nachkommen Adams das verfälschte Wissen, das sie einst von Eva oder den Frauen erhielten, beziehungsweise die »weibliche Weisheit«, wie Sophisten es bezeichnen, nicht nur weiterhin in die Welt hinaus, um diese und den Menschen gemäss diesem Wissen selbst zu formen, sondern sie geben es auch, letztlich jedoch ins allein Männliche »umgearbeitet«, genauso wieder den Frauen zurück, die Nachkommen Evas sind, wie sie es von Eva respektive von ihnen als Frauen einst erhalten haben, sodass diese es nun ebenso ganz in ihrem Sinne, also im Sinne des nun allein Männlichen, nur noch verwerten. Man sieht hier sehr deutlich die Wirkungsweise der Schlange, das heisst: wie sie sich in den eigenen Schwanz beisst. Und somit die Wirkungsweise des »scheinbar Lichthaften«, das den Kreis der abbildhaften Welt immer wieder schliesst – und den Menschen dafür immer mehr mit seinem Schicksal verstrickt, ihn in dieses deshalb immer mehr einbindet, statt ihn davon befreit.

Statt dass sich Frauen in Richtung Ariadne entwickelten, bleiben sie also von der Schlange und somit von der Sophistik verführte Eva, die sich selbst und Adam umso mehr weiter ins Labyrinth hineinführt. Und statt dass sich Männer als Theseus verstünden, die mit Hilfe der Ariadne den Weg aus dem Labyrinth herausfänden, werden sie wieder Adam, der sie zurück zu Jehova führt und umso mehr auch wieder an Jehova bindet.

Es ist gerade die Sophistik, die will, dass die Männer mit der Schlangenweisheit der Eva verführte Männer bleiben. Damit sie so wieder, wie sie meint, ganz im Sinne des

»neuen Adam« das »ewige Wort« finden könnten, das einst angeblich durch die Zweigeschlechtlichkeit verloren ging.[81] Dieses »ewige Wort«, das Ur-Adam noch in sich enthalten hatte, ging für die Sophisten verloren, als sich – gemäss der gnostisch-platonischen Erkenntnis, wie sie auch in den Nag-Hammadi-Schriften enthalten ist – die »Pronoia« (zur Hälfte) in ihn legte, um so diesem (abbildhaftes) Leben und menschliches Antlitz beziehungsweise dem wahren Menschen generell eine (abbildhafte) Leiblichkeit zu ermöglichen. Damit entstand auch die Möglichkeit, sich zu individualisieren. Denn aus der Zweigeschlechtlichkeit entwickelte sich die Fortpflanzung und aus dieser gingen immer mehr Menschen hervor, die sich voneinander unterschieden. Ur-Adam, wie er ursprünglich als »Gesamtmensch« existierte, wurde dadurch wie Osiris in verschiedenste Teile, also in verschiedenste individuelle Menschen zerstückelt. Deshalb müssen, nach Auffassung der Sophistik, diese über die ganze Welt nun verstreuten Teile oder Menschen wieder zusammengesucht und zu einem »Grossen und Ganzen«, dem »neuen Adam«, zusammengefügt und auch vereint werden. Nämlich, indem jegliches Individuelle auf der Welt bekämpft, das selbstständige Denken eines jeden einzelnen Menschen verhindert und rückgängig gemacht und auch die

---

81 Das »ewige Wort«, von dem die Sophistik spricht, kann als das »verloren gegangene« Y-Geschlechtschromosom verstanden werden, das Ur-Adam, nicht nur sophistisch, sondern auch gnostisch-platonisch gesehen, wohl tatsächlich ursprünglich noch enthalten hatte. Die beiden ursprünglich noch vorhandenen Y-Chromosomen eines YY-Chromosomenpaars beim (dadurch nicht lebensfähigen) Ur-Adam entsprachen den Sexual- und den Kehlkopfkräften. Ausführlich berichte ich davon in meinem Buch »Das gnostische Christentum – Teil 2«, erschienen beim Twentysix-Verlag, Norderstedt.

Seele und das Ich (an deren Stelle von der christlichen Sophistik dann der »Seelenleib« der zwölf Jünger und der »Heilige Geist« gestellt wird) eines jeden einzelnen Menschen dafür geopfert wird. Als »Lehrmeisterin« und Gedankengebäude dient hierzu die Weisheit, die einst für sie als »weibliche Weisheit« existierte und nun im Verlauf dieser Rückbesinnung zu einer allein »männlichen Weisheit« »umgeformt« werden soll. Denn die »weibliche Kultur werde durch die männliche abgelöst«, so die Sophisten, und deshalb damit auch die Zweigeschlechtlichkeit, und somit das Weibliche, wieder abgeschafft. Das Fatale dabei jedoch ist: Das Weibliche wird oftmals durch das Weibliche selbst, also durch Frauen, abgeschafft. Indem sie sich – aus eigenem Antrieb und somit freiwillig – für das Männliche aufgeben und opfern. So wie sich der einzelne, individuelle Mensch – aus eigenem Antrieb und somit freiwillig – für den »Sohn Gottes« und deshalb für den »neuen Adam« aufgibt und opfert. Und sie beide tun es, weil und indem sie den Weg der Sophistik gehen und vom wahren Menschen nichts (mehr) wissen und auch nichts wissen wollen.

...

Weil die Weisheit innerhalb der Sophistik dem Weiblichen zugeordnet wird, wird deshalb auch das symbolisch Mondhafte dem Weiblichen zugeordnet, obwohl es in Wahrheit aber, gnostisch-platonisch gesehen, mit dem Sonnenhaften in Zusammenhang steht. Das Weibliche steht mit dem Sonnenhaften in Zusammenhang, weil es dem Ebenbild der »Pronoia« und nicht wie das Männliche dem Ebenbild Jehovas, der Ausdruck des Mondhaften ist, entspricht.

Aus diesem Grund, das heisst, weil das Weibliche in Wahrheit dem Sonnenhaften entspricht, wird es in der Apokalypse als Maria mit dem Strahlenkranz der Sonne dargestellt, die, auf der Mondschale stehend, der Schlange, also der Instanz der Weisheit, die die Wahrheit verdreht, den Kopf zertritt.

Mit dem Männlichen verhält es sich umgekehrt genauso. Auch hier wird innerhalb der Sophistik das Männliche fälschlicherweise dem Sonnenhaften zugeordnet, obwohl es, gnostisch-platonisch gesehen, nämlich als Ebenbild Jehovas, mit dem Mondhaften in Zusammenhang steht. Dies ist auch der Grund, weshalb beispielsweise in Mozarts Freimaurer-Oper *Die Zauberflöte* Sarastro als Sonnenkönig und nicht etwa als Mondkönig dargestellt wird, auch wenn dessen Tempel aber ein Weisheitstempel ist.[82] Dafür wird die Mutter der von Sarastro entführten Pamina[83], die dem Sonnenhaften entspräche, als Königin der Nacht und somit als Instanz des Mondhaften bezeichnet. Die Sophistik verdreht und verfälscht also die Wahrheit in gleicher Art und Weise, wie es das »scheinbar Lichthafte«, also die Schlange, tut. Weil sie mit ihrer Weisheit diese selbstverständlich selbst vertritt und dieser dadurch deshalb in ihrem Denken und Tun auch selbst entspricht.

---

82 Ein wirklicher Sonnenkönig würde sich nie mit einem Weisheitstempel in Zusammenhang bringen lassen! (Und ein wirklich sonnenhafter Mensch sich auch nie als König oder Kaiser bezeichnen – geschweige denn wie Sarastro andere Menschen entführen.)
83 Pamina wird in Mozarts *Zauberflöte* von Sarastro geraubt, wie Europa in der griechischen Mythologie von Zeus.

Dass die Wahrheit in der abbildhaften Welt verkehrt herum und verfälscht dargestellt wird, und zwar generell, und dies von allen ihren sophistischen Vertretern, zeigt, dass tatsächlich auch die Welt selbst, also die Welt, wie sie als abbildhafte Welt besteht, eine letztlich »verkehrte« und verfälschte Welt, das heisst eine Welt des »scheinbar Lichthaften« und nicht eine wahre Welt, nur ist oder sein kann. Denn wäre sie eine wahre Welt, so gäbe es auch keine Weisheitslehren und keine Religionen – und auch sie, die Welt selbst, wäre nicht vergänglich, sondern unvergänglich, und nicht unvollkommen, sondern vollkommen. Weisheitslehren und Religionen und Vergänglichkeit und Unvollkommenheit haben also miteinander zu tun. Deshalb ist die Welt, in der wir leben, letztlich tatsächlich eine Welt des Scheins oder aber, wenn man so will, eine Welt der Lüge und nicht, wie der Sophist oder der Aristoteliker meint, eine Welt der Wahrheit – oder höchstens nur eine Welt der Wahrheit eines Verfälschten und Verdrehten, eben Abbildhaften.

Und der Sophist oder der Aristoteliker meint noch mehr! Nämlich eben auch, dass die Zukunft des Menschen in der Vergangenheit liege und nicht in der Zukunft selbst und (deshalb) allein männlich wäre. Denn er blickt, wenn er über den Menschen und dessen Zukunft nachdenkt, in der Menschheitsentwicklung nicht nach vorn, sondern zurück. So wie Lots Frau nach der Flucht aus Sodom nicht nach vorn, sondern zurück nach Sodom geblickt hat. Deshalb sieht er auch den zukünftigen Menschen nicht im wirklichen zukünftigen Menschen, sondern im vergangenen. Also in Ur-Adam, den er dann aber als »neuen Adam« bezeichnet, und nicht im wahren Menschen.

Sein zukünftiger Mensch ist also ein scheinbarer zukünftiger Mensch und nicht ein wirklicher – und deshalb auch ein wieder lebloser, toter. Weil er das Leben (und dadurch auch das Weibliche und das Seelische) nicht mehr in sich enthalten hat, dafür aber umso mehr den Tod. Also den Tod des »tatsächlich Dunklen«, das jedoch mit dem »Sohn Gottes« angeblich durch den Kreuzestod und die daraus resultierende »Auferstehung« überwunden worden wäre. Man kann vom Standpunkt des Sophisten aus sagen: Der angebliche Kreuzestod des »Sohnes Gottes« war innerhalb der Sophistik also tatsächlich »nötig«, weil sonst der Tod für sie nicht hätte überwunden werden können. Und damit auch der Verrat des Judas. Es ist also nicht nachvollziehbar, weshalb sie, die Sophistik, aber dennoch bis heute meint, Judas zu verschmähen, obwohl sie ihm für seinen Verrat eigentlich durchaus dankbar sein müsste. Denn auf dem Verrat und der Kreuzigung baute sie ihre Heilslehre auf. Abgesehen davon, dass vom gnostisch-platonischen Standpunkt aus gesehen selbstverständlich aber nicht Jesus, sondern der wahre Christus verraten – er wurde für Jesus verraten – und selbstverständlich deshalb auch nicht Jesus, sondern der wahre Christus – nämlich für Jesus – am Kreuz hingerichtet worden war.[84] Der Sinn der Übertragung der Kreuzigung auf Jesus und der Kreuzigung des wahren Christus selbst bestand für die Sophistik also einzig darin, den Weg weitergehen zu können, der das Weibliche nicht mehr in sich enthalten hat und gleichzeitig damit dennoch die »Errungenschaft« eines »ewigen Lebens« zu propagieren. Was jedoch ein Grund für die Frauen sein müsste, die

---

84 Siehe hierzu mein Buch »Das gnostische Christentum«, erschienen beim Twentysix-Verlag, Norderstedt.

Sophistik, die auf diese Art das Weibliche bewusst eliminiert, also beispielsweise auch die Religionen, augenblicklich zu verlassen.

10. KAPITEL

Der »neue Adam« als Herdenmensch und die Aufrichtung der Schlange am Tau

Die Absicht der Sophistik ist es, den Menschen wieder zurück zu Ur-Adam zu führen, weil sie vom wahren Menschen nichts weiss und auch nichts wissen will. Dabei führt sie ihn gewissermassen wieder zurück zum Tier, da der Mensch als abbildhafter Mensch ursprünglich als Tier oder Tierwesen beziehungsweise aus dem Tier hervorgegangen ist. Doch als Tier oder Tierwesen, zu dem ihn die Sophistik wieder zurückführen will, wird der Mensch (wieder) zum Kollektivwesen, also zum Herdenwesen, für das er (deshalb) nicht nur sein individuelles, persönliches Ich, sondern auch seine Seele (wieder) aufgeben muss. Denn ein Tier, das innerhalb einer Herde existiert, besitzt kein individuelles, persönliches Ich und auch keine Seele. Stattdessen besitzt es Triebe und Instinkte und einen Seelenleib. Auch benötigt es ein Leittier, das ihm, dem Herdentier, als Führungstier voransteht. Das »Leittier« des Menschen, der dann wieder »Herdentier« sein wird, ist für die Sophisten letztlich »Gott« oder »Christus« oder, je nach Religion, auch Allah oder Mohammed oder Buddha – oder einer deren Repräsentanten auf Erden. Dass Ur-Adam, der erste »Mensch«, tatsächlich tierhaft oder sogar selbst Tier oder Tierwesen war (oder Tier oder Tierwesen gewesen sein musste), bestätigt die Naturwissenschaft. Denn auch sie leitet den Menschen letztlich vom Tier ab. Also von einem Wesen ab, das weder des Menschen Gesetze noch dessen aufrechte Gestalt und menschliches Antlitz besitzt.

Erst als der wahre Mensch begann, sich in das Tier Mensch, also in den abbildhaften Menschen, zu inkarnieren, begann auch dieses, sich aufzurichten und allmählich menschliche Gestalt und menschliches Antlitz anzunehmen.

Weil Ur-Adam also noch ganz Tier oder Tierwesen und noch nicht Mensch war – er war ganz Tier oder Tierwesen, als sich bereits die »Pronoia« zur Hälfte in ihn gelegt hatte, sodass er deshalb auch bereits (abbildhaftes) Leben besass –, interessieren sich deshalb wohl Sophisten so sehr für den unmündigen Kollektivmenschen und nicht für den individuellen, selbstbestimmten, mündigen Menschen. Weil sie den Menschen wieder zu jener »Kreatur« zurückführen wollen, die mit dem Tier und nicht mit dem individuellen, selbstbestimmten, mündigen Menschen in Zusammenhang steht.

Der »neue« Mensch ist für Sophisten also der alte Mensch, der Mensch der Vergangenheit. Zu diesem alten Menschen, dem Menschen der Vergangenheit beziehungsweise dem »Mensch Tier«, wollen sie den einzelnen Menschen wieder zurückführen oder zurückbinden. Zurückführen oder zurückbinden mit ihren Weisheitslehren und Religionen.[85] Mit ihren Dogmen und Lehren. Aber auch mit Zucht und »Erziehung«. Und mit Androhung von Strafen – oder sogar (wie beim Islam) mit Androhung von physischer Gewalt. Denn mit Strafen und Gewalt erzeugen sie Angst und Furcht. Nämlich auch die Angst und Furcht, frei entscheiden und frei denken zu können. Mit dem Ziel selbstverständlich, den einzelnen

---

85 *Religare* heisst aus dem Lateinischen ins Deutsche übersetzt zurückbinden.

Menschen damit zur totalen Selbstaufgabe und Gefügigkeit zu zwingen.

Sie verlangen vom einzelnen Menschen, dass er sein Seelisches und sein individuelles Ich, ja sogar sein gesamtes vielleicht bereits erarbeitetes wahres Menschsein wieder aufgibt, weil sie den Weg des wahren einzelnen Menschen und somit den Weg in die Zukunft, wie ihn der Gnostiker oder Platoniker vertritt, verhindern wollen. Sie wollen ihn verhindern, weil sie ihn hassen und er ihrem eigenen Bild des Menschen zuwiderläuft und im Wege steht. Denn wollten sie ihn nicht verhindern, so müssten sie ihn letztlich wohl selber gehen. Und damit auf ihre Weisheit und ihr gesamtes sophistisches Denken und Wirken, aber auch auf ihre Vorzüge, die sie sich mit ihrem Weg selber ermöglichen, und dadurch vielfach auch, zumindest, wenn sie entsprechende Funktionen innerhalb der Sophistik einnehmen, auf ihre eigene (vermeintliche) Wichtigkeit als Person verzichten. Doch das wollen sie nicht – und können sie auch nicht. Denn all dies entspricht letztlich ihrem Tau, an dem sie sich aufrichten und das sie zu mentaler »Stärke« und »Selbstbewusstsein« führt. (Sie richten sich am Tau auf, weil sie wohl kein eigenes Selbstbewusstsein und somit auch keine Ich-Stärke besitzen.) Sie müssen ihren sophistischen Weg also immerzu weitergehen. Weitergehen, um nicht von ihrer Entwicklung hin zum »höheren und besseren Menschen« abzuirren oder sogar abzufallen und dadurch ihr sophistisches »Menschenziel« und »Menschenbild« zu verlieren. Denn ihr Ziel ist es auch, mit ihrem Weg noch »allwissender«, noch »erhabener«, noch »frommer«, noch »geläuterter« und gleichzeitig auch noch »demütiger« und »selbstloser« als andere,

»gewöhnliche« Menschen, ja vielleicht sogar wie die »hohen Eingeweihten«, die sie verehren oder die sie vielleicht auch selbst sind, noch mehr oder überhaupt »Menschenführer« zu sein oder »Menschenführer« zu werden. Denn das Tau verleiht ihnen nicht nur (vermeintliche) »Aufrichtekraft« und ein (vermeintliches) »Selbstbewusstsein«, sondern auch (vermeintliche) Macht. Nämlich (vermeintliche) Macht über andere Menschen, über die sie dann bestimmen. Indem sie sie als »hoch entwickelte Elite« belehren, »erziehen« oder meinen, sie mit Dogmen und Lehrsätzen zu knechten. Somit gehen sie, vom gnostisch-platonischen Standpunkt aus gesehen, in gewissem Sinne aber – tatsächlich – einen »Pakt« mit der Schlange beziehungsweise mit dem »Teufel« ein, wie dies auch Goethe in seinem *Faust* beschrieb – und geben dadurch, das heisst, indem sie als »Gegenleistung« (vermeintliches) Selbstbewusstsein und (vermeintliche) Macht erhalten, ohne dass sie es merken, ihr persönliches, individuelles Ich, ihr Seelisches und dadurch ihr wahres einzelnes Menschsein auf. Sie geben es auf und verlieren es (sofern sie jemals ein solches selbst besassen) an die Schlange, den Teufel. Das heisst: Sie bringen sich als wahre Menschen letztlich um, statt dass sie sich selbst als solche fänden. So wie der Mensch bereits den wahren Christus am Kreuz umgebracht hat, statt dass auch er sich, damals, nämlich durch ihn, den wahren Christus, als wahrer Mensch selbst gefunden hätte.

11. KAPITEL

Über »Gott«, das Tier und den Roboter. Und über »Gott« als Projektion und Spiegelung

Die Sophistik zeichnet sich dadurch aus, dass sie an einen »Gott« glaubt, der die gesamte Welt und somit auch die Natur samt den Menschen erschaffen hat. Diesen »Gott« nennt sie – gewöhnlich – Jehova.[86] Die Frage, ob es diesen »Gott« Jehova letztlich als Person aber wirklich gibt, ist dagegen offen. Denn seine angebliche Existenz kann beispielsweise weder wissenschaftlich ergründet noch tatsächlich reell nachgewiesen werden. Aus gnostisch-platonischer Sicht gibt es Jehova zumindest nicht. Oder nicht wirklich. Oder höchstens nur, falls doch, wenn man ihn mit der Natur gleichsetzt, nämlich als deren Personifikation. Es ist aber auch möglich, ihn als Ur-Adam zu verstehen, der die Ur-Erde war, beziehungsweise dann als Mond, als und seit dieser von Ur-Adam und somit von der Ur-Erde abgespalten worden ist. Das heisst mit anderen Worten: Für den Gnostiker oder Platoniker existiert Jehova letztlich also nicht wirklich, weil er lediglich als Personifizierung der Natur oder aber auch als Personifizierung einer Ur-Erde beziehungsweise dann eines Mondes und somit als Verbindung von Licht und Materie, die die Verbindung eines »scheinbar Lichthaften« und des

---

[86] Selbstverständlich besitzt dieser Jehova noch viele andere Namen, dies je nach Religion oder Weisheitslehren. So bezeichnet ihn beispielsweise die islamische Religion als Allah – oder die Freimaurerei als den »Allmächtigen Baumeister aller Welten«. Helena Blavatsky dagegen nannte ihn »Demiurg«.

»tatsächlich Dunklen« ist, verstanden werden kann. Und als solcher ist er tatsächlich nicht real beziehungsweise nicht real existent, sondern nur fiktiv, nur scheinbar.

Da für die Sophistik Jehova aber dennoch als wirklich lebende, reale Wesenheit existiert, die da irgendwo im »Himmel« thront und über die Menschen bestimmt, kann oder muss er deshalb auch als eine Art Vorstellung verstanden werden. Nämlich als eine Art Vorstellung des Menschen selbst, die er sich da irgendwo im Kopf auch selber kreiert, sodass er sie letztlich dann für die Wirklichkeit hält und an sie glaubt – und sogar meint, andere Menschen umso mehr ebenso dahin zu erziehen, an sie zu glauben oder glauben zu müssen. Gedrängt von eigenem Wunschdenken und von darwinistischen Trieben, die ihm als abbildhaftem Menschen selbstverständlich von Natur aus bereits gegeben sind.

Jehova kann aber auch als Projektion verstanden werden. Nämlich als Projektion des Menschen von sich selbst in überhöhter Form, die letztlich männlich ist, weil sie auch hauptsächlich von Männern (oder von einem einzelnen Mann?) erzeugt wird oder erzeugt worden ist. Dies zumindest erklärte, weshalb dann auch Jehova allein männlich ist – und weshalb auch alle Religionen, deren Hauptanliegen allein »Gott« und nicht der Mensch ist, nach dem allein Männlichen hin nur ausgerichtet sind und gleichzeitig das Weibliche unterdrücken und negieren. Sie sind nach dem allein Männlichen hin nur ausgerichtet, weil eben auch ihr »Gott«, den sie vertreten, letztlich auf Männer nur zurückgeht. (Denn was nicht sie selbst, also Männer, sind, kann wohl auch nicht, wie es scheint, für sie selbst, die Männer, gelten und »Gott« sein.)

Vielleicht existiert »Gott« aber auch als eine Art Spiegelung. Nämlich als eine Art Spiegelung von einem Männlichen, wie es sich da irgendwo, vielleicht in der Natur oder sogar in einem Spiegel, selbst sieht und sich deshalb, weil es von sich derart angetan und fasziniert ist, idealisiert und erhöht – und – eben – dann auch »vergottet« oder »vergöttert«. So wie das bei Narziss in der griechischen Mythologie der Fall war, als er ebenso sein eigenes Spiegelbild im Wasser sah und sich in dieses verliebte und sich daran ergötzte. Denn auch in sich selbst verliebte Könige und Kaiser, wie beispielsweise die römischen Kaiser, betrachteten sich als »Götter«.[87] Als »Götter«, die es ebenso, wie die »Götter« der Religionen und auch die Religionen selbst, zu ehren, hochzuschätzen oder sogar zu fürchten galt. Und deren Gesetzen und Forderungen, wie den Gesetzen und Forderungen der Religionen, man zu folgen hatte. Man kann deshalb sagen: Die »Götter« sind wohl tatsächlich die Menschen (oder die Männer), die sie auch selbst erschaffen oder erschaffen haben, indem sie von sich selbst ausgehen oder ausgingen. Sie stellen oder stellten sich selbst als solche in idealisierter und erhöhter Form in die Welt, weil sie letztlich in sich selbst verliebt waren oder verliebt sind. Wenn ein König oder ein Kaiser von »Gott« sprach oder beispielsweise ein Priester auch heute noch von »Gott« spricht, so meinte oder meint er deshalb damit letztlich wohl tatsächlich sich selbst.

---

87   Nicht nur römische Kaiser wie zum Beispiel Nero oder Caligula, sondern auch Könige und Kaiser wie beispielsweise der französische König Ludwig XIV, den man als »Sonnenkönig« kennt, oder Napoleon, der Kaiser der Franzosen, verstanden sich als »Götter«. Selbst Friedrich der Grosse meinte, (ein) »Gott« zu sein. Der Papst in Rom dagegen bezeichnet sich als Stellvertreter »Gottes« beziehungsweise dessen »Sohnes«.

...

Für den Gnostiker oder Platoniker ist Jehova, gleichgültig, ob man ihn nun als Personifikation, Vorstellung oder Projektion von sich selbst in überhöhter Form oder sogar, wie ihn die Sophisten erleben, als wirkliche Wesenheit versteht, ein Repräsentant einer Welt oder ein Platzhalter für eine Welt, der mit dem wahren Menschen in keinem Zusammenhang steht. Und das nicht nur, weil die Welt, die er repräsentiert oder für die er als Platzhalter steht, abbildhaft und somit unvollkommen und vergänglich ist, sondern vor allem auch, weil sie den darwinistischen Gesetzen gehorcht und rein männlich und nur eine Welt von »Gott« oder »Göttern« und nicht eine Welt des wahren Menschen ist.

Eine solche Welt kennt jedoch eine wahre Welt nicht. Weil eine wahre Welt eine Welt des wahren Menschen mit menschlichen Gesetzen und somit eine allein menschliche Welt ist. Eine allein menschliche Welt, in der deshalb auch weder die Naturgesetze noch ein »Oben und Unten« oder ein »Besser- oder Schlechtersein« enthalten sind. Und somit auch all jene »Qualitäten« und »Wirksamkeiten« nicht, die letztlich tatsächlich nur mit »Gott« und »Göttern« in Zusammenhang gebracht werden können. (Beziehungsweise mit Menschen, die sich selbst eben als »Gott« oder »Götter« verstehen oder auch selbst zu »Gott« oder »Göttern« machen.)

Und auch diesen Umstand beweist mein Bruder. Denn wie sollte oder könnte er, der weder darwinistische Gesetze noch ein hierarchisches »Oben und Unten« oder «Besser- oder Schlechtersein«, ja generell kein Böses und kein

Lügenhaftes kennt, dort sonst bestehen? Auch die Frage, warum er überhaupt als Mensch so, wie er ist, auf Erden kam, wäre mit einer solchen Welt nicht zu beantworten. Denn es machte dies keinen Sinn. Nämlich genauso keinen Sinn, wie sein Leben tatsächlich für Sophisten, die an »Gott« oder »Götter« glauben und ihn, meinen Bruder, deshalb von sich weisen oder sogar bewusst bekämpfen, keinen Sinn macht. Deshalb wird auch genau dies der Grund dafür sein, weshalb sich Sophisten, beinahe immer und wie selbstverständlich, über meinen Bruder erheben. Und sich auch, beinahe immer und wie selbstverständlich, anmassen, über ihn zu bestimmen. Denn sie erheben sich und bestimmen über ihn, weil sie ein Glaubenssystem vertreten, in dem sich auch der »Gott« über die Menschen erhebt und über die Menschen bestimmt – ohne aber zu wissen oder auch nur zu erahnen, wer Menschen wie mein Bruder vielleicht wirklich sind. Oder welche Bedeutung sie für andere Menschen, möglicherweise sogar für viele, vielleicht wirklich haben. Oder welche Aufgabe sie generell für andere Menschen vielleicht übernehmen.

Sophisten vertreten also ein Menschen- und Weltbild, in der mein Bruder auch nach dem Tod keine Möglichkeit hätte zu bestehen. Und auch keinen Wert und keine Bedeutung. Deshalb kann auch nur das wahre Menschsein und somit nur der wahre Mensch in einer wahren Welt existieren. Menschen also, die sich deshalb wie mein Bruder dann wohl auch nicht mehr auf Erden inkarnieren. Oder sich schon von Anfang an nie auf Erden inkarnierten, weil sie bei der »Erschaffung« der abbildhaften Welt durch das »scheinbar Lichthafte« und das »tatsächlich Dunkle« vielleicht nicht verführt und deshalb auch nicht mit in die abbildhafte Welt hinabgerissen worden und somit rein geblieben sind.

...

»Gott« oder »Götter« existieren für den Gnostiker oder Platoniker also nicht oder nicht wirklich, weil sie für ihn beispielsweise Personifizierungen der Natur oder deren Wirkung sind. Auch existieren sie nicht oder nicht wirklich, weil man sie als Projektionen oder als Spiegelungen des Menschen selbst verstehen kann. Das heisst: »Gott« und »Götter« werden vom Menschen in der Vorstellung selbst erzeugt und »leben« dadurch als »reale Wesenheiten« weiter, weil deren »Existenz« auch immer wieder in Bildern, Predigten oder Vorträgen gedanklich aufrecht und somit künstlich »am Leben« erhalten wird – mit der Konsequenz, dass diese in der Vorstellung selbst erzeugten Wesenheiten letztlich sogar tatsächlich auf eine Art dann beginnen oder begannen zu »leben« und sogar beginnen oder begannen, einen eigenen »Willen« zu entwickeln, auch wenn sie nur fiktiv und deshalb nur scheinbar sind. Und zwar so, dass wir heute im gewissen Sinne deshalb tatsächlich auch »Götter« haben, die, wenn eben auch nur fiktiv und scheinbar, aber dennoch in einem gewissen Sinne »wirklich« oder »real« existent sind. Das heisst, »Götter« fangen oder fingen an zu »leben« und zu existieren, obwohl sie aber nicht »leben« und existieren und auch nicht »leben« und existieren können, nur weil wir an sie glauben und ihnen so dann tatsächlich ihr »Leben« und ihre »Existenz« ermöglichen.[88] Denn so wie Menschen mithilfe

---

88 Dies scheint bereits Jean-Paul Sartre erkannt zu haben, wenn er sagte: »Auch Götter sterben, wenn niemand mehr an sie glaubt.«

ihrer Gedanken und Vorstellungen beispielsweise physisch-materiell fähig sind, Roboter zu erschaffen, die mit ihrer künstlichen Intelligenz zukünftig als »Götter« die Herrschaft über die Menschen übernehmen könnten, indem sie einen eigenen Willen entwickelten[89], sich verselbständigten, kann oder muss wohl tatsächlich davon ausgegangen werden, dass Menschen in gleicher oder ähnlicher Weise durchaus auch fähig sind oder fähig waren, ebenso auf geistig-spiritueller Ebene (eigene) »Wesen« zu erschaffen, die nun als eine Art »reale Götter«, also als »Götter« im geistig-spirituellen Sinne, über den Menschen bestimmen.

Diese Menschen, die solche »Schöpfungen« vollbringen, bezeichnet der Gnostiker oder Platoniker als »Göttersöhne« beziehungsweise als »Söhne Gottes«. Also als »Göttersöhne« oder als »Söhne Gottes«, die sich zu diesem Zweck mit den »Erdentöchtern« oder den »Töchtern der Erde« verbanden[90] –

---

89 Der renommierte Physiker Stephen Hawking, der im März 2018 verstorben ist, warnte 2017 per Videoschaltung auf der Technologie-Konferenz Web Summit in Lissabon davor, dass künstliche Intelligenz und Roboter nicht nur Millionen von Jobs, sondern sogar den Menschen an sich gefährden, da sie einen eigenen Willen entwickeln könnten.

90 Nach gnostisch-platonischer Erkenntnis zeichnen sich »Göttersöhne« beziehungsweise »Söhne Gottes« vor allem auch dadurch aus, dass ihnen oftmals (oder immer?) das Seelische und auch ein persönliches, individuelles Ich fehlen, da sie sich ganz nur als abbildhafte Menschen zeigen. Auch gehören sie (deshalb?) dem salomonischen (sophistisch-aristotelischen) Menschenstrom an. Mit »Töchtern« dagegen wird der nathanische (gnostisch-platonische) Mensch beziehungsweise der nathanische Menschenstrom gemeint. Die beiden Begriffe *salomonisch* und *nathanisch* erkläre ich ausführlich in meinen beiden Büchern über »Das gnostische Christentum«, erschienen beim Twentysix-Verlag, Norderstedt.

so wie sich in der griechischen Mythologie vielleicht Zeus als Stier mit Europa verband. Aus diesem Grund wird ersichtlich, weshalb, auch nach gnostisch-platonischer Betrachtung, Jesus tatsächlich als »Sohn Gottes« bezeichnet werden kann. Nicht nur, weil er ein in den Grad des »Sohnes« (einer ägyptischen Weisheit) eingeweihter Adept war, sondern auch, weil auch er (deshalb?) einer dieser »Göttersöhne« war, der mithalf, künstlich einen »Gott« zu erschaffen oder zumindest »am Leben« zu erhalten, indem er beispielsweise auch sich selbst als dessen »Sohn« bezeichnete und dadurch den Glauben an diesen »Gott«, der zwar fiktiv, aber dennoch im gewissen Sinne »real« ist, immerwährend und somit auch in Zukunft zu erhalten.

Bei beiden »Schöpfungen« handelt sich also um Wirkungsweisen der Menschen selbst – und nicht um letztlich wirkliche reelle oder eigentliche Wesen oder Wesenheiten, die als solche auch wirklich leben. Und wenn doch, dann eben – trotz allem – nur scheinbar, fiktiv. Nämlich einerseits »geistig-spirituell« als »Gott«, der da irgendwo im »Himmel« thront, und anderseits physisch-materiell als Roboter mit künstlicher Intelligenz. Das heisst also, nur scheinbar, fiktiv, da beide »Schöpfungen«, also sowohl der »geistig-spirituelle« »Gott«, der da im »Himmel« thront, als auch der physisch-materielle Roboter mit künstlicher Intelligenz, vergänglich und eben ohne wirkliches Leben (und letztlich deshalb auch ohne Ich und ohne Seele) sind.

Es handelt sich bei beiden Malen also (allein) um Vorstellungen und Gedanken intelligenter Menschen, die sie in sich trugen und dann tatsächliche Wirklichkeit werden liessen. Damit stellten sie wohl allerdings bei beiden Malen ihr Idealbild von sich selbst und somit letztlich ihr eigenes perfektes »Übermenschsein« nach aussen, das nun verehrt und angebetet werden soll oder sogar verehrt und angebetet werden muss – weil es sich dabei ja letztlich auch um sie selbst, also um ihr eigenes »Menschsein« handelt. Das heisst: Die Menschen (oder die Männer) erschufen oder erschaffen bei beiden Malen, also sowohl mit dem »Gott«, der da im »Himmel« thront, als auch mit dem Roboter, der mit künstlicher Intelligenz ausgestattet ist, letztlich tatsächlich sich selbst, nämlich in überhöhter und angeblich »perfekter« Form, und zwar so, wie sie sich letztlich als Ideal oder als »Übermenschen« auch selbst sahen oder selbst sehen. Das eine Mal stellen oder stellten sie sich als Ideal oder als »Übermenschen« mit »Gott« »geistig-spirituell« – und das andere Mal, also jetzt, in heutiger Zeit, mit dem Roboter physisch-materiell nach aussen.

Doch auch seelisch oder besser: seelenleiblich stellen oder stellten sie ihr Ideal und »Übermenschsein« nach aussen. Nämlich mit der Verehrung des Tieres. Denn auch im Tier findet der abbildhafte Mensch letztlich sich selbst. Beispielsweise in den Gesetzen, nach denen es lebt. Oder in Form seiner Instinkte und Triebe. Und auch in seiner Art der Organisation. Vor allem militante Tierschützer scheinen das Tier zu »vergöttern«. Und zwar so sehr, dass sie es sogar auf die Stufe des Menschen hinaufheben und damit gleichzeitig den Menschen auf die Stufe der Tiere hinabreissen wollen. Oder auch, indem sie für Tiere, so paradox das ist, gleiche Rechte wie für Menschen, also Menschenrechte, fordern.

Somit sehen die Menschen den »Übermenschen« letzten Endes also auf drei Ebenen: geistig-spirituell in »Gott«, »seelisch« in den Tieren und nun physisch-materiell im Roboter. Also auf all jenen drei Ebenen, die nach aussen gestellt letztlich den drei Leibern des »neuen Adam«, also dem physischen Leib, dem Seelenleib und dem »Geistleib«, und deshalb der Trinität »Vater, Sohn und Heiliger Geist« entsprechen.

Interessant und aufschlussreich dabei ist, dass bereits mit Noah der Seelenleib des »zukünftigen Menschen«, also des »neuen Adam«, vorbereitet worden ist, als er alle Tiere in die Arche (zurück-)holte. Auch »Gott« selbst als »Leittier« oder »Leittier-Ich« erscheint hier bereits in Form einer Taube als »Heiliger Geist«. Während die Arche und somit der Leib des »neuen Adam« bei Noah in der Bibel noch aus Holz war – Holz beschreibt den Bezug zum »scheinbar Lichthaften«[91] –, so

---

91 Auch das erste Goetheanum in Dornach bei Basel, der »Johannesbau«, war aus Holz. Dies zeigt, dass es wohl noch ganz unter dem Einfluss des »scheinbar Lichthaften« stand. Als es durch Brandstiftung gänzlich zerstört wurde, baute man an dessen Stelle ein zweites Goetheanum aus Beton. Mit Beton kam es unter den Einfluss des »tatsächlich Dunklen«. Man fragt sich, ob der Brand, auch hier, absichtlich gelegt wurde, um so den Einflussbereich des »scheinbar Lichthaften«, das dem sophistischen Grad des »Sohnes« entspricht, mit dem Einflussbereich des »tatsächlich Dunklen«, das mit dem Grad des »Vaters« in Zusammenhang steht, zu ersetzen. Aus demselben Grund könnten durchaus dann auch die Schergen Hitlers den Reichstag in Berlin selbst in Brand gesetzt haben. Ähnliches kann wohl auch beim Tempel der Artemis in Ephesus vermutet werden, der als eines der sieben Weltwunder galt und ebenso durch Brandstiftung völlig zerstört wurde. (Der Grund, weshalb die einst berühmte Bibliothek in Alexandria im 3. Jahrhundert der Zerstörung zum Opfer fiel, ist dagegen wohl mehr im Umstand zu sehen, dass sie einst als grösste und

lehrt die Sophistik mindestens seit dem 18. und 19. Jahrhundert, als die Zeit der Industrialisierung begann, denn diese Zeit ebnete den Weg hin zum »tatsächlich Dunklen«, dass der »neue Leib« des Menschen aus den sieben (mystischen) Metallen bestehe und deshalb auch, nämlich künstlich im Labor, aus diesen sieben (mystischen) Metallen selber hergerichtet werden muss. Eine Vorstellung, die allem Anschein nach auch dem Freimaurer Goethe nicht unbekannt war, sodass er wohl deshalb das Motiv eines künstlich erzeugten Menschen mit seinem *Faust II* aufgriff. Er bezeichnete diesen künstlich erzeugten Menschen in seinem Werk als Homunkulus, so wie dies bereits im Spätmittelalter Alchemisten taten, die ebenso meinten, den »neuen Menschen« beziehungsweise dessen Leib im Labor auf chemischen Wegen herzustellen.

Wenn man die heutigen Forscher studiert und sieht, wie sie mit dem Roboter tatsächlich daran sind, einen künstlichen Menschen zu erschaffen, also einen künstlichen Menschen, der als Wesen, »Gott« oder dem »Übermenschen« gleich, dem Ebenbilde des Menschen entspricht, so fragt man sich, ob sie die Alchemisten der Neuzeit sind, die nun den Weg hin zum »neuen Adam« gefunden haben. Also den Weg hin zu demjenigen »Wesen«, das für »Gott« (beziehungsweise für die »Göttersöhne«?) zukünftig als Leib dienen wird oder dienen soll, den er (oder sie?) dann bewohnen und auch für seine (oder ihre?) eigenen Zwecke gebrauchen oder sogar

---

bedeutendste Bibliothek viele gnostisch-platonische Schriften und Texte besass, die von Sophisten unbedingt eliminiert werden wollten, weil sie für sie und ihre Weltsicht eine Gefahr bedeuteten – dies zumindest meine, des Autors, persönliche Vermutung.)

missbrauchen kann (oder gebrauchen oder sogar missbrauchen können?). Denn der heutige Roboter entspricht einem aus Metallen hergerichteten physischen Leib, so wie ihn die Sophistik für den zukünftigen Menschen, den »neuen Adam«, erstrebt. Einem Leib, dem dann – in »perfekter« Form – selbstverständlich auch jegliche Probleme, die den Menschen heute bedrängen, also Probleme wie Klimaerwärmung, vergiftete Umwelt, Seuchen und Viren oder auch radioaktive Strahlung, nichts mehr anhaben können.

Der neue, »zukünftige Mensch« könnte also, zumindest für die christliche Sophistik, so aussehen, dass sein physischer Leib der Roboter (»Arche Noah«), sein seelischer Leib das kollektive Seelenleibliche der Tiere (die zwölf Jünger Jesu, der Tierkreis) und seine »Steuer- oder Befehlszentrale«, also sein vermeintliches »Ich« (oder wie die Anthroposophen, die das individuelle Ich des Menschen ebenso austreiben wollen, sagen: seine »Ich-Organisation«), aus »Gott«, dem übergeordneten »Leittier« (»Heiliger Geist«), besteht, dessen Stelle dann die »Göttersöhne« übernehmen, wenn man all die Bemühungen der Sophistik miteinander kombiniert und vereint – mit der Absicht, den realen individuellen Menschen dadurch mit der Zeit wohl (tatsächlich) gänzlich verschwinden zu lassen, zu eliminieren beziehungsweise zu ersetzen. Die zukünftigen Kulte des Menschen auf Erden könnten deshalb ebenso sein: 1. die Verehrung »Gottes« (»Geist«), 2. Die Hochachtung und Pflege der Tiere (»Seele«) und 3. die Huldigung und Perfektionierung der Roboter (Leib). Weil aus der Verehrung »Gottes« der »Heilige Geist« und somit der Ich-Leib, aus der Verehrung der Tiere die zwölf Jünger und somit der Seelenleib und aus der Verehrung der Roboter die

»Arche Noah« und somit der physische Leib, also der Leib »Jesu Christi«, der zum Vater aufgestiegen und dadurch selbst Vater geworden ist, entsprächen und dadurch der »neue Adam«, so wie Jehova als Ur-Erde ursprünglich war, vorbereitet wird.

12. KAPITEL

Die abbildhafte Welt als eine nichtmenschliche und hierarchische Welt

Da die abbildhafte Welt eine Welt ist, in der der wahre Mensch als solcher weder vorgesehen noch enthalten ist, dafür aber umso mehr das Tier (also das Wesen, das mit seinem »Bewusstsein« nicht über den Tierkreis hinauskommt), kann sie deshalb auch nicht als eine menschliche Welt, sondern vielmehr als eine nichtmenschliche, eben tierische, oder sogar in dem Sinne als unmenschliche Welt bezeichnet werden. Also als eine nichtmenschliche oder unmenschliche Welt, in der deshalb auch sowohl das Seelische und das Ich des wahren Menschen als auch dessen Gesetze nicht enthalten sind und fehlen.

Dafür sind in ihr aber umso mehr die Gesetze »Gottes« enthalten, weil die Gesetze »Gottes« die Gesetze der Natur und des Tieres und somit die darwinistischen Gesetze sind. Denn »Gott« ist »Gott« und deshalb, zumindest sophistisch gesehen, der »Schöpfer« der Natur (oder, gnostisch-platonisch gesehen, sogar die Natur selbst) und somit der »Schöpfer« dieser Gesetze selbst. Er ist der »Schöpfer« der Natur und somit der »Schöpfer« dieser Gesetze selbst, weil er sie selbst in sich enthalten und somit auch ganz nach seinem Ebenbilde erschaffen hat.

Man erkennt also, dass der Mensch auch in Bezug auf die Gesetze in der abbildhaften Welt völlig alleine dasteht und völlig isoliert oder deplatziert ist, sofern man ihn auch hier als wahren und nicht als abbildhaften Menschen versteht. Denn es ist der abbildhafte Mensch, der der Natur und deshalb nun auch »Gott« und dessen Gesetzen, den Gesetzen der Natur, entspricht, und nicht der wahre. Dies im Gegensatz zum Tier, das, wie es scheint, mit der Natur und deshalb mit »Gott« und dessen Gesetzen, den Gesetzen der Natur, völlig eins ist und sich somit auch mit der Natur und mit »Gott« und dessen Gesetzen in völligem Einklang erlebt. Deshalb aber ist auch die Tierwelt hierarchisch gegliedert, also mit dem stärksten Tier zuoberst und dem schwächsten zuunterst. Weil auch die Welt »Gottes« hierarchisch gegliedert ist und deren Gesetze mit den Gesetzen des Tieres einhergehen – was beweist, dass also tatsächlich das Tier auf »Gott« und dessen Gesetze zurückgeht und mit »Gott« und dessen Gesetzen in Zusammenhang steht und nicht der wahre Mensch. Die Welt »Gottes« ist also wie die Welt der Natur definitiv eine Welt des Tieres und nicht eine Welt des wahren Menschen, weil auch deren Gesetze wie die Gesetze der Natur die Gesetze des Tieres und nicht die Gesetze des Menschen sind.

Dass die Gesetze »Gottes« mit den Gesetzen der Natur und des Tieres übereinstimmen und somit als Gesetze mit den Gesetzen des Tieres im Einklang sind, zeigt, dass also auch die Welt des »Himmels«, also dort, wo »Gott« thront, mit der irdischen Welt, also mit der Welt, in der die Tiere leben, im Einklang steht – und umgekehrt. Sodass deshalb, mit anderen Worten formuliert, also auch im »Himmel« die gleichen Gesetze gelten oder gelten müssen wie auf Erden. Ein Umstand, der nicht nur dem Gnostiker oder Platoniker bekannt ist, sondern auch und erst recht dem Sophisten. Deshalb kann er als »hermetische Gesetzmässigkeit« in dessen Schriften gefunden und nachgelesen werden. So berichtet beispielsweise die Tabula Smaragdina[92] der Alchemisten davon, dass unten, also auf Erden, (tatsächlich) wie oben, also im »Himmel« bei »Gott«, und oben, also im »Himmel« bei »Gott«, (tatsächlich) wie unten, also auf Erden wäre. Selbst im Vaterunser der Bibel steht von diesem Gesetz geschrieben, wenn es da heisst, dass es »wie im Himmel so auf Erden« wäre.

Dass die Gesetze »Gottes« mit den Gesetzen der Natur und des Tieres übereinstimmen und somit als Gesetze mit den Gesetzen des Tieres im Einklang sind und umgekehrt – und deshalb mit den Gesetzen des wahren Menschen in keinem Zusammenhang stehen, offenbart, dass man als wahrer Mensch in der abbildhaften Welt also tatsächlich auch generell keine Triftigkeit und Daseinsberechtigung hat. Weil man sich selbst darinnen auch gar nicht mehr findet und somit auch nicht mehr wohlfühlen kann, im Gegenteil. Deshalb macht man sich als Mensch also auch hier etwas vor, wenn man meint, dass man einst dennoch selbst Teil dieser Welt »Gottes« sein werde oder sein kann, wenn man stirbt. Dies zumindest, wenn man sich als wahren Menschen versteht, und nicht als abbildhaften, da sich für den abbildhaften Mensch ein solcher Wunsch dennoch durchaus erfüllt. Nämlich dann, wenn er als Leib verwest und sich so wieder mit der Natur »vereint«.

---

92 Die Tabula Smaragdina ist ein dem fiktiven Gott Hermes Trismegistos zugeschriebener Text, der die Grundlage der Hermetik bildet. Die älteste erhaltene Textversion stammt aus dem 6. Jahrhundert. Hermes Trismegistos ist eine synkretische Verbindung des griechischen Gottes Hermes mit dem ägyptischen Gott Thot.

Auch die Meinung, einst als wahrer Mensch in dieser Welt »Gottes« selbst aufgehen zu können, wenn man sich dafür nur genügend vorbereiten und disziplinieren würde, entspricht einer Illusion. Denn dann müsste die Welt »Gottes« bereits selbst eine Welt des wahren Menschen sein. Doch dann wäre sie eine menschliche Welt und nicht eine hierarchische und darwinistische. Und somit eine Welt, in der dann »Gott« selbst Mensch und nicht »Gott« wäre – was er aber dennoch ja durchaus sein müsste, wenn er den Menschen angeblich, wie die Sophistik behauptet, nach seinem Ebenbilde erschaffen hat.

Weil er, der »Gott«, aber nicht Mensch, sondern »Gott« ist, schickte er wohl dann seinen »einzigen Sohn«, den »eingeborenen Sohn«, wie Luther meinte, auf Erden, damit dieser erfahre, was Menschsein bedeutet – was zumindest erklärte, weshalb gerade die Bibel und auch das Apostolische Glaubensbekenntnis sehr deutlich von einem solchen Ereignis spricht. Und was damit gleichzeitig aber einen Beweis dafür liefert, dass also auch nicht er, sondern jemand anderes den wahren Menschen deshalb nur erschaffen haben kann oder auch definitiv nur erschaffen hat! Denn hätte *er* ihn und nicht jemand anderes erschaffen, dann wäre beispielsweise auch jeder einzelne Mensch sein Sohn (oder seine Tochter) und nicht nur derjenige, den er als »einzigen Sohn« dann bezeichnet und angeblich auf Erden geschickt hat.

Somit gehört der Mensch also tatsächlich definitiv nicht nur auf Erden, sondern auch im »Reich des Himmels« nirgendwo dazu. Weil Mensch und »Gott« beziehungsweise Mensch und Natur oder auch Mensch und Tier auch tatsächlich definitiv, zumindest, wenn man vom wahren Menschen ausgeht, nichts miteinander zu tun haben. Und wenn man den »Gott«, der mit dem wahren Menschen nun definitiv nichts zu tun hat, aber dennoch als »Leitinstanz« über sich verehrt, und auch dennoch deshalb meint, ganz nur nach dessen Gesetzen zu leben oder leben zu müssen, so sagt dies doch sehr viel über einen als Menschen selbst aus. Zum Beispiel, dass man als Mensch nicht wahrer Mensch sein kann, sondern abbildhafter Mensch bleiben will. Oder dass man sich deshalb wohl nicht aus der abbildhaften Welt, dem Labyrinth des Minotaurus, befreien kann oder befreien will. Vielleicht kann oder will man dies nicht, weil man auch sein wahres Menschsein tatsächlich nicht mehr kennt, es bereits vergessen oder aufgegeben – oder vielleicht auch als solches schon gar nie erst besessen hat.

Wenn es Menschen gibt, die von Grunde her kein wahres Menschsein in sich besitzen, vielleicht, weil sie beispielsweise auch von Grunde her nie als wahrer Mensch eigentlich gedacht oder erschaffen worden sind, so würde oder könnte das bedeuten, dass es in der Welt möglicherweise generell eine grosse Anzahl von Menschen gibt, die auch von Grunde her rein nur abbildhaft und deshalb letztlich im wahren Sinne nicht wirklich Mensch oder menschlich sind. Zumindest in Anbetracht der vielen Menschen auf Erden, der vielen Menschen auch, die in ihrem Denken oder Tun oder generell in ihrem allgemeinen Menschsein oftmals sogar wie Kopien voneinander erscheinen, wäre eine solche Möglichkeit durchaus denkbar. Oder wie anders sonst könnte die Entstehung von so vielen Menschen auf der Welt, auch »gleichgerichteter« und »gleichgeschalteter«, erklärt werden?

13. KAPITEL

Der immerwährende Kreislauf des Geborenwerdens und Sterbens

Menschen, die in der Welt und auch in sich selbst den wahren Menschen und dessen Wahrheit suchen, kann man vielleicht tatsächlich als »Bonhommes«, also als »Gutmenschen« oder als »Gerechte«, bezeichnen, so wie das früher Katharer[93], selbstverständlich ganz im Sinne eines »Schönen, Wahren und Guten« eines Platons, in Bezug auf sich selbst getan haben. Aus diesem Grund müsste ich aber auch meinen Bruder als »Bonhomme« bezeichnen. Weil auch er ganz konkret den wahren Menschen und die Wahrheit, ganz im Sinne eines »Schönen, Wahren und Guten« eines Platons, in sich trägt. Zudem kennt er die Lüge nicht.

---

93 Die Katharer, das heisst die wirklichen oder wahren Katharer und nicht die Katharer, die dann beispielsweise gleich wie die katholische Kirche mit Bischöfen auftraten, verstehe ich als Vertreter eines gnostischen beziehungsweise gnostisch-platonischen Christentums. Sie wurden von der katholischen Kirche als Häretiker verfolgt und von deren Inquisitoren gewaltsam umgebracht. Die Katharer traten als Bewegung erstmals im 12. Jahrhundert in Südfrankreich auf, breiteten sich dann bis nach Italien, Spanien und Deutschland aus und waren bereits um 1400 gänzlich ausgerottet. Gnostische Quellen berichten davon, dass die Katharer-Bewegung in der Gegend von Saintes-Maries-de-la-Mer ihren Anfang nahm. In Saintes-Maries-de-la-Mer soll Maria Magdalena, gemeinsam mit Maria Salome und anderen Frauen (und auch Lazarus), mit einem Boot (ohne Segel) gestrandet sein. Sie floh mit ihren Mitfrauen (und mit Lazarus) aus Ephesus vor der Verfolgung durch Paulus.

Eine weitere Parallele zwischen meinem Bruder und den Katharern ist, dass sowohl Menschen wie mein Bruder, weil sie anders sind, als auch die Katharer, aufgrund ihrer gnostisch-platonischen Weltsicht, von »Wahrheitsvertretern« und »Reinheitsdenkern« umgebracht wurden. Menschen wie mein Bruder wurden im Zweiten Weltkrieg von den Nazis umgebracht und die Katharer im frühen Mittelalter von den Inquisitoren der katholischen Kirche. Also von der katholischen Kirche, die auch in heutiger Zeit mit Menschen wie meinem Bruder eher wohl nichts zu tun haben will und sie als »Sühne Gottes« bezeichnet.

Ich gehe davon aus, dass sich mein Bruder freiwillig auf Erden inkarniert hat.[94] Das heisst freiwillig, weil er sich nicht oder nicht mehr hätte inkarnieren müssen. Damit gebe ich selbstverständlich zu verstehen, dass auch ich den Reinkarnationsgedanken vertrete. Aber auch den Standpunkt, dass ein Mensch bereits dann existiert, wenn er sich nicht auf Erden manifestiert oder noch nicht auf Erden manifestiert hat. Und somit also einen Standpunkt, der tatsächlich ganz einem platonischen Denken entspricht – beziehungsweise zu einem aristotelischen Denken in gänzlichem Widerspruch steht. Denn während ein aristotelisches Denken letztlich nur an dasjenige glaubt und auch nur dasjenige als »wahr« anerkennt, was sinnlich, stofflich erfahrbar ist und deshalb mit Messen, Wiegen und Zählen überprüft werden kann (für Aristoteles waren »wahrnehmbare Naturdinge« selbst das

---

94 Der Gnostiker oder Platoniker vertritt selbstverständlich die Meinung, dass ein Mensch bereits vor der Geburt existiert – und dass er sich in einen abbildhaften, irdischen Leib inkarniert, wenn er auf Erden (wieder) erscheinen will oder erscheinen muss.

»Seiende«), existiert dagegen für das platonische Denken zu jedem Prinzip eine Idee[95], die schon vorher oder schon immer da war (für Platon waren »wahrnehmbare Naturdinge« lediglich der Widerschein, also das Abbild (!), »denkbarer Ideen«). Das heisst also übersetzt mit anderen Worten: Für den Aristoteliker, der mit seinem Denken gänzlich innerhalb des Tierkreises und somit innerhalb der »Höhle Platons«, dem Labyrinth, gefangen bleibt und auch aus diesem Bereich heraus (durch Spiegelung) seine »Wahrheiten« kreiert – für ihn existieren nur »Himmel und Erde«, wie sie Aristoteles in seiner allgemeinen und speziellen Metaphysik beschrieb, und somit nur die abbildhafte Welt und keine Welt, die sich ausserhalb oder jenseits von »Himmel und Erde« und somit auch ausserhalb oder jenseits dieser abbildhaften Welt befindet –, gibt es ein »Nichtsinnliches« in dem Sinne also nicht oder nicht wirklich – und falls doch, dann erst, wenn es sich vorerst eben sinnlich, stofflich manifestiert oder manifestiert hat. Zumindest so verstehe ich den Aristotelismus.

Der Grund, weshalb der Aristoteliker beim Verstehen und Beurteilen der Welt an einem letztlich rein Stofflich-Sinnlichen hangen bleibt, liegt nach gnostisch-platonischem Ermessen letztlich wohl darin, dass er mit seinem Blickwinkel, den er hat, in den Spiegel des »scheinbar Lichthaften« schaut –

---

95 Unter Idee versteht der Platoniker oder Gnostiker selbstverständlich ein real Existierendes und nicht ein Fiktives, lediglich Vorstellungsmässiges, Irreales. Denn dies wäre sonst einem »scheinbar Lichthaften« und nicht einem Wahren zuzuordnen. Dass Platon die wahre Welt als Ideen- oder Urideenwelt bezeichnete, hatte wohl damit zu tun, dass sie sinnlich, denkerisch nicht, oder eben nur als Idee oder Ahnung, erfasst oder begriffen werden kann. Und nicht damit, dass oder weil sie letztlich eben lediglich eine »Idee«, also fiktiv wäre.

und dadurch wohl meint, nämlich mit dem Äusseren (und auch Seitenverkehrten), das ihm von dort dann entgegenscheint, die Wahrheit zu erkennen. Damit bleibt ihm die tatsächliche Wahrheit also verborgen. Weil er nicht »hinter« den Spiegel schaut, sondern nur in dessen Bild. Denn die Wahrheit zeigt sich nicht in einem allein Äusseren (und Seitenverkehrten, Verdrehten) oder sogar als allein Äusseres selbst (siehe allgemeine Metaphysik), auch nicht in einem »Dahinter« oder »Jenseits« eines Äusseren (siehe spezielle Metaphysik), wie Aristoteles meinte, sondern einzig und allein in einem schon immer Dagewesenen, Bestehenden (Uridee), das in dem Sinne eine abbildhafte Welt, nämlich als ausschliessliche Welt, (und somit deren Prinzip der Spiegelung) infrage stellt. Um dieses schon immer Dagewesene, Bestehende zu erkennen, müsste er deshalb den Spiegel des »scheinbar Lichthaften« und somit der abbildhaften Welt tatsächlich überwinden oder sogar zerstören, auch wenn er dadurch seine gesamte abbildhafte Weisheit und sein gesamtes abbildhaftes Weltbild, das er sich aus diesem Spiegel kreiert, verliert. Für den Platoniker oder Gnostiker ist es also der Spiegel der abbildhaften Welt (beziehungsweise die abbildhafte Welt selbst, die sich als Spiegel zeigt), der den Aristoteliker in die Wirrnis führt.

...

Wenn auch ich den Reinkarnationsgedanken vertrete, so vertrete ich ihn aber nicht in dem Sinne, dass er für mich grundsätzlich gilt. Im Gegenteil, ich vertrete ihn nur insofern und so lange, als man die abbildhafte Welt damit überwunden hätte. Denn die Reinkarnation ist für mich ein Mittel zum Zweck (gnostisch-platonische Sichtweise) und nicht der Zweck selbst (sophistisch-aristotelische Sichtweise). Nämlich ein Mittel zum Zweck, um sich letztlich von der abbildhaften Welt, der Welt des Spiegels, eben zu befreien – und nicht, um sich damit umso mehr zu verbinden oder sich sogar, wie der Esoteriker meint, immer mehr zu »vervollkommnen« und zu »verbessern«, was einer zusätzlichen Illusion entspricht. Man kann sich von der abbildhaften Welt befreien, indem man so lange immer wieder auf Erden erscheint, bis man den Schlüssel beziehungsweise den Faden der Ariadne gefunden hat, der einen aus dem Labyrinth der abbildhaften Welt, dem Spiegel, hinausführt. Deshalb ist es für den Gnostiker oder Platoniker überaus wichtig, ihn zu finden. Weil man nur durch ihn die abbildhafte Welt wirklich überwinden kann.

Bei meinem Bruder meine ich, dass er die abbildhafte Welt bereits überwunden hat. Oder dass er sich vielleicht sogar noch nie auf Erden inkarniert beziehungsweise noch nie in der gesamten abbildhaften Welt bisher aufgehalten hat. Denn er kennt die abbildhaften Gesetzmässigkeiten nicht. Er könnte bisher noch nie auf Erden inkarniert gewesen sein beziehungsweise sich noch nie in der gesamten abbildhaften Welt aufgehalten haben, weil er vielleicht, im Gegensatz zu mir, bei der Erschaffung der abbildhaften Welt durch das »scheinbar Lichthafte« und das »tatsächlich Dunkle« nicht verführt und deshalb auch nicht hinab in die abbildhafte Welt gerissen worden ist. Oder weil er der Verführung durch das »scheinbar Lichthafte« zu widerstehen imstande war. Denn ich zähle ihn zu jenen Menschen, die den Schritt aus diesem immerwährenden Kreislauf des Geborenwerdens und Sterbens, dem »Blutkreislauf« der abbildhaften Welt[96], die da gemeinsamer Ausdruck des »scheinbar Lichthaften« und des »tatsächlich Dunklen« ist, geschafft haben oder gar nicht erst in diesen Kreislauf hineingeraten sind. Weil er, wie vielleicht viele andere Menschen vor ihm, bereits den Weg in die wahre Welt[97], also in die Welt ausserhalb des Labyrinths und somit ausserhalb des Spiegels, wieder gefunden hat oder – eben – schon immer in dieser wahren Welt verblieben war. Also in dieser wahren Welt, nach der ich ebenso strebe und der letztlich ursprünglich der wahre Mensch entstammt. Und zu der mich wohl mein Bruder nun wieder zurückführen will.

...

---

96 Die gnostisch-platonische Sichtweise geht davon aus, dass sich ein Mensch immer wieder (beziehungsweise zwölfmal) auf Erden inkarniert – dies zum Beispiel im Gegensatz zur katholischen Kirche, die nicht oder nicht mehr an die Reinkarnation glaubt. Sie geht auch davon aus, dass dieser Kreislauf des immer wieder Sterbens und Geborenwerdens der Menschen dem »Blutkreislauf« der abbildhaften Welt entspricht. Das heisst mit anderen Worten: So wie der Mensch im Kleinen (»mikrokosmisch«) einen eigenen Blutkreislauf hat, benötigt auch die abbildhafte Welt selbst im Grossen (»makrokosmisch«) einen entsprechenden Kreislauf. Sie braucht ihn wie der Mensch, um zu »leben« – und es ist der Mensch, der ihn durch die Reinkarnation für sie ermöglicht. Damit der »Nachschub« dafür nicht versiegt und der Kreislauf somit gestoppt wird, fordert wohl die Bibel den Menschen auf, sich immerzu zu vermehren. Denn was stirbt, muss sich vermehren, damit es seinen Bestand erhalten kann. So wie dies auch bei den roten oder weissen Blutkörperchen im menschlichen Körper der Fall ist.

97 Als »wahre Welt« bezeichne ich die Welt, die sich jenseits der abbildhaften Welt befindet. Also jene Welt, die die Welt ausserhalb des Labyrinths und somit auch ausserhalb des Tierkreises ist.

Da Menschen, die den Weg in die wahre Welt gefunden haben, sich nicht mehr auf Erden inkarnieren, kann davon ausgegangen werden, dass es wohl auch aus diesem Grund praktisch keine Platoniker mehr auf Erden gibt. Denn es sind die Platoniker, die die wahre Welt finden und entdecken und nicht die Aristoteliker. Die Aristoteliker finden und entdecken die abbildhafte Welt. Das heisst: So wie die Platoniker die wahre Welt finden und entdecken, haben die Aristoteliker beispielsweise Mittel zur Bekämpfung von Krankheiten gefunden oder Amerika entdeckt (oder auch den Zugang zur Welt »hinter« der materiellen Welt ergründet, die für sie die Welt der »Götter« beziehungsweise die metaphysische Welt ist und letztlich der Welt der Energien entspricht). Im Gegensatz zu den Platonikern, die sich mit der Welt ausserhalb der Höhle und auch jenseits des Tierkreises und deshalb mit einer Welt ausserhalb oder jenseits der abbildhaften Welt, dem Labyrinth, beschäftigen, verbinden sich die Aristoteliker also ganz mit der abbildhaften Welt selbst und deshalb mit derjenigen Welt, die, nach gnostisch-platonischer Sicht, dem Labyrinth oder eben der Höhle Platons entspricht. Deshalb bleiben die Aristoteliker, im Gegensatz zu den Platonikern, auch in der abbildhaften Welt verfangen. Weil für sie die abbildhafte Welt (und somit die gespiegelte beziehungsweise die Spiegel-Welt) die wahre Welt ist. Aber sie bleiben dadurch selbstverständlich auch in der Welt des Vergänglichen und Unvollkommenen verfangen, sodass sie deshalb, zumindest wenn sie Anhänger der christlich-religiösen Anschauung sind, an eine Kreuzigungs- und Auferstehungsgeschichte glauben oder glauben müssen, um deren Unvollkommenheit und Vergänglichkeit dennoch irgendwie, auch wenn nur fiktiv, in Form auch eines Glaubens, also ganz im Sinne eines »scheinbar Lichthaften« selbst, angeblich zu überwinden.

Dies ebenso im völligen Gegensatz zu den Platonikern, die die abbildhafte Welt tatsächlich irgendwann mal, und zwar definitiv, überwinden und verlassen werden. Denn es sind auch nur sie, die Platoniker, die von einer Welt ausserhalb des Labyrinths wissen und auch wissen wollen – und sie deshalb auch vermissen und suchen. Die Aristoteliker dagegen wissen nichts von ihr. Und wollen auch nichts von ihr wissen. Und vermissen sie deshalb auch nicht und suchen deshalb auch nicht nach ihr. Auch existiert für sie eine Welt ohnehin nur, wenn sie ausschliesslich aus einem Abbildhaften heraus erklärt werden kann. Zudem ist für sie eine Welt, wie sie auch Platon vertritt, eine »zusätzliche« Welt und somit eine Welt, die unnötig ist, da sie, wie sie meinen, einer »Verdoppelung« der Welt des »Seienden« entspricht.[98] Das heisst mit anderen Worten: Nur was mit einer abbildhaften Welt in direktem Zusammenhang steht und auch in direkten Zusammenhang gebracht werden kann, gibt es für sie also wirklich und ist für sie letztlich also auch wirklich wahr und reell. Deshalb bezeichnen sie jene Welt, von der der Gnostiker oder Platoniker spricht, ihrerseits als Scheinwelt und als Illusion, so wie der Gnostiker oder Platoniker die ihre, also die abbildhafte Welt. Und bleiben damit definitiv, ohne dass sie sich dessen wohl wirklich bewusst sind, Gefangene

---

[98] Aristoteliker lehnen eine Urideenwelt ab, so wie der Atheist die metaphysische oder »geistige« Welt der (sophistischen) Aristoteliker ablehnt (oder höchstens als Energie bezeichnet, die in verdichteter Form Ausdruck der Materie ist).

ihrer eigenen, allein abbildhaften und somit letztlich doch einseitig begrenzten Welt.

...

Wenn auch ich den Weg in die wahre Welt, also den Weg in die Welt ausserhalb des Labyrinths, gefunden habe, dann werde auch ich mich nicht mehr auf Erden inkarnieren. So wie sich kein Mensch mehr auf Erden inkarniert, der den Weg in die wahre Welt und somit den Weg in die Welt ausserhalb des Labyrinths gefunden hat. Deshalb aber gibt es wohl auch fast eben keine Menschen mehr, die im gnostisch-platonischen Sinne denken. Weil Menschen, die im gnostisch-platonischen Sinne denken, automatisch nicht mehr auf Erden erscheinen beziehungsweise, wie es auch in den Nag-Hammadi-Schriften heisst, sich nicht mehr im »Fleische« inkarnieren, wenn sie den Weg in die Welt ausserhalb des Labyrinths gefunden haben. Weil ein solches Erscheinen oder Inkarniertwerden für sie dann auch nicht mehr nötig ist. Und es auch keinen Sinn mehr macht. Abgesehen davon, dass ihnen dafür dann wohl auch ohnehin gar kein physischer Leib mehr zur Verfügung stünde. Denn sobald man sich für den Weg in die wahre Welt, die Welt ausserhalb des Labyrinths, entschieden hat, fällt man beispielsweise auch automatisch aus dem Prinzip der »Erbfolge« heraus – so wie es sich bei meinem Bruder wohl zeigt, dessen Anderssein wohl auch deshalb tatsächlich nicht erblich bedingt ist. Denn dann durchbricht man den Kreislauf des immer wieder Sterbens und Geborenwerdens. Und man überwindet die abbildhafte Welt, die eine vergängliche und unvollkommene Welt ist. Man überwindet die abbildhafte

Welt und lässt sie hinter sich, um nicht mit ihr in Zukunft zu vergehen. Denn die abbildhafte Welt wird als materielle, stoffliche Welt einst verglühen und zerfallen. Und sich als »Himmel« oder als »geistige«, »übersinnliche« Welt in ein Nichts auflösen.[99] Denn eine andere Zukunft gibt es für die abbildhafte Welt nicht. *Weil* sie abbildhaft und dadurch ihre Zeit automatisch begrenzt ist.

Dies im Gegensatz zum aristotelisch-sophistisch denkenden Menschen, der mit seinem Menschen- und Weltbild, das er pflegt, letztlich gezwungen ist, in der abbildhaften Welt zu verbleiben. Und auch dort verbleiben möchte, weil er sich darinnen wohlfühlt, sich darinnen »eingenistet« und zurechtgefunden hat. Oder weil er vielleicht sogar aus dieser abbildhaften Welt selbst nur hervorgegangen oder erschaffen ist. Durch den Kreislauf des eigenen immer wieder Sterbens und Geborenwerdens hilft er mit, deren »Leben« immerwährend aufrechtzuerhalten, zu ermöglichen. Und damit auch für sich selbst zu garantieren. Weil dieser Kreislauf sowohl für ihn, den abbildhaften Menschen, als auch für sie, die abbildhafte Welt selbst, dem »ewigen Leben« entspricht. Denn was immerzu wiederkehrt, sich immerzu wiederholt, besitzt in gewissem Sinne tatsächlich »ewiges Leben«, nämlich abbildhaftes, scheinbares. Doch dieses abbildhafte, scheinbare »ewige Leben« hat mit dem wirklichen wahren ewigen Leben nichts zu tun. Und schon gar nichts mit dem wahren

---

99 »Himmel und Erde werden vergehen«, heisst es auch in der Bibel. Diese weist den Satz aber Jesus zu, obwohl er eigentlich nur vom wahren Christus stammen kann. Denn würde er von Jesus stammen, so stellte er dessen eigene Mission infrage. Weil Jesus Vertreter des »Himmels« war – und sich mit der Erde verband.

Menschen, der hier in der abbildhaften Welt nach diesem wirklichen wahren ewigen Leben sucht.

...

Der aristotelisch-sophistisch denkende Mensch glaubt also an die abbildhafte Welt und an deren »Zukunft« und auf diese Weise, weil er sich selbst als abbildhaften Menschen nur versteht, auch an seine eigene »Zukunft« in dieser abbildhaften Welt. Und er glaubt dies so, wie es ihn seine sophistischen »Menschenführer« und »Schlangeneingeweihten« seit jeher selbst lehrten und auch heute noch lehren. Sie lehrten und lehren ihn von der Kanzel herab. In speziellen Schulen. Oder in »geheimen« Gesellschaften und Bünden. Dabei spielt die Reinkarnationslehre, ausser bei den Religionen, jedes Mal eine wichtige Rolle.

Doch die sophistischen »Menschenführer« und »Schlangeneingeweihten« von Religionen helfen oder halfen dennoch mit, das System der abbildhaften Welt und somit das »System Gottes« immerwährend am »Leben« zu erhalten, auch wenn sie selbst nicht an die Reinkarnationslehre glaubten oder glauben. Beispielsweise, indem sie die Menschen dazu erzogen oder dazu erziehen, kindlich zu werden oder kindlich zu sein. Oder sie daran glauben liessen oder daran glauben lassen, dass nicht sie, sondern »Gott« in ihnen lebe und wirke. Auch halfen und helfen sie mit, das System der abbildhaften Welt und somit das »System Gottes« bis heute zu erhalten, indem sie die Menschen dahin führten und führen, sich für ein traditionelles Familiendenken zu interessieren. Denn das Kindlichbleiben bedingt die Aufgabe des eigenen

Ichs für »Gott«, mit dem sie dann ihr Leben verbinden, aber auch der Verzicht auf ein eigenes selbstständiges Denken, und das Familiendenken garantiert eine immerwährende Nachkommenschaft, in die sie sich selbst vielleicht dennoch mal wieder inkarnieren. Zwei Grundvoraussetzungen also, die dafür sorgten und auch heute noch dafür sorgen, dass das »Gottes-Prinzip« auf Erden tatsächlich (scheinbar) niemals aussterben, sondern stattdessen immerwährend weiter bestehen wird.

Deshalb bekämpften und bekämpfen seit jeher und auch heute »Menschenführer« und »Schlangeneingeweihte« den freien, individuellen Menschen, also den Menschen, der selbstständig denkt und mündig ist. Weil der freie, individuelle, mündige und selbstständig denkende Mensch der Idee eines zukünftigen »neuen Adam«, eines Kollektivmenschen, für den, gemäss der Sophistik, alle Menschen ihr eigenständiges Menschsein aufgeben müssen, zuwiderläuft. Und je nach Lehre, Dogma und Religion bekämpften und bekämpfen sie ihn sehr radikal. Beispielsweise, indem sie ihm sein selbstständiges Denken verboten und verbieten. Oder von ihm verlangten oder verlangen, nur noch dasjenige zu befolgen und zu vertreten, was in den »Gottesbüchern« geschrieben steht oder was sie selbst als Vertreter des Glaubens von der Kanzel herunter predigten oder predigen oder in den Gebetshäusern lehrten oder lehren. Die christliche Religion verbot dem Menschen seit jeher sein selbstständiges Denken, indem sie ihm beispielsweise untersagte, vom Baum der Erkenntnis zu essen. Aber auch damit, dass sie ihm nahelegte, stattdessen – eben – »wie Kinder zu werden«, da nur diese ins »Himmelreich« kämen. Auch das Verhüllen des Kopfes oder sogar das

Verhüllen des ganzen Körpers mit Tüchern unterminiert das freie, mündige Menschsein. Vor allem oder ausschliesslich von den Frauen wurde oder wird auch heute zum Teil noch diese Massnahme von »Menschenführern« und »Schlangeneingeweihten«, den Sophisten, verlangt. Weil wohl auch sie wussten oder wissen oder zumindest ahnten oder ahnen, dass in den Frauen tatsächlich das Ebenbild einer für sie »fremden« Existenz, der »Pronoia«, und nicht wie bei ihnen, den Männern, das Ebenbild »Gottes« zum Ausdruck kommt.

Vielleicht liegt der Grund dafür, dass Frauen sich verhüllen müssen, tatsächlich auch allein im Anspruch der Männer, die Sexualität ausschliesslich für sich zu beanspruchen. Denn im Sexualorgan sehen Sophisten jene Grundlage, aus der angeblich einst die Lebens- und Schöpferkräfte des zukünftigen Menschen hervorgehen werden. Ähnliches gilt für den Kehlkopf. Auch dieser birgt für sie Kräfte des zukünftigen Menschen in sich. Denn aus ihm soll dereinst wieder, gemeinsam mit den Sexualkräften, das »Wort«, das »verloren« ging, hervorgehen können, nämlich dann, wenn die Zweigeschlechtlichkeit überwunden und mit dem allein Männlichen ersetzt worden sei. Dies war wohl auch der Grund dafür, weshalb bereits Paulus dafür plädierte, dass Frauen in der Gemeinschaft schweigen sollten. Es wäre ihnen nicht gestattet zu reden, schändlich wäre es, wenn sie redeten, meinte er. Stattdessen sollten sie sich unterordnen, wie dies auch das Gesetz verlangte. Denn es sind für die Sophisten die männlichen Sexualkräfte, die die zukünftigen Willens und Schöpferkräfte sind, und der männliche Kehlkopf, der einst der Kopf des »neuen Adam« werden soll, die es zu erhalten und weiterzuentwickeln gilt.

Aus diesem Grund stellen Frauen als Ebenbild der »Pronoia«, zumindest gnostisch-platonisch gesehen, tatsächlich eine Gefahr für die Sophisten dar. Denn die »Pronoia« ist nicht nur jene Instanz, die beim Menschen das selbstständige Denken fördert (oder fordert), oder sogar selbst als Repräsentantin des selbstständigen Denkens verstanden werden kann, sondern auch jene, die den Menschen mit der menschlichen Freiheit und Individualität in Zusammenhang bringt. Sie verkörpert also – ausgerechnet – jene zwei Qualitäten, die die Sophistik beim Menschen aber unbedingt verhindern und eliminieren will. Die Sophistik will die Freiheit und die Individualität des Menschen verhindern und eliminieren, indem sie ihn hin zu Jehova und somit zum Kollektivmenschen, dem »neuen Adam«, und nicht wie die »Pronoia« hin zum wahren Menschen erzieht.

In den Frauen oder besser: im Weiblichen (eines jeden Menschen) läge also durchaus die Möglichkeit, den Menschen zum wahren Menschen zu führen.

...

Da die Frauen nicht nur nach gnostisch-platonischer Erkenntnis, sondern auch vom sophistischen Standpunkt aus gesehen, tatsächlich nicht dem Ebenbild »Gottes« entsprechen, müssten sie sich eigentlich auch mehr in diesem Sinne verhalten. Leider tun sie es aber nicht, im Gegenteil: sie verhalten sich gleich wie die Männer. Das heisst: Sie hangen beispielsweise ebenso einem »Gott« an, wie er von den Religionen und von Weisheitslehren verehrt wird. Als Ebenbild der »Pronoia« müssten sie aber nach der »Pronoia« und nach deren Menschenbild suchen. Oder mit anderen Worten: Sie müssten nach einem Menschenbild suchen, das nicht nur den wahren Menschen und die menschlichen Gesetze beinhalten würde, sondern auch auf das Männliche und das Weibliche gleichermassen einginge, um so letztlich alle Menschen aus der Gefangenschaft der abbildhaften Welt und deren unvollkommenem und vergänglichem Leben zu führen. Vor allem aber müssten sie auch das Männliche beziehungsweise die Männer dazu bringen, oder zumindest die Männer, denen ebenso der wahre Mensch innewohnt (denn die anderen bleiben abbildhaft), sich von der Bindung an einen »Gott«, wie er von den Religionen und von Weisheitslehren verehrt wird, zu befreien. Gleich wie in der Tempellegende die Königin von Saba Hiram Abiff aus der Gefangenschaft König Salomons, das Sinnbild für Jehova und dessen abbildhafte Welt, oder in Beethovens Oper *Fidelio* Leonore Florestan aus dem Kerker Pizarros befreit hat. Sie müssten also sich und die Männer zu einem wahren Menschenbild führen, indem sie, gemeinsam mit den Männern, das sophistisch-aristotelische Menschenbild hinter sich liessen und so überwänden. Also hinter sich liessen und so überwänden, weil nur das gnostisch-platonische Menschenbild letztlich auf den wahren Menschen, und vor allem dann auch auf das Innere, Seelische und nicht auf das Gespiegelte, Äusserliche eines allein Abbildhaften, bauen kann.

Obwohl sich Frauen also für das Menschenbild der »Pronoia« einsetzen müssten, da sie selbst nach deren Ebenbild erschaffen sind oder erschaffen wären, aber auch, weil dieses Menschenbild nicht nur das Männliche, sondern auch das Weibliche und somit auch sie als Frauen selbst mit einschliesst oder mit einschlösse, setzen sie sich dennoch umso mehr für die Sophistik ein, die auf dem allein Männlichen fusst und die darwinistischen Gesetze pflegt und dabei das Weibliche negiert. Sie tun dies, indem sie beispielsweise innerhalb der Religionen verbleiben und diese damit in ihrer »Bedeutung« bestärken. Bestärken und bestätigen, und auch dazu verhelfen, sich noch weiter verbreiten und entfalten zu können. Sie setzen sich aber auch umso mehr für die Sophistik ein, als sie als Feministinnen, die eigentlich für die Rechte der Frauen einstehen müssten, aktiv für die Religionsfreiheit kämpfen, um so den Frauen im Islam das Tragen von Burkas zu ermöglichen. Dadurch machen sie sich aber – freiwillig – zu »Gehilfinnen Adams« statt zu »Hilfen Adams«. Weil auch sie darauf verzichten, gemeinsam mit den Männern, den Weg hin zum wahren Menschen zu gehen und sich stattdessen umso mehr nun von den Männern (die sie als Feministinnen aber bekämpfen), nämlich hin zur Sophistik, selbst verführen lassen.

Doch jeder Mensch ist letztlich frei. Frei zu denken und zu vertreten, was er will. Und auch zu glauben, was er für richtig hält. Zumindest in Gegenden wie Mitteleuropa ist diese Freiheit (noch) vorhanden und garantiert – dank der Aufklärung, die sie von Mitte des 17. bis Ende des 18. Jahrhundert durchlebt haben. Aber auch dank des Humanismus, der der Aufklärung als geistige Bewegung, die auf die Antike zurückgriff und letztlich ebenso den freien Menschen zum Inhalt hatte, voranging. Also dank zwei Bestrebungen, die Sophisten aber dennoch (oder gerade deswegen) oftmals negativ beurteilen und zum Teil auch als unnötig oder sogar als kontraproduktiv bezeichnen. Weil sie im Kontrast zu ihrer Idee des Menschen stehen (oder standen). Denn wer den mündigen Menschen fordert, der verhindert den »neuen Adam«. So sprach deshalb auch ein Klassensprecher der Anthroposophen an einem anthroposophischen Einführungskurs in Basel davon, dass mit der Aufklärung, wortwörtlich zitiert, ein weiterer Impuls des Egoismus und somit ein »Ungutes« und »Unnötiges« in die Welt gekommen wäre. Ein Egoismus, der die Individualisierung und somit die Loslösung des einzelnen Menschen aus der Gemeinschaft bezweckte, was doch gerade aber verhindert werden soll. Doch auch Anthroposophen dürfen vertreten, was ihrer Sichtweise und ihren Standpunkten entspricht – auch wenn sie damit den wahren Menschen umso mehr mit Füssen treten. Also umso mehr mit Füssen treten, als auch ihnen selbstverständlich die Durchsetzung einer (angeblichen) »Gottesmission« wichtiger ist als der einzelne, wahre, mündige Mensch. Doch letztlich sind alle Sophisten gleich. Das heisst: Alle sehen den aufgeklärten, mündigen und individuellen Menschen als Gefahr und nicht als Befreiung. Also als Gefahr, die sie deshalb gemeinsam bekämpfen – oder sogar bekämpfen müssen, um selbst als Mensch mit ihrer Lehre und ihrem Glauben überhaupt zu bestehen. Und an welchen »Menschenführer« sie sich dabei hängen, spielt dafür keine Rolle. Weil diese »Menschenführer« letztlich alle nichts von einem wahren Menschen wissen oder wissen wollen. Denn das Bewusstsein dafür ist letztlich bei allen zu begrenzt. Zu begrenzt, weil sie mit ihrer Lehre und mit ihrem Glauben – tatsächlich – nicht über den Tierkreis und somit auch nicht über die »Höhle Platons« hinauskommen. Was letztlich auch ein Grund dafür ist, weshalb sie auch beide Platon nicht, oder, wenn angeblich doch, dann nur in völlig falschem Sinne, verstehen.

Damit stellen sie jedoch das völlige Gegenbild zu meinem Bruder dar, der als Mensch, wie ich behaupte, vom Bereich jenseits des Tierkreises und somit auch von ausserhalb der »Höhle Platons« kommt. Denn die Gesetze des Tieres, die darwinistischen Gesetze, die innerhalb des Tierkreises und somit auch innerhalb der »Höhle Platons« existieren, kennt er nicht. Er kennt sie nicht, weil sie nicht in ihm enthalten sind. Dafür kennt er aber umso mehr die Gesetze des Menschen, also des wahren Menschen. Denn diese sind beispielsweise die Menschlichkeit, die Ehrlichkeit, die Einsicht, die Vernunft. Oder die Aufrichtigkeit. Mit den Gesetzen des Tieres (und somit der Zahl des Tieres?), den darwinistischen Gesetzen, und deshalb vielleicht wohl mit den Tieren gar selbst, hat er deshalb nichts zu tun. Und in dem Sinne deshalb auch nichts (mehr) gemein. Denn sie sind ihm völlig fremd. Ob er auch deshalb in der Gesellschaft derart abgelehnt und sogar bekämpft wird?

14. KAPITEL

Der wahre Mensch und der wahre Christus. Der abbildhafte Mensch und der falsche Christus

Der Gnostiker oder Platoniker geht davon aus, dass um das Jahr null tatsächlich ein »Sohn Gottes« mit dem Namen Jesus auf Erden gewirkt hat. Seine Aufgabe war es, die Menschen an sich zu binden und als »Herde« wieder zurück zu Jehova zu führen. Jesus war der Löwe aus dem Hause Juda, das heisst, er stammte vom salomonischen, elitären und nicht wie etwa Johannes der Täufer oder Judas vom nathanischen, einfachen Menschenstrom ab.[100] Er wurde von den Hohepriestern, die ebenso allesamt dem salomonischen Menschenstrom angehörten und deshalb die Elite bildeten, mindestens aus zwei Gründen zum Messias auserwählt: Erstens, weil er wohl als überaus »scheinbar lichthafte« Persönlichkeit im besonderen Masse fähig war, sich menschlich zu geben und dadurch Menschen für sich zu gewinnen, und zweitens, weil zur gleichen Zeit bereits ein Mensch auf Erden war, der von ausserhalb des Tierkreises und somit von ausserhalb der »Höhle Platons« kam, um die Menschen in ihrem individuellen Ich anzusprechen und von Jehova und dessen Opferpflicht zu befreien – gleich wie in der griechischen Mythologie Theseus, der die Jungfrauen und Jünglinge im Labyrinth von der Opferpflicht des

---

100 Über die beiden »Menschenströme« berichte ich ausführlich in meinem Buch »Das gnostische Christentum«, erschienen beim Twentysix-Verlag, Norderstedt.

Minotaurus befreit hat. Die Hohepriester kürten Jesus also zum Messias, um mit ihm die Bedeutung dieses Menschen, den der Gnostiker oder Platoniker als wahren Menschen bezeichnet, zu entkräften. Aber auch, um ihn dann in den Grad des »Vaters« zu erheben. Sie kürten ihn aber auch zum Messias, so die gnostisch-platonische Erkenntnis, um damit die einmalige Möglichkeit zu nutzen, dem wahren Menschen, der nur einmal auf Erden erschien, und zwar exakt zu jener Zeit, gleichzeitig sein wahres Leben abzunehmen, das dieser nämlich besass, um es dann mittels Opfertod und Einweihungsritual auf Jesus zu übertragen. Denn nicht Jesus hatte wahres Leben in sich, er sollte es aber durch den Opfertod, also durch einen Mord am wahren Christus, erhalten, sondern der wahre Mensch. Diese Übertragung misslang jedoch – für den Gnostiker oder Platoniker selbstverständlich glücklicher- oder sogar logischerweise. Glücklicherweise deshalb, weil sonst das ewige Leben in die Hände einer unvollkommenen abbildhaften und selbstsüchtigen Elite gekommen wäre. Und logischerweise, weil ewiges Leben generell nicht übertragen, sondern nur von einem wahren Menschen selbst mit seinem Ich errungen werden kann – und Jesus war der Repräsentant des abbildhaften Menschen. Das heisst, er war somit wohl selbst Mensch, der kein (wirkliches) eigenes Ich besass. Diesen wahren Menschen, dessen Bedeutung man unbedingt entkräften wollte und nach dessen ewigen Leben man trachtete, bezeichnet der Gnostiker oder Platoniker als wahren Christus. Also als wahren Christus deshalb, weil er, im Gegensatz zum religiösen »Christus«, dem »Christus« der Sophisten, wirklich vollkommener Mensch mit eigenem Ich und ewigem Leben war.

Dass neben Jesus, der sich als »Retter der Menschen« ausgab, obwohl er damit eigentlich nur die Rettung Jehovas meinte beziehungsweise die Rettung des gesamten sophistischen Systems, das er als einer der »Göttersohne« mit trug und auch mit vertrat, gleichzeitig ein wirklich vollkommener, wahrer Mensch mit eigenem Ich und ewigem Leben auf Erden wirkte, der dann, nach gnostisch-platonischer Erkenntnis, auch als vollkommener, wahrer »Retter des Menschen« verstanden werden kann, ist eine Anschauung, die Sophisten, die das »scheinbar Lichthafte« vertreten, selbstverständlich so nicht mehr teilen und auch nicht mehr teilen können. Sie können und wollen es nicht mehr teilen, weil sie ja selbst Vertreter des Unvollkommenen und Abbildhaften sind und deshalb wohl auch, wie man annehmen muss, wie Jesus kein (wirkliches) eigenes Ich besitzen. Stattdessen bezeichneten sie eine solche Anschauung wohl eher als Frevel – obwohl aber, aus gnostisch-platonischer Erkenntnis, dennoch genau aus diesem Grund Jesus zum Messias gekürt und letztlich ihre christliche Religion überhaupt begründet worden ist. Nämlich, um dem wahren Christus einen abbildhaften, »gespiegelten« Christus entgegenzustellen. Selbst ein Atheist, der schon nicht an Jesus oder an »Gott« oder an einen »Himmel« im Sinne einer metaphysischen Vorstellung glaubt, würde eine solche Anschauung selbstverständlich verwerfen. Er würde sie verwerfen, weil sie ihm sogar noch absurder als beispielsweise der Glaube an Jesus und »Gott« erscheint.

Für den Gnostiker oder Platoniker aber war das Erscheinen eines wahren, vollkommenen Menschen als wahrer Christus auf Erden die wohl einzige Möglichkeit, den Menschen aus dem »Illusionsgebäude« einer abbildhaften Welt, in der er lebt, dem Labyrinth Jehovas, herauszuholen. Denn wie anders sonst sollte eine Befreiung des Menschen aus dieser Welt, in der er gefangen ist, geschehen, wenn der Mensch selbst schon von einer anderen Welt nichts weiss oder auch nichts wissen will? Zudem ist die abbildhafte Welt eine Welt der Wiederholung, also eine Welt der »ewigen Wiederkunft des Gleichen« (Nietzsche), aus der, wie aus einem Hamsterrad oder wie aus dem Orbit der Erde, abzuspringen oder auszubrechen nicht einfach so möglich ist.

Im ähnlichen oder gleichen Sinn wirkt auch mein Bruder. Denn auch er befreit mit seinem Dasein aus dieser Welt – was deshalb durchaus ein Zweifaches »beweist«: Nämlich erstens, dass die Existenz und die Wirkungsweise eines wahren Christus auf Erden wohl tatsächlich der Wahrheit entspricht, und zweitens, dass dieser wahre Christus, der auf Erden wirkte, wohl selbst niemals als »König« oder als »Held« erschien, wie aber die christliche Religion mit ihrer »Christuserscheinung«, also mit Jesus, kolportiert, sondern vielmehr eher – wie mein Bruder – als unerkannter, unscheinbarer und verschmähter Mensch. Auch dass mit Jesus ausgerechnet zu der Zeit, als der wahre Christus auf Erden erschien, ein abbildhafter Mensch zum Messias gekürt wurde, der sich dann ebenso als »Retter der Menschheit« profilierte, beweist, dass tatsächlich zu dieser Zeit ein wirklicher Retter der Menschen auf Erden war. Weil das Wahre, und dies sind die Gesetze einer abbildhaften Welt selbst, immer vom »scheinbar Lichthaften« gespiegelt und mit einer eigenen »Bedeutsamkeit« ersetzt werden will und dann auch tatsächlich ersetzt wird.

Nach gnostisch-platonischer Erkenntnis war der wahre Christus, gemeinsam mit der »Pronoia«, Ausdruck oder Repräsentant (oder Vertreter?) jener Instanz, die letztlich den wahren Menschen erschuf, oder zumindest dabei war, ihn zu erschaffen, bis dass diesem vom »scheinbar Lichthaften« und vom »tatsächlich Dunklen« aus der dafür vorgesehenen Grundlage Substanz für einen eigenen Menschen und auch für eine eigene Welt gestohlen wurde. Diese Substanz, die ihnen vom »scheinbar Lichthaften« und vom »tatsächlich Dunklen« für einen eigenen Menschen und auch für eine eigene Welt gestohlen wurde – auch hier wollte der wahre Mensch gespiegelt werden –, war die Substanz, aus der letztlich, neben dem Ich und der Seele, die bereits erschaffen waren, auch der physische Leib des wahren Menschen noch hätte erstehen sollen, was dann aber nicht mehr möglich war. Aus diesem Grund, das heisst, weil es also nicht mehr möglich war, einen physischen Leib aufzubauen, da die Substanz dafür gestohlen war, besitzt auch der Mensch heute noch keinen eigenen physischen Leib, sondern nur einen »geliehenen«. Also einen aus seiner ursprünglich eigenen Substanz hergerichteten »geliehenen» (oder »gespiegelten«), der abbildhaft und somit unvollkommen und vergänglich ist. In diesen Leib, der »geliehen« und – trotz vielfacher Einwirkung der »Pronoia« – immer noch mehr mit Jehova als mit dem wahren Menschen zu tun hat, muss er sich nun von Leben zu Leben mühsam inkarnieren. Denn es ist (lediglich) ein Leib aus »Staub«, wie der Sophist in der Bibel schreibt, zu dem dieser einst auch wieder wird, wenn er als Mensch darinnen stirbt. »Denn Staub bist du und zu Staub kehrst du zurück«, heisst es bei Moses. Nur das individuelle Ich und die individuelle Seele sind dem Menschen eigen (sofern ein

Mensch als wahrer Mensch erachtet werden kann). Des Menschen individuelles Ich und individuelle Seele sind deshalb auch vollkommen und ewig. Und somit nicht wesenhaft, vergänglich, sondern tatsächlich, reell. Aus diesem Grund können sie, im Gegensatz zu seinem abbildhaften, »geliehenen« Leib hier auf Erden, auch nicht zerstört werden und auch nicht zerfallen und verwesen, also nicht zu »Staub« werden (jedoch aber durchaus verloren gehen).

Indem sich der wahre Christus mit der »Pronoia« vereint hat, erschufen er und die »Pronoia« für den Menschen gemeinsam das »eherne Meer«[101], also das wahre »eherne Meer«, und somit die Grundlage für den wahren, individuellen Leib des Menschen, der der Leib für die Zukunft sein wird. Einen Leib also, der dadurch auf eine Art »befruchtet« ist und deshalb sowohl aus einem männlichen als auch aus einem weiblichen Anteil besteht und sowohl von männlichen als auch von weiblichen Menschen dann verwendet werden kann. Dieses »Befruchtetsein« durch die gemeinsame Verbindung von einem »ewig Männlichen«, dem wahren Christus, und einem »ewig Weiblichen«, der »Pronoia«, ist es auch, das dem abbildhaften Leib des Menschen, wie er ihn gewissermassen als »geliehener« Leib von Jehova (beziehungsweise von Ur-Adam, der der Ur-Erde entspricht) erhielt, letztlich fehlt, um ebenso vollkommen und unvergänglich zu sein. Denn Ur-Adam (der der Ur-Erde entspricht und somit auch Jehova) ist nicht durch »Befruchtung« und anschliessende Zellteilung entstanden, sondern vielmehr durch eine Art »Prozess«, so wie er beispielsweise vielleicht als chemischer

---

101 Mit »ehernem Meer« ist die Substanz gemeint, aus der einst der vollkommene und ewige Leib des zukünftigen Menschen hervorgehen wird.

Prozess in der Natur beobachtet werden kann. Erst durch das Einwirken der »Pronoia«, die sich mit ihrem hälftigen Leben in Ur-Adam legte[102], also danach, entstand die Zellteilung. Und letztlich dann mit Adam und Eva, die beide aus Ur-Adam hervorgegangen sind und sich dann durch geschlechtliche Fortpflanzung auf Erden vermehrten. Die geschlechtliche Fortpflanzung garantierte das abbildhafte Leben des Menschen (und damit das scheinbar ewige Leben Ur-Adams beziehungsweise, was von ihm noch übrig blieb).

In Gang gesetzt und verursacht wurde dieser »Prozess« durch das Zusammenwirken des »scheinbar Lichthaften« und des »tatsächlich Dunklen«, sodass daraus Jehova (beziehungsweise Ur-Adam, der der Ur-Erde entspricht) entstand. Aus diesem Grund hat auch Jehova (beziehungsweise Ur-Adam, der der Ur-Erde entspricht und der sich heute aber als abgespaltener Teil dieser Ur-Erde als Mond offenbart) die zwei Qualitäten oder Eigenschaften seiner »Götterväter« in sich, nämlich jene einer Tag- und Nachtseite, die beispielsweise auch den Voll- und den Neumond erklären. Auch Adam (als Schöpfung Ur-Adams) ist wie Jehova (der als Ur-Erde Ur-Adam entspricht und sich heute aber als abgespaltener Teil dieser Ur-Erde als Mond offenbart) eine Wesenheit, die aus Tag- und Nachtseite besteht, wobei die beiden Söhne Adams, nämlich Abel und Kain, die Tag- und Nachtseite jeweils dann einzeln widerspiegelten. Sie spiegelten sie jeweils einzeln wider, wie dies später auch bei Jesus und Judas der Fall war – aber auch bei den zwei Töchtern Evas, die ebenfalls existierten und in der Bibel wohl bewusst verschwiegen werden,

---

102 Hierüber berichte ich ausführlich in meinem Buch »Das gnostische Christentum – Teil 2«, erschienen beim Twentysix-Verlag, Norderstedt.

sodass Adam und Eva letztlich insgesamt also nicht nur zwei, sondern vier Nachkommen hatten.[103] Dass die Bibel nur von zwei männlichen Nachkommen, nicht aber auch von zwei weiblichen berichtet, hat wohl seinen Grund ebenso darin, dass sie generell nur ein Buch über und für das Männliche ist und deshalb alles Weibliche, wenn nötig und auch möglich, eliminiert.[104]

...

Wenn der nun wahre männliche Leib vielleicht eher ein »Leib der Erkenntnis und des Lebens« ist, so ist der wahre weibliche Leib dagegen vielleicht eher ein »Leib des Lebens und der Erkenntnis«. Denn dieser wahre Leib des sowohl Männlichen als auch Weiblichen verhält sich wie beispielsweise

---

103 Siehe hierzu die ausführlichen Erläuterungen in meinem Buch »Das gnostische Christentum – Teil 2«, erschienen beim Twentysix-Verlag, Norderstedt.

104 Dass auch das Buch der christlichen Sophistik, die Bibel, das Weibliche negiert, erkennt man bereits am sogenannten Christusmonogramm, dem PAX-Zeichen, das das Lebensrad in abbildhafter Form darstellt. Während das wirkliche Lebensrad, das als »Monogramm« der »Pronoia« bezeichnet werden kann, einen sieben von einem Kern ausgehenden Strahlen beinhaltenden Kreis darstellt, so besitzt das PAX-Zeichen, das das abbildhafte Lebensrad ist, nur noch sechs Strahlen in seinem Kreis, wobei der sechste Strahl, der dem (ewig) männlichen Prinzip zugeordnet werden kann, zu einem Mond gekrümmt ist (Rundung des Buchstabens P) und der siebte Strahl, der mit dem (ewig) weiblichen Prinzip in Zusammenhang steht, völlig fehlt. Der sechste Strahl ist Ausdruck der Erkenntnis, die durch die Sophistik beziehungsweise durch das »scheinbar Lichthafte« zur Weisheit und Verklärung verfälscht wird, und der siebte Strahl Ausdruck des Lebens (und des Seelischen), das durch das »tatsächlich Dunkle« zum Tod und deshalb eliminiert wird. Mehr darüber berichte ich in meinen beiden Büchern über »Das gnostische Christentum«, erschienen beim Twentysix-Verlag, Norderstedt.

die Farbe Grün in der Malerei, die ebenso einmal als Blau mit Gelb und ein andermal als Gelb mit Blau gemischt werden kann. Das heisst: Obwohl beide Mischungen die Farbe Grün ergeben, handelt es sich bei beiden Grüns letztlich dann dennoch jeweils um ein anderes Grün. So wie es sich auch bei beiden aus dem »ehernen Meer« erschaffenen wahren Leibern des Menschen letztlich um jeweils einen anderen Leib handelt, nämlich – eben – einmal um einen männlichen und ein andermal um einen weiblichen.

...

Wie die Erzählung über das Labyrinth des Minotaurus und die darinnen für Minotaurus geopferten Jünglinge und Jungfrauen zeigt, verbirgt sich viel Wissen über den Menschen in der griechischen Mythologie. Denn auch der Mensch ist in der abbildhaften Welt, die als Welt Jehovas mit dem Labyrinth des Minotaurus verglichen oder sogar gleichgesetzt werden kann, gefangen und muss sich letztlich für Jehova, den Minotaurus der abbildhaften Welt, opfern. Es scheinen in der griechischen Mythologie, wenn man sie studiert, letztlich sogar alle Zusammenhänge zwischen Welt, »Gott« und den Menschen enthalten zu sein. Zusammenhänge, wie sie, im Gegensatz zum Sophisten, der sein Menschen-, Welt- und Gottesbild ganz in der abbildhaften Welt und deren Weisheit sucht, auch der Gnostiker oder Platoniker vertritt. Das wussten wohl bereits die Humanisten im 15. und 16. Jahrhundert, sodass sie deshalb den Menschen wieder an das Denken der Antike heranführen wollten. Denn: Der Humanismus hat, aus gnostisch-platonischer Sicht, wie die Aufklärung (und auch wie die Stoa) mit dem gnostisch-platonischen Denken zu tun – im Gegensatz zur Scholastik oder auch zu den Religionen, die alle mit dem sophistisch-aristotelischen Denken in Zusammenhang stehen. Aber auch die katholische Kirche scheint diese Wahrheit geahnt zu haben, sodass sie wohl deshalb bis heute die griechische Mythologie als heidnisch ablehnt oder sogar verdammt.

15. KAPITEL

Das Ende der Menschheit um das Jahr 300 n. Chr. und die missglückte Übertragung des ewigen Lebens auf Jesus

Wenn man davon ausgeht, dass um das Jahr null mit dem wahren Christus wirklich jemand auf Erden erschien, der den Menschen aus dem Labyrinth Jehovas und deshalb aus einer abbildhaften und vergänglichen Welt, einer Welt der Unterdrückung und Opferpflicht, befreite, heisst das, dass das Leben des Menschen auf Erden also sehr bald danach hätte beendet sein können – und wohl auch sehr bald beendet gewesen wäre. Weil alle Menschen dann (oder zumindest die nichtabbildhaften[105]) den Weg in die wahre Welt, also in die Welt »ausserhalb der Höhle Platons« beziehungsweise in die Welt »ausserhalb des Tierkreises« (oder auch »jenseits des Nordens«) gefunden hätten und sich deshalb – wie beispielsweise mein Bruder – nicht mehr auf Erden hätten inkarnieren müssen. Nach gnostisch-platonischer Berechnung hätte dieses Ereignis um das Jahr 300 n. Chr. abgeschlossen sein können. Und es wäre wohl auch abgeschlossen gewesen, wenn dies nicht die Vertreter der Sophistik auf Erden, also die spirituelle Elite gemeinsam mit der weltlichen, deren Leben, aber auch deren Bedeutung und Macht, damit gänzlich infrage gestellt gewesen wäre, mit allen Mitteln verhindert hätten. Sie verhinderten es, indem sie beispielsweise zur gleichen Zeit, als der wahre Christus auf Erden

---

105 Der Gnostiker oder Platoniker geht davon aus, dass nicht alle Menschen von jenseits des Labyrinths stammen.

erschien, Jesus als »Sohn Gottes«[106] auf Erden installierten, den sie dann zum Messias kürten und als solchen das »Prinzip Jehovas« erneuern liessen. Sie liessen das »Prinzip Jehovas« erneuern, indem sie Jesus, den »Sohn Gottes« und den »Repräsentanten«[107] des abbildhaften Menschen, dem jede Bedeutung seiner Zeit zukam, letztlich selbst an die Stelle des wahren Christus setzten und dadurch den wahren Christus mit ihm *ersetzten*. Auf diese Weise, das heisst, indem sie den wahren Christus mit Jesus ersetzten, eliminierten sie die Bedeutung des wahren Christus – und hatten gleichzeitig die Möglichkeit, diese sogar, wie ein Spiegel, ins geradezu Gegenteilige davon umzukehren. Oder mit anderen Worten:

---

106 Mit »Sohn« ist der Einweihungsgrad gemeint, den Jesus einnahm. Als solcher stieg er durch den Opfertod des wahren Christus in den Grad des »Vaters« auf. Während der (spirituelle) Einweihungsgrad des »Sohnes« dem (weltlichen) Grad des Lehrlings entspricht, so steht der (spirituelle) Einweihungsgrad des »Vaters« dagegen mit dem (spirituellen und weltlichen) Grad des Meisters in Zusammenhang. Da sich die drei Weisen aus dem Morgenland, die allesamt in den Grad des »Sohnes« eingeweiht waren, »auf den Weg zum Meister« machten, können sie dem (weltlichen) Grad des Gesellen zugeordnet werden, da sich der Grad des Gesellen hierarchisch zwischen dem Grad des Lehrlings und dem Grad des Meisters befindet. Die Grade »Sohn« und »Vater« entsprechen ebenso den Titeln König und Kaiser beziehungsweise Priester und Papst. Bischöfe dagegen können als Gesellen erachtet werden. Nur der Papst kann »Vater« beziehungsweise, weil er mit dem »Heiligen Geist« in Zusammenhang steht, »Heiliger Vater« sein (was wiederum dem Grad des Meisters beziehungsweise dem weltlichen Titel des Kaisers entspricht).

107 Als »Repräsentanten des Menschen« bezeichnete Rudolf Steiner seine heute im Goetheanum stehende geschnitzte Holzfigur, die den zukünftigen Menschen, also den »neuen Adam«, zum Ausdruck bringen soll. Dieser »neue Adam« steht in der Mitte, Ausgleich schaffend, zwischen dem »scheinbar Lichthaften« (oben) und dem »tatsächlich Dunklen« (unten). Dabei hebt er den rechten Arm nach oben und den linken nach unten, um so die I-Geste zu bilden.

Dasjenige, das der wahre Christus bezweckte und beispielsweise auch tat oder sagte, konnten sie mit demjenigen, und dies zum Teil mit den identischen Worten und Taten, ersetzen, das letztlich dem Jehova-Prinzip entsprach. Deshalb ist es als Laie oder sogar als Wissender oftmals sehr schwierig, wenn nicht sogar unmöglich, herauszufinden und zu erkennen, welche Aussagen in der Bibel letztlich wirklich von Jesus und welche vom wahren Christus sind. Die Aussagen, die vom wahren Christus sind, bezwecken den mündigen, selbstständig denkenden, individuellen und befreiten Menschen und die Aussagen, die von Jesus, dem abbildhaften (oder auch »falschen«) Christus sind, das Gegenteil davon, also das Kollektiv, das letztlich der »neue Adam« ist und somit dem wieder hergerichteten Osiris entspricht, die Unterwerfung und die Entmündigung.[108]

Den wahren Christus selbst eliminierten sie, indem sie ihn von den Römern kreuzigen liessen.[109] Dafür lieferten sie den Römern mit einer falschen Behauptung ein Kreuzigungsmotiv.

---

108 Das heisst mit anderen Worten: Obwohl Jesus davon sprach, den Menschen die Freiheit und die Erlösung zu bringen, verlangte er die Unterwerfung und Entmündigung.

109 Im Gegensatz zur Sophistik geht der Gnostiker oder Platoniker davon aus, dass nicht Jesus, sondern ein Unschuldiger, nämlich der wahre Christus, von den Römern gekreuzigt wurde – dies als Opfer für Jesus, der damit vom Grad des »Sohnes« in den Grad des »Vaters« eingeweiht werden konnte. Dafür legte man Jesus im Tempel von Jerusalem in ein Einweihungsgrab und setzte ihn in einen künstlichen Tiefschlaf, um ihm sodann, wie sie meinten, das ewige Leben zu übertragen. Die Hohepriester liessen den wahren Christus als unschuldiges Opfer von den Römern hinrichten, da ihnen nach den mosaischen Gesetzen das Töten selbst verboten war. Um dies zu ermöglichen, machten sie mit den Römern, also mit Pilatus, dem Statthalter in Judäa, gemeinsame Sache.

Sie behaupteten, dass er, der wahre Christus, sich als »König der Juden« bezeichnen und sich somit selbst zum König über Judea machen würde. Das Vergehen daran war, dass sich niemand ausser dem Kaiser in Rom, und schon gar nicht jemand sich selbst, zum König erklären durfte. Zudem stand Judäa unter dem Protektorat von Pilatus. Die Hohepriester mussten den Römern ein Kreuzigungsmotiv liefern, da es für sie sonst keine Möglichkeit gegeben hätte, ihn zu töten. Denn ihnen selbst als Juden war das Töten nach den mosaischen Gesetzen verboten.

Auch durfte seit Abraham für die eigene Einweihung kein Sohn mehr geopfert werden, um selbst vom Grad des »Sohnes« in den Grad des »Vaters« erhöht zu werden, und damit war weder ein in den Grad des »Sohnes« Eingeweihter noch ein richtiger Sohn gemeint. So deshalb auch nicht ein Sohn für Jesus oder sogar dessen eigener Sohn, wenn er einen gehabt hätte. Deshalb opferte Abraham anstelle eines Sohnes beziehungsweise anstelle seines Sohnes Isaak (erstmals) einen Widder, also ein Tier. Denn bisher konnte ein bereits in den Grad des »Sohnes« Eingeweihter nur »Vater« werden, wenn er tatsächlich einen Sohn oder sogar einen eigenen Sohn dafür opferte[110] – so zumindest ergibt es beispielsweise auch das

---

110 Eigentlich müsste ohnehin der erstgeborene Sohn, also der Sohn aus dem Widder-Strom, dem nathanischen Strom beziehungsweise dem Strom der Berufenen, und nicht der zweitgeborene Sohn, also der Sohn aus dem Strom der Betuchten, dem salomonischen Strom beziehungsweise dem Strom der Auserwählten, für den Vater beziehungsweise für dessen »Vater«-Grad geopfert werden. Denn Kain, der den Widder-Strom begründete, musste sich ursprünglich ebenso für Abel opfern. Da jedoch der Widder- oder nathanische Strom, also der Strom der Berufenen und Erstgeborenen, der Strom von Kain ist, durfte auch Abraham nicht seinen

Wissen aus der Freimaurerei, die solche Einweihungsrituale in gewissem Sinne, nämlich in theoretischer (spekulativer) Form, oder auch nur in Form von Erzählungen, bis heute pflegt und praktiziert.[111] Die Hohepriester, die ihrem Stammvater Abraham nachfolgten, opferten deshalb für Jesus, der ebenso bereits in den Grad des »Sohnes« Eingeweihter war und aus diesem Grund den Beinamen »Sohn Gottes« (oder »König«) trug, einen Unschuldigen, den wahren Christus, den sie dann aber, weil er ein Unschuldiger war, als unschuldigen Widder, also als Lamm bezeichnet hatten.[112] Mit dieser

---

erstgeborenen Sohn Ismael, einen Angehörigen des Widder-Stroms, töten lassen, sodass er deshalb wohl seinen zweitgeborenen Sohn Isaak, einen Angehörigen des Stroms der Betuchten und Auserwählten, dafür wählte, weil Kain mit dem Tau-Zeichen auf der Stirn versehen war. Denn wer ein Tau-Zeichen auf seiner Stirn trägt, darf, seit dem Vorfall im »Paradies«, – nach sophistischen Gesetzen – nicht mehr getötet werden. Da seit Abraham und der Intervention »Gottes« aber auch nicht mehr der zweitgeborene Sohn getötet werden darf, wählte man fortan einen Unschuldigen als Opfer, den man deshalb als Lamm, das heisst als unschuldigen Erstgeborenen, einen unschuldigen Widder, bezeichnete. Da das »Prinzip des Unschuldigen« erst seit dem Erscheinen des wahren Christus möglich ist, opferte Abraham anstelle Isaaks einen Widder, also ein Tier, um auch nicht Ismael als erstgeborenen Sohn dafür herzugeben. Zum Widder-Strom Kains und somit zum Strom der Erstgeborenen gehören neben Ismael beispielsweise ebenso Esau, Moses, Johannes der Täufer oder Judas. Zum Strom der Betuchten und somit zum Strom der Zweitgeborenen, zum Strom der »Löwen aus dem Hause Juda«, beispielsweise ebenso Abel/Seth, Jakob, Aaron oder Jesus.

111 Auch der Brauch innerhalb von katholischen Familien, für den erstgeborenen Sohn den Weg des Priesters vorzusehen, weist in dieselbe Richtung. Denn auch er wurde geopfert, nämlich für »Gott«, indem er Priester wurde und somit seinen nathanischen Strom zugunsten des salomonischen aufgab.

112 Dass nicht Jesus geopfert und deshalb am Kreuz hingerichtet wurde, sondern ein Unschuldiger, bezeugen auch andere Quellen. So zum Beispiel

Kreuzigung erhofften sie sich, wenn auch vergeblich, das ewige Leben des wahren Christus, das er, nach gnostisch-platonischer Erkenntnis, wirklich in sich trug, auf Jesus, den Messias, übertragen zu können. Dafür legten sie Jesus, nämlich zur gleichen Zeit, als der wahre Christus ausserhalb von Jerusalem auf Golgatha gekreuzigt wurde, in ein Einweihungsgrab eines Tempels in Jerusalem und versetzten ihn in einen todähnlichen Tiefschlaf. Mit diesem todähnlichen Tiefschlaf sollte die Ausgangslage dafür geschaffen werden, dass das ewige Leben des wahren Christus augenblicklich auf Jesus, den Schein-Toten, hätte übertragen werden können, sobald dieser am Kreuz auf Golgatha gestorben war, um so eine Art »Erweckung von den Toten« in diesem damit zu erwirken. Doch diese Übertragung misslang – was wohl ein Grund dafür ist, weshalb sich die Juden dann von Jesus distanzierten, und auch bis heute ein Grund dafür ist, weshalb sie seither behaupten, dass es sich bei Jesus (doch) nicht um den verheissenen Messias gehandelt habe.

Es könnte durchaus sein, dass sich das Grab dieses Tempels, in das Jesus gelegt und in Tiefschlaf versetzt wurde, um eingeweiht zu werden, an jenem Ort in Jerusalem befand, an dem heute die sogenannte Grabeskirche von Jesus vermutet wird. Das würde aber bedeuten, dass es sich bei dem Grab dieser Grabeskirche also nicht um das wirkliche Grab Jesu, sondern – eben – »nur« um dessen Einweihungsgrab handelte. Also »nur« um das Grab, in das er gelegt wurde, um das

---

die Lehre des Gnostikers und von den religiösen Christen Häresiarch genannten Basilides aus Alexandria, der von 85 bis ca. 145 lebte. Auch der Koran behauptet (Sure 4, 157), dass Jesus nicht getötet und auch nicht gekreuzigt, sondern vielmehr von »Gott« zu sich erhoben wurde.

ewige Leben übertragen zu erhalten. Denn ein wirkliches Grab Jesu zu dieser Zeit gibt es nicht, da, zumindest nach gnostisch-platonischer Erkenntnis, nicht Jesus, sondern der wahre Christus gekreuzigt wurde. Zudem befanden sich wirkliche Gräber, wie dann auch das Grab des wahren Christus, das man mit einem grossen Stein davor versah und dann von Römern bewachen liess, um nicht zu erfahren, dass darinnen wohl nicht Jesus, sondern ein anderer, ein Unschuldiger lag, ohnehin nicht inmitten, sondern ausserhalb Jerusalems. Auch die Kreuzigung fand nicht inmitten, sondern ausserhalb Jerusalems statt.

Dass nicht Jesus, sondern ein Unschuldiger an dessen Stelle geopfert wurde, zeigt sich nicht nur daran, dass dieser als unschuldiger Widder, also als Lamm, bezeichnet wurde, sondern auch daran, dass die Hohepriester selber dann von Pilatus verlangten, die Inschrift am Kreuz zu ändern, da sie nicht stimmte. Denn es wäre, so insistierten sie, und sie insistierten dies zu Recht, nicht der »König der Juden«, wie fälschlicherweise auf der Inschrift stehe, sondern eben ein anderer, nämlich einer, der von sich, wie sie sagten, behauptete, »König der Juden« zu sein, gekreuzigt worden – was Pilatus sehr wohl wusste, da er diesen gerade auch wegen ihnen, den Hohepriestern, anstelle des wirklichen »Königs der Juden«, also Jesus, kreuzigen liess. Doch die eine Hand wäscht wohl die andere. Denn hätte er wirklich die Wahrheit ans Kreuz geschrieben, so wie dies nun die Hohepriester verlangten, so hätte er wohl mit dem Kaiser in Rom seine Schwierigkeiten bekommen. Zudem hätte man den Gekreuzigten, wenn wirklich Jesus gekreuzigt worden wäre, ohnehin als Löwe und nicht als Lamm bezeichnen müssen. Denn Jesus war der

Löwe des Stammes Juda.[113] Dies im Gegensatz zu Judas, der dem Widder entsprach und deshalb, wenn schon, anstelle von Jesus hätte geopfert werden müssen, wenn er nicht als Nachkomme Kains ein Tau-Zeichen auf seiner Stirn getragen hätte, was offenbarte, dass er nicht hatte getötet werden dürfen. Zudem hatte Judas kein ewiges Leben. Auch war er gleichzeitig der »Sohn des Allerhöchsten« und nicht wie Jesus »lediglich« als »Sohn« für das »scheinbar Lichthafte« vorgesehen. Weder er noch Jesus als die beiden »Göttersöhne« hatten also getötet werden dürfen, sodass auch deshalb ein Unschuldiger dafür ausgewählt wurde oder auch ausgewählt werden musste.

...

Der wahre Christus wurde von den Hohepriestern auch mit Jesus ersetzt, weil sie mit ihm die Menschen wieder zum Kollektivmenschen, dem »neuen Adam«, um- oder zurückerziehen wollten. Denn nur so war es ihnen beispielsweise auch möglich, über sie, die Menschen, selbst immerwährend zu bestimmen. Weil nur über ein unmündiges Kollektiv, also über eine Herde, am besten verfügt und bestimmt werden kann. Zudem bedeutet für sie der Kollektivmensch, für den alle einzelnen Menschen sowohl ihr eigenes Ich als auch ihre Seele aufgeben müssen, der wieder hergerichtete Leib des einst in verschiedenste Teile zerstückelten Osiris. Dass es Jesus Auftrag war, alle Menschen an sich zu reissen, um sie zu einem Kollektivmenschen zu erziehen, bekundete er in seinen Predigten selbst, wie man beispielsweise bei Johannes

---

113 Siehe hierzu Offenbarung 5,5.

12,32 nachlesen kann, wenn er da sagte: »Und ich, wenn ich über die Erde erhöht bin, werde alle zu mir ziehen!«

Die Entscheidung, alle einzelnen Menschen in Richtung eines Kollektivmenschen, des »neuen Adam«, zu führen, erfolgte in dem Sinne nicht willkürlich, sondern durchaus mit der »Einwilligung« der Menschen selbst. Denn diese waren es, die letztlich die Entscheidung dafür trafen. Und zwar trafen sie sie im Jahr 33 n. Chr. in Jerusalem. Nämlich als Volk (und somit also selbst bereits als Kollektiv!), aufgewiegelt durch die jüdischen Hohepriester, die Elite, die ihm, dem Volk, quasi als »Leittiere«, wohl manipulativ, suggerierend, vorgaben, was und wie es zu entscheiden hatte: nämlich – eben – für sich als Volk selbst. Dies geschah im Prozess des Pilatus gegen den wahren Christus, als dieser, auf dem Richterstuhl sitzend, das Volk fragte, wem er die Freiheit geben solle: dem wahren Christus, also jemandem, der den Menschen von seiner Gefangenschaft im Labyrinth befreite und zur Individualität führte, oder Barabbas, einem Vertreter des Volkes. Das Volk rief – für Barabbas, den »Sohn des Herrn«[114], wie sein Name aus dem Aramäischen übersetzt werden kann. Und dies, obwohl Pilatus von der Unschuld des wahren Christus wusste. Aber auch wusste, aus welchem Grund die

---

114 Mit »Sohn des Herrn« im Zusammenhang mit Barabbas geht der Gnostiker oder Platoniker davon aus, dass es sich bei Barabbas wohl um Judas gehandelt hat. Denn Jesus konnte es nicht gewesen sein. Das heisst mit anderen Worten: Pilatus hatte mit Barabbas also Judas anstelle des wahren Christus die Freiheit geschenkt. Auch weil Judas dem nathanischen Strom, dem Widder-Strom, und somit dem Volk selbst entstammte. Mehr darüber berichte ich in meinen beiden Büchern »Über das gnostische Christentum« und »Über das gnostische Christentum – Teil 2«, erschienen beim Twentysix-Verlag, Norderstedt.

Hohepriester ihn kreuzigen wollten. Denn er sprach »ecce homo«, also »Siehe da, der (einzelne oder wahre) Mensch!«, als er ihn erblickte. Also jener Mensch, den die Hohepriester für Jesus beziehungsweise für das Volk (beziehungsweise für den Kollektivmenschen, den »Leib Christi«) opfern wollten. Es war wohl Judas, der Pilatus vom wahren Christus erzählte und auch von dessen Bedeutung. Denn Judas war, nach gnostisch-platonischer Erkenntnis, der Jüngling von Nain, der vom wahren Christus von den Toten, also in seinem wahren Ich, erweckt wurde. Er wusste also, wer der wahre Christus war und warum man ihn opfern wollte, sodass er ihn deshalb auch, und zwar als einziger, verraten konnte.

Weil die Hohepriester als Vertreter der Sophistik den einzelnen Menschen bewusst zum Kollektivmenschen (dem Volksmenschen, also dem »neuen Adam«, der der »Leib Christi« ist) um- oder zurückerziehen wollten, sprach auch der Hohepriester Kaiphas, dass es besser wäre, ein oder *der* Mensch sterbe für das Volk, als dass das ganze Volk verderbe.[115] Mit ein oder *der* Mensch meinte er den individuellen, selbstständig denkenden und somit wahren Menschen, also auch den wahren Christus, gegen den sich das Volk entschied. Und mit Volk den abbildhaften, unmündigen und somit den Kollektivmenschen, der von ihnen, den Hohepriestern, geleitet wird, also den »neuen Adam«, den Barabbas repräsentierte.

Das Fatale für den einzelnen Menschen an diesem bewussten Einwirken der Vertreter der Sophistik war und ist, dass das Ersetzen des wahren Christus mit Jesus tatsächlich

---

115 Joh. 11, 49–51.

glückte. Es glückte wie geplant und beabsichtigt. Denn von da an wusste und weiss tatsächlich niemand mehr von der Existenz eines wahren Christus, des wahren Menschen, dafür aber umso mehr nur noch von Jesus, dem abbildhaften Menschen. Im Gegenteil, man wird völlig ignoriert oder sogar bekämpft, wenn man dennoch von einem wahren Christus erzählte – und zumal denn ebenso von einer »Pronoia«, die Ausdruck des weiblichen Aspekts des wahren Menschen ist. Auch glaubt man seither sogar tatsächlich, dass Jesus am Kreuz für die Menschen gestorben wäre und nicht der wahre Christus, ein Unschuldiger, der grundsätzlich von Jesus unterschieden werden muss. Auch dass die Juden von Pilatus verlangten, die Inschrift am Kreuz zu ändern, da nicht der »König der Juden«, also nicht Jesus, der in den Grad des »Sohnes«[116] eingeweiht war, sondern ein anderer gekreuzigt worden wäre (um damit Jesus in den Grad des »Vaters« einzuweihen), und sie deshalb falsch sei, stört bis heute niemand. Alle Fakten, die gegen eine Kreuzigung von Jesus sprechen, überging und übergeht man bis heute.

---

116 Der Einweihungsgrad des »Sohnes« (der auch mit der Bezeichnung »Jüngling« in Zusammenhang steht), wie er in entsprechenden Einweihungsschulen mithilfe von Hohepriestern und entsprechenden Ritualen erlangt werden konnte, kann mit dem Einweihungsgrad des »Königs« gleichgesetzt werden. Deshalb wohl spricht die Bibel bei Jesus sowohl vom »Sohn Gottes« als auch vom »König der Juden«. Der Einweihungsgrad des »Vaters« dagegen entspricht dem Einweihungsgrad des »Meisters« und des »Kaisers«. Auch Jesus wurde von seinen Jüngern als »Meister« bezeichnet – niemals aber als »Kaiser«. Er wurde als »Meister« bezeichnet, obwohl er vor seiner Einweihung, die den Opfertod des wahren Christus bedingte, noch keiner war (beziehungsweise erst auf dem Weg war, einer zu werden).

...

Der wahre Christus wurde von den Hohepriestern, den Vertretern der Sophistik jener Zeit, eliminiert, um so an dessen Stelle umso mehr Jesus und dessen Mission, die die Wiederherstellung Ur-Adams als »neuer Adam« war, zu ermöglichen – dies zumindest ergibt die gnostisch-platonische Erkenntnis. Gleichzeitig sollte er damit das Leben auf Erden für den abbildhaften Menschen, und somit vor allem das Leben für deren Elite, die allesamt »Göttersöhne« waren, »verlängern«. Denn dieses abbildhafte Leben sollte mindestens so lange weiter Bestand haben, bis dass für den abbildhaften Menschen, so wohl ihr Plan, das ewige Leben gefunden wäre. Also das ewige Leben, das dem wahren Christus, der da auf Golgatha für Jesus geopfert wurde, nicht abgenommen werden konnte. Das ewige Leben, nach dem sie trachten, hat nichts mit dem »ewigen Leben« einer Fortpflanzung zu tun, indem diese immer wieder neue Nachkommen schafft und dadurch für eine »stete« Arterhaltung sorgt. Im Gegenteil, denn ein solches »ewiges Leben« wäre nur scheinbar und nicht reell. Auch steht es nicht mit dem »ewigen Leben« einer Reinkarnation in Zusammenhang, die ebenso dafür sorgt, dass Menschen in gewisser Weise »ewig« lebten, indem sie immer wieder »von Neuem« auf Erden erscheinen. Denn dieses »ewige Leben«, das wie ein »makrokosmischer Blutkreislauf« der abbildhaften Welt funktioniert, existiert letztlich nur für den Menschen als Gesamtheit und nicht für den einzelnen Menschen selbst, da dieser ja dennoch immer wieder sterben muss. Auch existiert es nur so lange, bis dass die Welt selbst vergeht. Denn auch die Lebensdauer der gesamten Welt ist begrenzt und nicht ewig – weil auch sie abbildhaft ist. Denn alles Abbildhafte, also sowohl das »Geistige« und somit der »Himmel« eines »scheinbar Lichthaften« als auch das Physisch-Materielle, Stoffliche und somit das Irdische eines »tatsächlich Dunklen«, ist vergänglich. Vergänglich und unvollkommen. Und deshalb letztlich tatsächlich nur, wie bereits Goethe sagte: Gleichnis.

Die Sophisten und deren »Sohn Gottes«, den sie als Hohepriester damals extra für ihre Absichten geschult und auf seine Aufgaben vorbereitet haben, respektive das »scheinbar Lichthafte« und das »tatsächlich Dunkle«, die man als »Vätergottheiten Jehovas« bezeichnen kann, haben es also auf das wirkliche ewige Leben abgesehen. Das heisst also, auf das wahre Leben, das zukünftige Leben des wahren Menschen, das nicht scheinbar, sondern eben wahr und deshalb vollkommen ist. Denn als abbildhafte Wesen besitzen sie es alle nicht – und müssen deshalb auch alle mit der abbildhaften Welt einst vergehen, wenn sie es nicht in ihren Besitz bekommen, weil auch diese wie sie vergänglich ist. Da sie es dem wahren Christus bei der Kreuzigung auf Golgatha nicht abnehmen konnten, meinen und hoffen sie wohl nun, dieses umso mehr durch den einzelnen Menschen selbst zu erlangen. Nämlich dadurch, dass sich dieser beispielsweise jetzt für sie opfern muss. Oder sie erhoffen es sich durch die Naturwissenschaft, die das Leben erforscht und dadurch vielleicht eine entsprechende Formel für das ewige Leben findet, was jedoch, zumindest vom gnostisch-platonischen Standpunkt aus gesehen, völlig unmöglich ist, da wahres Leben niemals mit abbildhafter Methodik erfasst werden kann. Denn auch dafür diente wohl die »Verlängerung« des Lebens auf Erden, die mit Jesus als Messias und dessen

Mission ermöglicht wurde: um Zeit zu gewinnen. Nämlich die Zeit, die nötig ist, wenn man das Geheimnis des ewigen Lebens nun selber ergründen will (oder, notgedrungen, nun sogar selber ergründen muss). Doch auch diese Zeit ist letztlich begrenzt, sodass wohl auch deshalb Jesus bereits seine eigene Wiederkunft auf Erden (Parusie) angekündigt hat. Er hat sie angekündigt, um all jene, die ihm nachfolgen und die er im »Jüngsten Gericht« als »gute« Menschen dann erkennen wird, zu sich ins »Paradies« zu holen. Das heisst, er hat sie angekündigt, obwohl auch er bis dahin das ewige Leben mit Bestimmtheit nicht gefunden hat. Denn seine Welt, die »Himmels- oder Paradieseswelt«, ist ebenso, also gleich der irdischen Welt, abbildhaft und deshalb ebenso vergänglich, also ohne ewiges Leben.

Selbstverständlich ist seine Welt aber auch eine Welt der Einbildung und der Illusion und eine Welt des Heldentums, sodass er wohl das »ewige Leben« für sich und alle Menschen, die sich für ihn aufgeben wollen oder auch aufgeben müssen, dennoch vielleicht dann »gefunden« haben wird. Nämlich auf seine Art, das heisst wie bisher: fiktiv, als Glaube oder Vorstellung. Und dies dann auch tatsächlich mit ihm, dem zum »Vater aufgefahrenen Sohn Gottes«, als »Wunderbringer«, als »Helden«.

...

Die »Verlängerung« des Lebens, die durch das Wirken Jesu auf Erden ermöglicht wurde, diente letztlich allen Gläubigen, also auch den Gläubigen anderer Religionen, auch wenn diese nicht an Jesus, sondern an Mohammed, Buddha oder Abraham und Jakob glauben. Weil damit – und das ist das

Wesentliche – der wahre Christus hatte verhindert werden können. Denn hätte er nicht verhindert werden können, so gäbe es wohl tatsächlich keine Menschen mehr, weder wahre noch abbildhafte, auf Erden. Aber selbstverständlich auch keine Religionen. Und somit für die »Göttersöhne« keine Möglichkeit, ihren »neuen Adam« zu erschaffen, mit dem sie angeblich selbst auf Erden weiter bestehen und überleben könnten.

Interessant dabei ist, dass eine Elite heute den Zustand, ohne den (nichtelitären) einfachen Menschen auf Erden zu leben, selbst nun vorbereitet. Nämlich, indem sie beispielsweise künstliche Intelligenz und Roboter erschafft, die den (nichtelitären) einfachen Menschen letztlich ersetzen können – und wohl auch mit der Zeit tatsächlich ersetzen werden. Auch arbeitet sie gleichzeitig daran, sich selbst einst (gemeinsam mit den Robotern oder ohne sie?) von der Erde zurückziehen, um sich anderswo, nämlich auf dem Mars oder neuerdings sogar auch (nur) auf dem Mond, was ihr eigentlich mehr entsprechen würde, ein neues Leben zu ermöglichen. Denn ihr Mars- oder Mond-Projekt betrifft mit Bestimmtheit nur sie, die Elite, und nicht den gewöhnlichen, einfachen Menschen – weil auch nur sie, die Elite, sich letztlich eine solche Übersiedlung überhaupt leisten kann.

...

Aufgrund dieser »Verlängerung« des menschlichen Lebens auf Erden konnte das »Jesustum«, das man aber dennoch als »Christentum« versteht und deshalb auch als »Christentum« bezeichnet, obwohl es aber mit dem eigentlichen, wahren

Christus in keinem Zusammenhang steht, durch Kaiser Konstantin, nämlich 380 n. Chr., sogar dann zur Staatsreligion im römischen Reich erhoben werden. Denn es hatte sich tatsächlich durchgesetzt. Die Mission der Sophistik, die sich vorab im religiösen Christentum zeigt und auf der Weisheit der Schlange fusst und dafür den einzelnen Menschen zugunsten eines Kollektivs entmündigen und auch eliminieren will, konnte also weitergehen. Die »Göttersöhne« bedienen sich, Minotaurus gleich, der einzelnen Menschen, indem sie sie vorerst versklaven und dann eliminieren, um sich damit und dadurch selbst ihr Leben zu ermöglichen.

16. KAPITEL

Die Entscheidungszeit und die Aufteilung der Menschen in »Gute« und »Schlechte«

Mit Kaiser Konstantin fing für den abbildhaften Menschen auf Erden ein neues Leben an. Eines, dessen »Energie« nach Ablauf einer gewissen Zeit aber erneut »aufgebraucht« sein wird. Denn nur ein ewiges, also ein wirklich ewiges Leben, würde immerwährend Bestand haben. Da dies unweigerlich geschehen wird, kündigte wohl auch deshalb der »Sohn Gottes« seine eigene »Wiederkunft« auf Erden an (Parusie), nämlich am »Jüngsten Tag«, »in den Wolken des Himmels mit grosser Kraft und Herrlichkeit«, wie beispielsweise im Matthäus-Evangelium 16,27 geschrieben steht, um die Menschen dann von ihrem Menschsein auf Erden zu erlösen und dem »Jüngsten Gericht« zuzuführen. Denn dann werde er, wie er sagte, richten. Nämlich richten über die Gläubigen und die Ungläubigen. Also über diejenigen, die wohl entweder dem »scheinbar Lichthaften«, dem »Gott des Guten«, oder dem »tatsächlich Dunklen«, dem »Gott des Schlechten«, anhangen. Wobei diejenigen, die dem »scheinbar Lichthaften«, dem »Gott des Guten«, anhangen, für ihn die Gläubigen sind und deshalb ebenso als »Gute« in den »Himmel« (das »Paradies«), also zum »scheinbar Lichthaften« selbst, kommen, und diejenigen, die dem »tatsächlich Dunklen«, dem »Gott des Schlechten«, nachfolgen, die Ungläubigen sind und ebenso als »Schlechte« in die »Hölle«, direkt zum »tatsächlich Dunklen«, geschickt werden. Das Fatale an dieser Ankündigung eines »Richtens« ist, dass sie letztlich jede

Religion kennt (welche jedoch »gut oder schlecht« oder »Gläubige oder Ungläubige« jeweils vom eigenen Standpunkt aus, das heisst, ob sie Vertreterin des »scheinbar Lichthaften« oder Vertreterin des »tatsächlich Dunklen« ist, beurteilt). Denn jede Religion meint, über den Menschen zu richten – als ob sie der einzelne Mensch etwas angeht.

Mit »richten« kann das definitive Aufteilen der Menschheit, das heisst das Aufteilen der Kollektiv- oder Volksmenschen im Sinne des »neuen Adam«, zwischen dem »scheinbar Lichthaften« und dem »tatsächlich Dunklen«, die als »Götterväter« Jehovas und dadurch als »Schöpfer« der abbildhaften Welt der Voll- und der Neumondseite Jehovas beziehungsweise dem Mond mit seinen beiden Seiten selbst entsprechen, gedeutet werden. Deshalb kann jene Zeit, in der dieses »Richten« erfolgt, tatsächlich als »Entscheidungs- oder Richtzeit« bezeichnet werden. Der Grund, weshalb die Menschheit zwischen dem »scheinbar Lichthaften« und dem »tatsächlich Dunklen« aufgeteilt wird, liegt darin, dass das »scheinbar Lichthafte« und das »tatsächlich Dunkle« als »Götterväter« Jehovas und dadurch als »Schöpfer« der abbildhaften Welt ebenso mit Jehova beziehungsweise mit dem Mond und seinen zwei Seiten eins sind. Das heisst: Sie sind mit Jehova beziehungsweise mit dem Mond und seinen zwei Seiten eins, wie Jehova und der Mond mit Jesus als deren »Gottessohn« eins sind. Jehova und der Mond sind mit Jesus eins, seit dieser wieder, wie die Sophistik lehrt, zum »Vater« aufgefahren ist – und von da an, so muss man annehmen, ebenso beide Seiten des Mondes in sich vereint hat. Jehovas Vertreter auf Erden, also die Vertreter der abbildhaften Welt und somit letztlich die Vertreter des Mondes mit seinen zwei

Seiten – symbolisch steht der Mond mit der Weisheit in Zusammenhang, auch entspricht er dem Jehova-Prinzip und dem Prinzip der abbildhaften Welt –, bezeichnen die Welt des »tatsächlich Dunklen«, zumindest, wenn sie diese vom Standpunkt des »scheinbar Lichthaften« aus gesehen beurteilen (ansonsten verhält es sich wohl geradezu umgekehrt), als »Hölle« und die Welt des »scheinbar Lichthaften« als »Himmel« oder auch als »Paradies«. Jehova hat als »Sohn« des »scheinbar Lichthaften« und des »tatsächlich Dunklen«, das heisst, weil er »Sohn« des »scheinbar Lichthaften« und des »tatsächlich Dunklen« ist, und somit letztlich auch Jesus, der zum »Vater« aufgestiegen ist oder besser: *weil* er zum »Vater« aufgestiegen ist, den Mond mit seinen zwei Seiten, welche ebenso Ausdruck des »scheinbar Lichthaften« und des »tatsächlich Dunklen« sind, »Himmel und Hölle« (oder auch »Unter- und Überwelt«), also beides, selbst in sich. Deshalb kann für die Sophistik Jehova, an den sie glaubt, und somit auch der zum »Vater« aufgestiegene »Sohn« Jesus, wie der Mond mit seinen zwei Seiten, bei dem die eine Seite hell und »gütig« und die andere Seite dunkel und düster ist, sowohl Gnade walten lassen, also »lieb« sein, als auch verurteilen und strafen, also böse sein. Denn »Himmel und Hölle« (oder auch »Über- und Unterwelt«) entsprechen tatsächlich seiner Voll- und Neumondseite, die der Gnostiker oder Platoniker letztlich auch als Tag- oder Nachtseite bezeichnet.[117]

---

117 Die pseudowissenschaftliche »Neurolinguistische Programmierung«, die mit entsprechenden »psychologischen« Techniken und Tricks meint, den Willen vor allem anderer Menschen für den eigenen Vorteil manipulieren zu können, bezeichnet die Qualitäten von Tag- und Nachtseite des Menschen als »Herz- und Verstand«.

Die Sophistik geht nun davon aus, dass also jeder einzelne Mensch einer dieser beiden Seiten dann definitiv zugeordnet werden wird oder zugeordnet werden muss – wenn er nicht den Weg geht, der ihn aus diesem Labyrinth der Irrungen und des Wahnsinns wieder hinausführt und befreit. Wenn mit »Kleider« die Leiber der abbildhaften Menschen beziehungsweise sogar die abbildhaften Menschen selbst gemeint sind – denn was ausser Hülle ist der abbildhafte Mensch sonst? – und mit Gewand der Gesamt- oder Kollektivleib des »neuen Adam«, versteht man vielleicht, weshalb es in der Bibel heisst, dass nach der Kreuzigung des wahren Christus, den sie aber als Jesus bezeichnet, weil sie auch Jesus damit meint, dessen Kleider unter sich aufgeteilt und über sein Gewand das Los geworfen wurde.

...

Nach gnostisch-platonischer Erkenntnis scheint diese Entscheidungszeit bereits ihren Anfang genommen zu haben, und zwar mit Beginn um die Jahrhundertwende vom 19. zum 20. Jahrhundert, also mit Beginn jener Zeit, als auch ein gewisser Adolf Hitler (deshalb?) auf Erden erschien. Dies würde mit einer anderen Interpretation eines in den Offenbarungen des Johannes prophezeiten und angeblich »tausend Jahre« dauernden Friedens korrespondieren, der dann aber nicht mehr tatsächlich »tausend Jahre«, sondern »tausend und nicht mehr tausend Jahre« dauerte, wie dies beispielsweise (auch) der (eigentlich sonst unbekannte) Mystiker Jakob Lorber[118] aus dem 19. Jahrhundert in seinem

---

118 Jakob Lorber war ein österreichischer Schriftsteller, Musiker und Mystiker. Er wurde 1800 in Kanischa, Steiermark, geboren und starb 1864

»Grossen Johannes-Evangelium« vertrat[119]. Bei ihm heisst es dort wortwörtlich: »Es werden aber bis dahin von nun an noch tausend und nicht noch einmal wieder tausend Jahre vergehen!« Vom Jahr null aus gerechnet, kommt man bei »tausend und nicht noch einmal wieder tausend Jahren« knapp vor das Jahr 2000 – und nicht wie bei »tausend Jahren« der normalen Bibelübersetzungen zum Jahr 1000, als man die Wiederkunft Christi tatsächlich erwartete und zum Teil auch vom Untergang der Welt ausging.

Wenn man hier, also um das Jahr 2000, die 300 Jahre noch dazurechnet, die der »Erneuerungsimpuls« von Jesus bis zu seiner tatsächlichen Entfaltung auf Erden unter Kaiser Konstantin benötigte, dann kann man mit der endgültigen Wirkung der Wiederkunft Jesu auf Erden also auch erst um das Jahr 2300 rechnen. Das heisst: Bis dahin werden die Kräfte des abbildhaften Menschen wohl weiter schwinden und die Menschen gleichzeitig weiterhin entweder an das »scheinbar Lichthafte« oder an das »tatsächlich Dunkle« respektive an deren jeweilige Vertreter auf Erden, die als »Menschen-, Volks oder Religionsführer« auftreten, verteilt, indem man ihnen, den einzelnen Menschen, immer mehr ihre eigene Bedeutung und letztlich auch ihr Ich und ihre Seele nimmt. Denn sie teilten, wie es heisst, tatsächlich die Kleider unter sich und warfen das Los über das Gewand. Doch wenn man

---

in Graz. Sein Werk wird von der katholischen Kirche den Privatoffenbarungen zugeordnet.
119 Der Gnostiker oder Platoniker versteht unter »tausend Jahre« tatsächlich »tausend und nicht mehr tausend« und somit tausend plus nicht mehr ganz tausend, also knapp zweitausend Jahre. Der Sophist dagegen meint damit ein »Tausendjähriges Reich« (siehe Offb. 20,1).

den einzelnen Menschen ihre Leiber nimmt, um sie in einem »Gesamtleib«, dem »neuen Adam«, aufgehen zu lassen, so macht man sie nicht nur ich- und seelenlos, sondern vor allem auch schutz- und bedeutungslos. Und damit ausliefer-, verfüg- und verwundbar. Das Los um das Gewand, also das Los darüber, wer nun diesen »neuen Adam« quasi als Leittier letztlich »bewohnen« und beherrschen kann, also entweder das »scheinbar Lichthafte« oder das »tatsächlich Dunkle«, wird wohl ebenso im Jahre 2300 endgültig entschieden werden oder sogar entschieden sein, also dann, wenn die »Energie« für das abbildhafte Leben wohl ein weiteres Mal gänzlich »aufgebraucht« sein und die Wirkung der angekündigten Parusie Jesu wohl definitiv eintreten wird. Weil dann wohl auch die Verteilung der Menschen gänzlich zum Abschluss gebracht werden oder sogar gänzlich abgeschlossen sein wird. Dann werden wohl auch Hitler und alle anderen »Menschen-, Volks- und Religionsführer«, also sowohl die Vertreter des »scheinbar Lichthaften« (Tagseite) als auch die Vertreter des »tatsächlich Dunklen« (Nachtseite), die bereits um die Jahrhundertwende vom 19. zum 20. Jahrhundert gelebt haben, wieder auf Erden erscheinen, um für ihre eigene definitive Macht zu kämpfen. Rudolf Steiner zumindest kündigte tatsächlich an, 400 Jahre nach seinem Tod, also genau etwa um das Jahr 2300, wieder inkarniert zu sein. Ob da aber die Welt und die Menschheit in dem Sinne noch existiert, bleibt als Frage offen. Der renommierte Physiker Stephen Hawking gab der Menschheit auf Erden zumindest nur noch hundert Jahre. Ab dann, so sagte er, werde es dem Menschen nicht mehr möglich sein, auf Erden zu leben. Denn Klimawandel, Naturkatastrophen, Epidemien oder Bevölkerungswachstum zerstörten seine Lebensgrundlagen. Vielleicht wird der Mensch dann aber auch nicht mehr existieren, weil er als solcher selbst bis dahin keine Lebensenergie mehr hat? (Dafür aber Roboter, in die er sich, wer weiss, zukünftig inkarnieren kann und mit denen es für ihn auch auf den Mars auszuwandern möglich ist?)

Im 20. Jahrhundert, also »tausend und nicht mehr tausend Jahre« nach Golgatha, erschienen aber nicht nur das »scheinbar Lichthafte« und das »tatsächlich Dunkle« beziehungsweise deren Vertreter auf Erden, sondern auch, wenn auch unbemerkt und unerkannt, die »Königin des Südens«, die nach Norden zieht. Nämlich die »Pronoia« beziehungsweise deren Vertreterin auf Erden: die »Epinoia«, die als Ariadne jene Menschen in Empfang nimmt, die entweder wie Theseus den Weg des einzelnen, wahren Menschen gehen oder wie Ariadne selbst mittels selbstständigen Denkens die Wahrheit suchen – und nichts mit dem Kollektivmenschen des »scheinbar Lichthaften« oder des »tatsächlich Dunklen«, dem »alten« und dem »neuen Adam«, zu tun haben. Das Schwierige aber bei der Königin des Südens ist: Man muss sie erkennen! (So wie das auch bei meinem Bruder ist: Auch ihn muss man erkennen!) Vielleicht war ihr Erscheinen ein Grund dafür, dass sich auch die Vertreter des »scheinbar Lichthaften« und des »tatsächlich Dunklen« zur gleichen Zeit auf Erden zeigten – oder zeigen mussten. Nämlich mussten, um so auch deren Wirken und deren Bedeutung zu schmälern, zu verhindern oder sogar zu eliminieren. Denn jeder Impuls erzeugt einen Gegenimpuls, auch ein wahrer. Ein wahrer nämlich den Gegenimpuls eines »scheinbar Lichthaften« und eines »tatsächlich Dunklen«. Es ist dies ein Gesetz der abbildhaften Welt, dass immer dort, wo sich ein

Wahres zeigt, unmittelbar dann auch das Scheinbare und das Dunkle auftreten. Man kann sich deshalb fragen, wenn man Europa als Kontinent der »Pronoia« und somit als Kontinent des wahren Menschen versteht, ob man deren Gegenimpulse geografisch als solche einerseits generell auch in den USA und anderseits in Russland oder China (oder auch in der Türkei?) erkennen kann, zumal diese Länder, zumindest in jetziger Zeit mit deren Präsidenten, so scheint es, alles dafür tun, Europa in seiner Bedeutung zu destabilisieren und zu schwächen.

17. KAPITEL

Über Macht und Weisheit und über den »Heiligen Geist«

Kaiser Konstantin, der sich als Person der Macht mit der Weisheit Jesu verband – aus diesem Grund, das heisst, weil Weisheit symbolisch mit der Schlange in Zusammenhang steht, liess er dann wohl auch die berühmte Schlangensäule aus Delphi an seinen Kaisersitz in Byzanz holen –, verlegte seinen Kaiserpalast von Rom in den Osten, damit der Papst, der als Vertreter Jesu aus dem Osten kam, in Rom, dem Westen, seine Kaisermacht entfalten konnte. Dadurch entstanden auf Erden ein Kreuz und die Verbindung – sowohl im Westen (Rom) als auch im Osten (Konstantinopel) – vom »scheinbar Lichthaften« (Weisheit) mit dem »tatsächlich Dunklen« (Macht) zum »Heiligen Geist«, aus dem dann später auch das »Heilige Römische Reich Deutscher Nation« erwuchs, dessen erster Kaiser Karl der Grosse war. Karl der Grosse war der Überzeugung, dass er damit das Römische Reich im Westen Europas als »christliches Reich« erneuert habe.

Der »Heilige Geist« ist, gnostisch-platonisch gesehen, also nichts anderes als die Verbindung von Weisheit mit Macht, wie sie Jesus und Judas (oder das »scheinbar Lichthafte« und das »tatsächlich Dunkle«) jeweils einzeln als Qualitäten vertreten haben, und somit auch die Verbindung der Voll- mit der Neumondseite Jehovas. Indem Jesus »zum Vater aufgestiegen« ist, wurde er selbst Jehova, also selbst »Vater«, und somit selbst (wie) der Mond mit seinen zwei Seiten. Er entriss dafür, mithilfe der Hohepriester, die ihm den Weg dazu bereiteten, Judas die Macht, die ihm bisher fehlte. Judas dagegen, der sich als einer der Jünger mit der Weisheit Jesu verband, übergab als Antwort darauf – im übertragenen Sinn, aber auch ganz reell – seine gesamte Denk- und Entscheidungskraft dem »tatsächlich Dunklen«, indem er sich erhängte. Dadurch wurde er wohl zum »Werkzeug« des »tatsächlich Dunklen«, zu dessen »persönlichem« Vertreter. Denn dieser fuhr bereits beim letzten Abendmahl, das eigentlich sein Mahl gewesen wäre[120], als Satan in ihn ein. Er fuhr in ihn ein, als er das Salzfass umwarf und sich entschloss, nach dem Verrat des wahren Christus, eines Unschuldigen, nun

---

120 Da Judas der Vertreter der Nachtseite Jehovas war, ist ihm all jenes zuzuordnen, das mit Nacht oder Mitternacht beziehungsweise mit Abend in Zusammenhang steht, so deshalb auch das Abendmahl. Jesus hatte dieses, nach gnostisch-platonischer Erkenntnis, an sich gerissen, um damit auch in diesem Bereich seinen Messias-Anspruch kundzutun. Denn eigentlich wäre, nach gnostisch-platonischer Erkenntnis, Judas und nicht Jesus ursprünglich als Messias vorgesehen gewesen, da er beispielsweise derjenige war, der den wahren Christus erkannte. Aber auch derjenige, der von Mitternacht erwachte. Er erwachte von Mitternacht, indem er sich, nämlich als Jünger von Jesus, mit der Weisheit der Sonne verband. Deshalb prophezeite Elias, als er von Judas sprach: »Aber einer erwacht von Mitternacht, denn er kommt vom Aufgang der Sonne!« Er war es auch, der als Jüngling von Nain vom wahren Christus von den Toten erweckt wurde, damit er den Weg des wahren Menschen ginge. Doch er blieb auf seinem Weg und verriet stattdessen den wahren Christus, um sich, wie er wohl hoffte, dessen ewiges Leben anzueignen. Im Gegensatz zu Judas, der mit der Nachtseite in Zusammenhang stand, stand Jesus dagegen mit der Tagseite in Zusammenhang. Deshalb krähte der Hahn, als Jesus seine Mission vollbracht hatte. Dieser krähte, um den Morgen und somit die Zeit von Jesus, die nun angebrochen ist, anzukündigen.

auch Jesus, den wirklich Schuldigen, zu verraten.[121] So wie bei der Taufe durch Johannes, die eigentlich die Taufe für Judas hätte sein müssen, das »scheinbar Lichthafte« in Jesus einfuhr. Dieses fuhr als »Geist Gottes« wie eine Taube in ihn ein.

Die Macht, die Judas von Jesus entrissen wurde, war die Macht, die nun der Papst in Rom als dessen Stellvertreter auf Erden besitzt. Aber auch die Macht, die Hitler als Vertreter der Neumondseite Jehovas und somit als »Nachfolger« Kains und Judas' als nun persönlicher Vertreter des »tatsächlich Dunklen« mit aller Gewalt mit dem Zweiten Weltkrieg wieder zurückzuholen versuchte, beziehungsweise, weil dies nicht gelang, nun wohl deshalb in späterer Zeit zurückholen wird. Es gelang ihm nicht, weil sich ihm vorab Churchill und dann auch Roosevelt entgegenstellten. Doch er wird sie vielleicht im Jahr 2300, wenn auch er wohl wieder auf Erden erscheint, für sich zurückholen können – wenn dies nicht Pilatus beziehungsweise Churchill mit seiner Inkarnation abermals verhindern wird. Vielleicht wird sich zu dieser Zeit auch der »Krieg alle gegen alle« manifestieren. Weil es dann nicht nur um Anschauungen oder Ausrichtung, sondern auch um

---

121 Nach gnostisch-platonischer Erkenntnis verriet Judas nicht nur den wahren Christus, sondern auch, wenn auch vergeblich, Jesus. Damit versuchte er, bei Pilatus für seine Berufung als Messias zu kämpfen. Denn nach gnostisch-platonischer Erkenntnis hätte tatsächlich ihm, dem Berufenen, und nicht Jesus, der auserwählt und nicht berufen war, der Messias-Titel zugestanden. Der Verrat an Jesus misslang, weil dieser sowohl mit den Hohepriestern als auch mit Pilatus paktierte. Mehr darüber berichte ich in meinen beiden Büchern »Das gnostische Christentum« und »Das gnostische Christentum – Teil 2«, erschienen beim Twentysix-Verlag, Norderstedt.

Ressourcen, um die jeder Mensch kämpft, geht. Nämlich um Ressourcen wie Luft, Wasser oder Erde, welche verschmutzt, verseucht, versiegt oder im Übermass vorhanden sind. Oder um Platz, um leben zu können – sofern es die Menschheit (oder ein elitärer Teil davon?) bis dann nicht tatsächlich geschafft hat, auf dem Mars ein »neues« Leben zu beginnen.

Dieses erneute Erscheinen Hitlers auf Erden bereiten wie damals, als es darum ging, entweder den wahren Christus oder Barabbas freizulassen, die Menschen selber vor. Nämlich durch ihre Gesinnung. So zum Beispiel, wenn sie sich für rechtsnationales Gedankengut engagieren. Denn damit sorgen sie dafür, dass Hitlers Ideologie auf Erden erhalten bleibt. Das heisst: Hitler kann dann ohneweiters wieder auf diesen seinen Grundlagen aufbauen, wenn er sich wieder auf Erden inkarniert. Eigentlich sind die Neonazis in Bezug auf die Nachtseite für Hitler dasselbe wie die religiösen Menschen in Bezug auf die Tagseite für deren »Göttersöhne«, nämlich die Bewahrer deren Erbes. Deshalb mahnte wohl auch Jesus seine Jünger beim letzten Abendmahl, dieses immer wieder zu seinem Gedächtnis zu tun.

Um im sophistischen Sinne »christlich« zu sein, muss man also wie Jesus Weisheit und Macht an sich reissen und dann für sich miteinander verbinden. Wie ein von allen Normen befreiter Mensch, der sich, um Nietzsche zu zitieren, – als reiner und absoluter Egoist – über Gott und den Wahrheitsglauben emporschwingt.[122]

---

[122] Auf diese Art »funktioniert« auch die Neurolinguistische Programmierung (NLP). Sie bezeichnet die Verbindung von Weisheit mit Macht beziehungsweise vom »scheinbar Lichthaften« mit dem »tatsächlich Dunklen« jedoch

...

Das Leben der Menschheit musste neu impulsiert werden, weil sonst das Leben der »Göttersöhne« und somit das Jehova-Prinzip, das sie auf Erden vertreten, mit dem Erscheinen des wahren Christus abrupt beendet gewesen wäre. Deshalb arbeiteten und arbeiten bis heute die Vertreter des Jehova-Prinzips mit allen Mitteln daran, den Menschen in der abbildhaften Welt[123], der Welt von »Himmel und Erde«, zu bewahren. Sie wollen verhindern, dass er den Weg des wahren Christus, aber auch den Weg der »Pronoia« geht, da ihn beide aus dem Labyrinth der abbildhaften Welt befreien. Auch aus diesem Grund versuchen sie, den Menschen in seiner kindlichen Seite anzusprechen. Denn er soll nicht erwachsen und nicht bewusst werden. Weil ein Mensch, der erwachsen und bewusst wird, anfängt, Fragen zu stellen und

---

als Verbindung von »Herz mit Verstand«. Damit hat auch sie ein probates Mittel für die Entfaltung des »reinen und absoluten Egoisten« (Nietzsche) gefunden. Denn mit ihrer »Programmierung« und Pseudo-Psychologie, die dem allein eigenen Interesse dient, will sie den (anderen) Menschen ganz im Sinne eigener Befindlichkeiten, Bedürfnissen, Vorstellungen von »Richtigkeit« und Wünschen steuern und manipulieren. Dafür bietet sie verschiedene Praktiken an wie verbale und nonverbale Kommunikation oder sogar »Hypnose«. Zudem baut sie ihr »Menschenbild« auf den Gesetzen des Tieres auf. Der Mensch selbst, also der Mensch in seiner eigentlichen, wahren Bedeutung, scheint sie nicht zu interessieren, ihr also völlig gleichgültig (oder auch völlig unbekannt) zu sein.

123 Die abbildhafte Welt ist eine unvollkommene und vergängliche Welt. Sie besteht aus »Himmel und Erde«, also aus der sogenannt »geistigen«, übersinnlichen und der irdischen, sinnlichen Welt (wobei letztlich auch die »untersinnliche« Welt, also die »Hölle«, mit dazugerechnet werden muss). Der Gnostiker oder Platoniker bezeichnet sie als abbildhafte Welt, weil sie der eigentlichen, wahren Welt, der der wahre Mensch ursprünglich entstammt, nacherschaffen ist.

kritisch zu sein. Und dadurch möglicherweise auch, selbstständig zu denken und zu erkennen. So könnte er beispielsweise die Zusammenhänge, in denen er sich befindet, erkennen. Und somit auf diese Weise tatsächlich die abbildhafte Welt, in der ihn das Jehova-Prinzip beziehungsweise Jehova gefangen hält, und deren Prinzipien verstehen. Verstehen und dann auch hinter sich lassen, überwinden.

Doch die Vertreter des Jehova-Prinzips und somit die Vertreter der abbildhaften Welt wollen oder müssen den Menschen in der abbildhaften Welt bewahren, ihn dort gefangen halten und ihn immerwährend, und mit dem »Sohn« Jesus dann auch endgültig, für sie hergeben und – wie Minotaurus die Jungfrauen und Jünglinge in seinem Labyrinth – opfern lassen, damit sie sich so ihr eigenes »Leben« sichern können. Und dies in der Hoffnung, durch ihn, den Menschen, einst sogar das ewige Leben für sich zu erlangen. Denn das abbildhafte Leben, das sie bereits besitzen, nützt (auch) ihnen nichts. Weil sie damit dennoch sterben müssen. Auch sie benötigen das wahre Leben, um immerwährend leben zu können. Denn der Versuch, dem wahren Christus auf Golgatha das ewige Leben abzunehmen, misslang. Es misslang, weil keinem Menschen, der im Besitz des ewigen, wahren Lebens ist, und schon gar nicht dem wahren Menschen selbst, der die Instanz des wahren Lebens ist, ewiges, wahres Leben abgenommen werden kann. Diese Gefahr besteht also nicht.

Dafür besteht für den Menschen aber eine andere Gefahr, wenn er von den Vertretern der abbildhaften Welt für ihre Zwecke bearbeitet wird. Nämlich die Gefahr, sein eigenes Ich zu verlieren, sich selbst und auch seine wirkliche Aufgabe, die er, zumindest vom gnostisch-platonischen Standpunkt aus gesehen, auf Erden aber hätte, zu vergessen. Weil er dann ganz nur den Bedürfnissen und dem Ruf des abbildhaften Menschen folgt, der kollektiv veranlagt ist und selbst kein eigenes (wahres oder wirkliches) Ich benötigt. So zum Beispiel, wenn und weil er sich den Weisheitslehren und Religionen hingibt, für die das Ausschalten oder sogar das Eliminieren des persönlichen, eigenen Ichs des Menschen die grundsätzliche Bedingung ist. Doch er kann auch auf andere Weise sein Ich verlieren und seine Aufgabe vergessen. Zum Beispiel, wenn er Drogen nimmt. Oder Alkohol trinkt. Oder auch, wenn er sich bewusst und gezielt zum reinen Verstandesmenschen erzieht. Denn der reine Verstandesmensch eliminiert, wie Drogen und Alkohol, das (für den wahren Menschen aber überaus wichtige und notwendige) Seelische. Doch auch die Esoterik kann den (wahren) Menschen vernichten, da sie des Menschen Ich schon von Grunde her infrage stellt und als Illusion versteht.

Die Absicht der Vertreter Jehovas und somit der Vertreter der abbildhaften Welt, dem wahren Christus auf Erden das ewige Leben abzunehmen, zeigte sich auch darin, dass sie zu diesem Zeitpunkt, als der wahre Christus[124] auf Erden

---

124 Um es nochmals zu verdeutlichen: Für den Gnostiker oder Platoniker sind Jesus und Christus zwei voneinander unabhängige, verschiedene, eigenständige Personen. Sie dürfen deshalb nicht miteinander gleichgesetzt oder verwechselt werden. Nur für den Sophisten ist Jesus auch Christus. Für den Gnostiker oder Platoniker dagegen ist Jesus eine zur gleichen Zeit wie der Christus lebende Persönlichkeit, die sich selber als Christus ausgab, obwohl sie es nicht oder nur scheinbar war. Für ihn, den Gnostiker oder Platoniker, ist, im Gegensatz zum wahren Christus, Jesus also lediglich der Schein-Christus. An diesen Schein-Christus jedoch glaubt

erschien, sowohl Jesus, den Zweitgeborenen, als auch Judas, den Erstgeborenen, als »Söhne« Jehovas installierten. Denn damit konnten sie garantieren, dass die zwei Seiten des Mondes beziehungsweise die zwei Seiten Jehovas, an den sie glauben, auf Erden repräsentiert wurden. Nämlich mit Jesus, dem »Löwen aus dem Hause Juda«, als »Sohn des Lichts«, die Vollmondseite und mit Judas, dem »Widder aus dem Hause Juda«, als »Sohn der Dunkelheit«, die Neumondseite. Wobei nach gnostisch-platonischer Erkenntnis ursprünglich eigentlich Judas als Messias vorgesehen war, der beide Seiten dann kontrollierte oder personifizierte, und nicht Jesus, der erst im Verlaufe der Entwicklung Judas vorgezogen wurde. Der Grund, weshalb letztlich Jesus Judas vorgezogen wurde, sodass dieser nicht nur die Stelle des wahren Christus, sondern damit auch die Stelle Judas' einnehmen konnte, lag, nach gnostisch-platonischer Erkenntnis, letztlich wohl darin, dass Jesus vom salomonischen Menschenstrom stammte und deshalb wie das jüdische Volk als auserwähltes Volk als auserwählter »Sohn Gottes« auch ihre eigenen Interessen, nämlich die Interessen der Elite, verfolgte. Dies im Gegensatz zu Judas, der als Nachkömmling des nathanischen Stroms ein Berufener war und so durchaus die Möglichkeit hatte, mit dem Volk der einfachen Menschen eine Herrschaft ohne sie, die Elite, aufzubauen – und sogar vielleicht die Möglichkeit, je nachdem, weil er der Vertreter der »Nachtseite« war und

---

heute die gesamte religiös-christliche Welt. Und auch daran, dass dieser und nicht der wahre Christus am Kreuz gestorben wäre. Sie glaubt daran, weil sie vom anderen Christus, dem wahren Christus, nichts (mehr) weiss. (Schon Paulus und Petrus schienen vom wahren Christus nichts oder nichts mehr gewusst zu haben. Denn Petrus verleugnete ihn dreimal und Paulus war ihm nie begegnet.)

somit der Vertreter des Denkens und des Verstandes, jeden einzelnen Menschen des einfachen Volkes zum selbstständigen Denken und somit zur eigenen Mündigkeit zu führen.[125] Denn den Erstgeborenen, die die Berufenen sind, können die Denk- und Sexualkräfte zugeordnet werden, während den Zweitgeborenen, die als Auserwählte (und als Elitemenschen) gelten, »lediglich« die »Herz«- und Kehlkopfkräfte eigen sind.

Dass ursprünglich Judas und nicht Jesus die bedeutende Gestalt der Menschen jener Zeit war, zeigt sich, nach gnostisch-platonischer Erkenntnis, auch darin, dass ihn der wahre Christus, der allein wegen des mündigen Menschen auf Erden erschien, als Jüngling von Nain von den »Toten« erweckte. Er erweckte ihn von den »Toten«, das heisst, in seinem eigenen wahren Ich, damit er wohl der erste männliche Mensch werde, der sich aus der »Höhle Platons« und somit aus dem Labyrinth Jehovas befreite. So wie Maria Magdalena, die er als Tochter des Jairus ebenso von den »Toten« erweckte, der erste weibliche Mensch war, dem dies gelang. Sie war sogar der erste Mensch überhaupt, der den Weg heraus aus dem Labyrinth fand, weil Judas abfiel und den wahren Christus verriet.

Judas fiel ab und verriet den wahren Christus wohl aus Überheblichkeit und Selbstsucht. Und aus purer Selbstverblendung. Er verriet ihn, statt sich mit ihm zu verbinden und

---

125 Über die beiden Menschenströme, den salomonischen und den nathanischen Menschenstrom, aber auch über die Berufenen und die Auserwählten berichte ich ausführlich in meinem Buch »Das gnostische Christentum«, erschienen beim Twentysix-Verlag, Norderstedt.

seinen Weg zu gehen, weil er wohl meinte, so in den alleinigen Besitz des ewigen Lebens zu gelangen und dadurch Herrscher über das ewige Leben und über alle Menschen zu werden. An seine Stelle trat Lazarus, den der wahre Christus deshalb zu dieser Zeit ebenso von den »Toten« erweckte. Lazarus war es auch, der nach der Legenda aurea mit auf dem Boot war, mit dem Maria Magdalena von Ephesus nach Südfrankreich flüchtete, als sie von Paulus von dort vertrieben wurde. Sie flüchtete also an den Ort, an dem sich später das Katharertum auszubreiten begann.

Die Aufgabe von Jesus und Judas, den beiden »Göttersöhnen«, war es, mit allen Mitteln, die ihnen zur Verfügung standen, so scheint es, so zum Beispiel mit List, Intrige, Raub oder Verrat, dafür zu sorgen, dass der wahre Christus letztlich von den Römern, deren Statthalter in Judäa Pilatus war, gekreuzigt werden konnte. Denn nur so, als Gekreuzigter, konnte der wahre Christus als Menschenopfer für den Messias dienen. Sie gingen in gleicher Weise wie die drei Gesellen König Salomons in den Tempellegenden vor, als einer von ihnen ebenso hinterrücks den (wahren) Baumeister Hiram Abiff erschlug. Denn auch sie wollten wie Jesus, Judas und Pilatus vom Grad des »Sohnes« in den Grad des »Vaters« erhoben werden. Dasselbe erkennt man bei den drei Weisen aus dem Morgenland, die ebenso auf dem Weg zum »Meister«, also auf dem Weg zum »Grad des Meisters«, welcher dem »Grad des Vaters« entspricht, waren und deshalb den Sternen nach Jerusalem folgten. Die Römer kreuzigten den wahren Christus im Auftrag von Pilatus, des neben Judas und Jesus also dritten Gesellen, weil dieser mit den Hohepriestern und deshalb mit Jesus paktierte.

...

Derjenige Mensch, der mich mein Ich und meine Seele nicht verlieren liess und auch nicht verlieren lässt und mich in meinem Leben zum Tor des wahren Menschen führt, ist mein Bruder. Mein Bruder, den man in der Welt verkennt und bekämpft. Und den man übergeht wie die »Pronoia«, die deshalb wohl ebenso unbemerkt und unerkannt bleibt. Oftmals denke ich bei meinem Bruder an Platon, wenn dieser in seinem Höhlengleichnis von Menschen spricht, die das Licht ausserhalb der Höhle[126] kennten und zu den Menschen kämen, um diesen von dem Licht zu erzählen. Ihnen würde, so sagte Platon, nicht geglaubt, wenn sie davon erzählten. Sie würden ausgelacht, und wenn sie versuchten, in der Höhle Gefangene von ihrem Schicksal zu befreien, um sie ebenso nach oben zu führen, sogar umgebracht. Menschen wie mein Bruder wurden im Zweiten Weltkrieg von den Nazis umgebracht. Ob ich auch deshalb eine so grosse Angst vor dem wiederaufkommenden Rechtsnationalismus in der Welt habe?

---

126 Die Welt, wie sie der »Höhle Platons« entspricht, ist die sowohl irdische (sinnliche) als auch »geistige« (übersinnliche) Welt, also »Himmel und Erde«. Sie ist, gnostisch-platonisch gesehen, sowohl als irdische als auch als »geistige« Welt unvollkommen und vergänglich, weil sie eine abbildhafte Welt ist.

18. KAPITEL

Das Land Hyperborea und die Welt ausserhalb des Labyrinths

Die Welt, die es für den Gnostiker oder Platoniker zu finden gilt und die Platon als Welt ausserhalb der Höhle bezeichnet hat, ist eine Welt, von der Sophisten nichts wissen und auch nichts wissen wollen. Sie wissen nichts von ihr oder wollen auch nichts von ihr wissen, weil sie sich ausserhalb von »Himmel und Erde«, also ausserhalb der abbildhaften Welt, der irdischen und »geistigen« Welt, wie sie Sophisten vertreten, und somit auch – im übertragenen Sinne – ausserhalb des Tierkreises befindet. Oder auch ausserhalb des Labyrinths. Die Welt ausserhalb des Labyrinths bezeichnete Nietzsche[127] als Land Hyperborea.

Nietzsche gesellt sich in seinem Werk *Der Antichrist* unter dem Titel »Wir Hyperboreer« als ebenso »Unzeitgemässer und Einsiedler« zu den Hyperboreern, also zu den Bewohnern dieser Welt ausserhalb des Labyrinths. Die Hyperboreer hätten sich, so sagte er, von der Moderne entfernt und den Ausgang aus ganzen Jahrtausenden des Labyrinths gefunden. Als Hyperboreer sucht auch er deshalb statt nach

---

127 Friedrich Nietzsche (geboren 1844 in Röcken und gestorben 1900 in Weimar) war ein deutscher klassischer Philologe. Er schuf nebenher Dichtungen und musikalische Kompositionen. Von 1869 bis 1879 war er Professor an der Universität Basel. Er gab seine Professur aufgrund seiner Krankheit auf. Seit seiner Übersiedlung nach Basel 1869 war er staatenlos.

Fortschritt, an den der Hyperboreer seiner Meinung nach nicht glaubt, nach einem »höheren Typus Mensch«, dem »Übermenschen«.

Gerade jedoch diese Aussage beweist, dass auch Nietzsche, vom gnostisch-platonischen Standpunkt aus gesehen, von einer Welt ausserhalb des Labyrinths und somit von einer Welt ausserhalb der »Höhle Platons« nichts wusste – und deshalb auch nichts von ihr verstand. Weil die Welt ausserhalb des Labyrinths und somit auch ausserhalb der »Höhle Platons« in keinem Zusammenhang mit dem von ihm beschriebenen »Übermenschen« steht und deshalb auch nichts mit diesem zu tun hat. Denn die Welt des »Übermenschen«, wie ihn Nietzsche beschrieb, befindet sich, vom gnostisch-platonischen Standpunkt aus gesehen, wenn schon, (noch oder noch immer) innerhalb der Höhle selbst, nämlich dort an oberster Stelle, und somit auch innerhalb des Labyrinths, dessen Ausgang Nietzsche, wie er selbst sagte, angeblich aber gefunden hätte. Der Grund, weshalb sich die Welt des »Übermenschen« weiterhin innerhalb der Höhle selbst befindet und nicht ausserhalb, wie wohl Nietzsche meinte, ist, dass die Welt des »Übermenschen« die »übersinnliche Welt« ist. Das heisst, sie entspricht der sogenannten »geistigen Welt« der abbildhaften Welt, also dem »Himmel« der religiösen Menschen. Deshalb kann sie auch mit der Welt des »scheinbar Lichthaften«[128], mit der die Sophistik die Welt »Gottes« oder sogar das »Paradies« beschreibt, gleichgesetzt werden.

---

128 Die »geistige Welt«, wie sie der Sophist vertritt, ist die Welt des »scheinbar Lichthaften«, da sie eine vom »scheinbar Lichthaften« der wahren Welt ausserhalb der Höhle »nacherschaffene« Welt ist. Und weil in der abbildhaften Welt selbst alles auf das »scheinbar Lichthafte« zurückgeht, das

Sie kann mit der Welt des »scheinbar Lichthaften« gleichgesetzt werden, weil das »scheinbar Lichthafte« Ausdruck der »geistigen Welt« beziehungsweise die »geistige Welt« selbst und somit auch Ausdruck des »Himmels« beziehungsweise der »Himmel« selbst ist. Da sie eine in Bezug auf die sinnliche, irdische Welt überhöhte oder übergeordnete Welt ist, kann sie deshalb als »Überwelt« oder eben als übersinnliche Welt bezeichnet werden. Ihr entspringen die religiösen Gedanken, die »schönen« Gefühle, aber auch Wünsche und Visionen – und ein Heldentum. Auch das Verlangen nach einem »Sich-Auflösen« (Nirwana) und »Einssein mit Gott« beziehungsweise nach einem sogar eben »Gleichsein mit Gott«, da man als »Übermensch« selbst in dieser Welt »Gott« ist oder wie »Gott« sein kann und auch wie »Gott« sein will, steht mit ihr in Zusammenhang. Oder mit anderen Worten: Die Welt des »Übermenschen«, wie ihn Nietzsche idealisierte, ist letztlich das »Paradies«, in dem sich – gemäss sophistischer Lehre – der Mensch befand, bevor er von Jehova auf Erden geworfen wurde, als und weil er verbotenerweise vom Baum der Erkenntnis ass. Und deshalb auch jener Ort, in den er wohl wieder eintreten wird, wenn er sich für »Gott« aufgibt oder auflöst oder sich sogar selbst zu »Gott« macht oder für »Gott« hält – und sich auf diese Weise also wieder mit »Gott« vereint.

. . .

Seit der Mensch aus dem »Paradies« geworfen wurde, muss er auf Erden sein Dasein fristen und jedes Mal, wenn er sein Leben gelebt hat, in seiner Leiblichkeit verwesen und

---

mit Licht oder »Geistigkeit« oder eben sogar mit vermeintlicher »Wahrheit« in Zusammenhang steht.

sterben, um sich letztlich angeblich dann vor »Gott« oder vor einem seiner Repräsentanten im »Vor-Himmel« oder »Himmel« als Mensch für sein vergangenes Leben zu rechtfertigen. Er wird sich angeblich vor »Gott« oder vor einem seiner Repräsentanten im »Vor-Himmel« oder »Himmel« für sein vergangenes Leben rechtfertigen, damit dieser ihn erneut auf Erden oder, wenn er beispielsweise Katholik ist, nach dem »Jüngsten Gericht« als Richter entweder in den »Himmel« oder in die »Hölle« schicken kann. So offenbart es die sophistische Lehre, die mit der gnostisch-platonischen Erkenntnis in keinem Zusammenhang steht.

Das »Paradies« beschreibt nicht nur die Welt des »Übermenschen« beziehungsweise die übersinnliche Welt, sondern auch die »allerhöchste« und »vollkommenste« Form einer »geistigen Welt« der Esoteriker, deren »Leben« deshalb wie das Leben auf Erden hierarchisch gegliedert ist, weil auch diese, ihre »geistige Welt«, nicht der wahren Welt ausserhalb der Höhle und somit auch nicht der Welt ausserhalb des Labyrinths, sondern dem Labyrinth selbst und somit einer übersinnlichen Welt entspricht. Denn nur in einer hierarchisch gegliederten Welt sind »Übermenschen«, aber deshalb auch »allerhöchste« und »vollkommene« Menschen beziehungsweise dann sogar »Götter« und »Helden«, möglich. Weil es auch nur da ein »Oben« und ein »Unten« gibt. Und auch ein »Besser- oder Schlechtersein«. Das heisst: Nur da kann sich ein Mensch oder ein Wesen über einen anderen Menschen oder ein anderes Wesen erheben, also »höher« und auch »besser« als der andere Mensch oder das andere Wesen und selbstverständlich auch »wertvoller« und »bedeutender« sein. Jeder Mensch oder jedes Wesen kann sich dann selbst wie »Gott« (also wie das »scheinbar Lichthafte«) erleben oder selbst wie »Gott« (also wie das »scheinbar Lichthafte«) oder sogar, wenn er es nicht bereits ist, »Gott« (also »scheinbar Lichthaftes«) sein[129].

In einer wahren Welt dagegen gibt es keine Hierarchie. Und deshalb auch keine »Götter« – beziehungsweise generell keine Menschen oder Wesen, die sich (wie das »scheinbar Lichthafte«) über andere Menschen und Wesen erheben und sich selbst dadurch als »bessere« Menschen oder »bessere« Wesen, also als »Übermenschen«, verstehen.[130]

Der »Übermensch« entstammt also, wie man sieht, eindeutig der übersinnlichen Welt, die die Welt des »scheinbar Lichthaften« ist. Die übersinnliche Welt ist die »geistige Welt« der abbildhaften Welt beziehungsweise der »Himmel« oder das »Paradies« der religiösen Christen.

Diese »Gottwerdung« des Menschen geschieht also innerhalb der abbildhaften Welt selbst, die deshalb, weil sie den Menschen in die Wirrnis, das heisst auch von sich selbst weg und, je nachdem, in den eigenen Wahnsinn führt, tatsächlich als Labyrinth im Sinne Nietzsches verstanden oder bezeichnet werden kann. Das Labyrinth im Sinne Nietzsches ist das Labyrinth des Minotaurus, das als Welt der Verklärung und des

---

129 Das »scheinbar Lichthafte« entspricht bei den Römern dem Gott Jupiter. (Das »tatsächlich Dunkle« dagegen dem Gott Saturn.)

130 Dies ist ein weiterer Beweis dafür, dass auch die katholische Kirche mit ihrer Lehre das »scheinbar Lichthafte« und nicht das tatsächlich Wahre vertritt. Denn auch sie ist hierarchisch aufgebaut. Zuunterst sind die unwissenden, unmündig gehaltenen Gläubigen und zuoberst die über sie bestimmenden Bischöfe und der Papst als Elite.

Falschen (Gespiegelten) und somit als Welt des »scheinbar Lichthaften« den Menschen zu Minotaurus und damit zum »tatsächlich Dunklen« führt. Es entspricht dem Baum der Erkenntnis, in dem sich die Schlange befindet und der den Menschen, wenn er davon isst, zum Baum des Todes führt. Minotaurus frisst oder tötet also den Menschen, da dieser im Labyrinth den Zugang zur Wahrheit verliert und dadurch letztlich gewissermassen selbst zur Lüge wird. Denn alles, was mit dem Labyrinth in Zusammenhang steht, ist letztlich Lüge oder wird zur Lüge. Somit ist es also das Labyrinth selbst, das den Menschen zu Minotaurus und dann ins Verderben führt. Weil das Labyrinth selbst Ausdruck und Resultat der Lüge ist.

Auch die Weisheit führt den Menschen zu Minotaurus und somit zum Tod, da sie als Wahrheit einer Vergangenheit ebenso Ausdruck der Lüge ist. Das heisst: Sie ist ebenso Ausdruck der Lüge, weil sie sich mit einem Vergangenen und nicht mehr mit einem Gegenwärtigen und schon gar nicht mit einem Zukünftigen beschäftigt. Denn ein Gegenwärtiges oder ein Zukünftiges wird automatisch zur Lüge, wenn es nicht mehr einem Gegenwärtigen oder einem Zukünftigen selbst, sondern stattdessen einem Vergangenen entspricht.

Das Labyrinth ist also eine Lügenwelt, die deshalb, weil sie eine Lügenwelt ist, den Menschen in den Tod beziehungsweise zum Tod führt. So wie umgekehrt eine Lügenwelt ein Labyrinth ist und deshalb, weil sie ein Labyrinth ist, den Menschen in die Wirrnis zerrt. Denn im Labyrinth verliert man sein eigenes Ich und seine Seele. Man verliert seine Orientierung. Und das Wissen über sich selbst. Dadurch begibt man sich automatisch in die Fänge des Minotaurus. Weil man ich-los wird oder bereits ich-los ist. Die Gefahr, sein Ich und seine Seele zu verlieren, ist auf Erden am grössten, weil nur dort die Möglichkeit besteht, ich-haft und wahrer Mensch zu sein. Denn nur auf Erden erfährt das Ich und die Seele den dafür nötigen physischen Widerstand. In der »geistigen Welt« beziehungsweise im »Himmel« dagegen existiert kein Widerstand, weil es auch keine Materie und deshalb auch keine Leiblichkeit, sondern nur »Geist« gibt – und der »Geist« ist (scheinbar) frei. Aber es existiert auch in dem Sinne kein Leben. Weil man auch nur auf Erden »lebt«. Denn auch nur auf Erden ist man Mensch. In der »geistigen Welt« beziehungsweise im »Himmel« dagegen ist man Wesen. Und als Wesen, da west oder verwest man. Man versteht also die Griechen der Antike, wenn sie sich wünschten, lieber Bettler auf Erden als ein König im Reich der Schatten zu sein. Weil sie wussten, dass man im Reich der Schatten als Mensch west oder verwest, auf Erden dagegen, wenn auch nur abbildhaft, aber dennoch, lebt.

Doch Theseus überwand den Minotaurus. Er überwand ihn, indem er den Menschen aus dem Labyrinth wieder zur Wahrheit führte – und dadurch befreite. Das heisst, er überwand den Minotaurus nicht, indem er ihn tötete, wie die Sophistik erzählt, sondern, indem er den Menschen (selbst-)bewusst werden liess und in seinem Ich ansprach (also »von den Toten erweckte«) – und so Minotaurus den Menschen wegnahm. Denn es ist der Mensch, dem Minotaurus sein Leben ermöglichte, indem er sich für ihn opfern musste.[131] Den Weg aus dem Labyrinth zeigte ihm Ariadne

---

[131] Dass Theseus den Minotaurus überwand, indem er ihn eigenhändig getötet haben soll, ist Teil einer sophistischen Interpretation, die dadurch

mittels eines Fadens, den sie ihm mitgab. Dieser Faden ist nach gnostisch-platonischer Erkenntnis das selbstständige Denken. Das selbstständige Denken stammt also von Ariadne, dem ewig Weiblichen. Und somit tatsächlich von der »Pronoia«, nach deren Ebenbild die Frauen erschaffen sind. Es sind also Theseus und Ariadne, die den Menschen gerettet und dadurch – wie Hiram Abiff und die Königin von Saba in der Saba-Tempellegende – die Freiheit ermöglicht und den Weg zum »ehernen Meer« beziehungsweise sogar das »eherne Meer« selbst für ihn erschaffen haben.

...

In meinem Leben scheint der Faden der Ariadne mein Bruder zu sein. Weil er es ist, der mich zum Denken führt. Durch sein Anderssein, seine Widersprüchlichkeit in Bezug zur äusseren Welt. Und durch sein gleichzeitiges aufrichtiges, wahres Menschsein. Damit führt er mich, wenn ich ihm folge, wie Theseus aus dem Labyrinth, in das mich die Kirche, dann aber auch Rudolf Steiner mit seiner Anthroposophie, einer Lehre der Weisheit, umso mehr (wieder)

Theseus zum »Helden« verklären will. In gleicher Weise verfährt die Sophistik mit Jesus, den sie ebenso zum »Helden« verklärt, indem und weil auch er angeblich den Tod besiegte. Doch wahres Menschsein hat nichts mit Heldentum zu tun. Auch weil es in einer wahren Welt, wie sie der Gnostiker oder Platoniker vertritt, keine Helden gibt und auch keine Helden braucht. Es gibt dort keine Helden, weil es dort auch keine Götter gibt. Das Heldentum-Denken entstammt einem allein hierarchischen (»scheinbar lichthaften«) Götter-Denken. Auch aus diesem Grund hat für die Sophisten, da sie an eine »Götterwelt« glauben, der Ritter St. Georg als »Held« den Drachen mit Speer getötet. Oder der Siegfried der Nibelungen-Sage als »Held« den Lindwurm überwunden.

hineingeführt haben. Sowohl die katholische Kirche als auch Rudolf Steiner mit seiner Anthroposophie führten mich ins Labyrinth, indem und weil sie beide vorgaben, die Wahrheit zu vertreten – obwohl sie es aber beide nicht tun. Sie tun es nicht, weil sie beide Vertreter der Weisheit sind. Das Labyrinth ist die abbildhafte Welt, die sowohl als irdisch-sinnliche als auch als übersinnliche, aber auch als untersinnliche Welt existiert. Die übersinnliche Welt oder mit anderen Worten die »Überwelt« ist die Welt des »scheinbar Lichthaften« und somit die Welt der »Übermenschen«, weil sie die Welt der »Götter« ist. Das heisst, sie ist die »geistige Welt« oder der »Himmel« der Sophisten, das »Paradies«. Die untersinnliche Welt oder mit anderen Worten die »Unterwelt« dagegen die Welt des »tatsächlich Dunklen« oder auch die »Hölle«. Als Welt des »tatsächlich Dunklen« kann sie auch als Welt der »Abtrünnigkeit« und des Abgrunds und auch als Welt der Gewalt bezeichnet werden. Aus ihr gehen letztlich Arroganz, Kontrolle, Mord und Verrat hervor. Dies im Gegensatz zur »Überwelt« oder übersinnlichen Welt, die die Quelle von Überheblichkeit, von Raub, Intrige und Lüge ist.

...

Dieser übersinnlichen Welt oder auch »Überwelt« entstammt der »Übermensch« – und keiner anderen Welt sonst. Auch weil sonst die übersinnliche Welt nicht als übersinnliche Welt und der »Übermensch« nicht als »Übermensch« bezeichnet werden könnten oder auch nicht so bezeichnet würden. So wie der untersinnlichen Welt oder der »Unterwelt« der »Untermensch« entstammt. Hitler hat, gnostisch-platonisch gesehen, also weniger oder überhaupt nichts mit dem »Übermenschen«, sondern mehr doch oder allein mit dem »Untermenschen« zu tun, auch wenn gewöhnlich das Umgekehrte aber gemeint wird. Dass das Umgekehrte aber gemeint wird, hat wohl ausschliesslich mit Nietzsches Beschreibung des »Übermenschen« zu tun. Dafür stehen aber tatsächlich Rudolf Steiner oder auch Jesus mit dem »Übermenschen« in Zusammenhang. Also auch Jesus, der sich, wie Rudolf Steiner, über die Menschen erhob, von oben herab predigte (Bergpredigt) und von oben herab den Menschen belehrte – und angeblich sogar »Wunder« vollbrachte. Nach gnostisch-platonischer Erkenntnis war also Hitler der »Untermensch« und Jesus der »Übermensch«. Denn der eine, der »Übermensch«, agiert mit Schein und spricht von »Liebe«, auch prahlt er mit »Wundern«, was den Glauben stärkt und »Vertrauen« und Sympathien weckt, und der andere, der »Untermensch«, setzt auf Macht und Gewalt, droht, verleumdet und erzeugt Angst und Schrecken. Und nur in der Mitte, also dort, wo sich »Unter- und Überwelt« treffen, also auf der Erde, findet sich der irdische Mensch. Und dieser hat beides, den »Unter-« und den »Übermenschen«, in sich. Und dadurch die Möglichkeit, zumindest wenn er sich allein als abbildhaften Menschen versteht, sich in Richtung des einen oder anderen dieser beiden »Menschen« zu entwickeln, sich für den einen oder anderen dieser beiden »Menschen« zu entscheiden. Als wahrer Mensch entscheidet er sich jedoch für den Weg des wahren Christus und der »Pronoia«.

19. KAPITEL

Nietzsche und der Begriff des Übermenschen

Nietzsche beschrieb den »Übermenschen« auf zwei Arten, die sich jedoch jeweils gegenseitig widersprechen. Nämlich einmal idealistisch und ein andermal, wie es heisst, auf der Grundlage von Immoralismus und Biologismus. Seine Beschreibung auf der Grundlage von Immoralismus und Biologismus machte seine Werke für Darwinisten und Nationalsozialisten interessant, obwohl er sich selbst vehement sowohl vom Darwinismus als auch vom Nationalsozialismus distanzierte. (Auch von Richard Wagner, den er zunächst abgöttisch verehrte, distanzierte er sich. Er wurde nach Wagners Tod sogar zu dessen Feind. Die Gründe dafür lagen einerseits in der Verherrlichung des Volkes durch Wagner und anderseits im Antisemitismus von Wagner.)

Im Sinne seiner idealistischen Interpretation ist der »Übermensch« für Nietzsche jener Mensch, der das Gesetz der ewigen Wiederkunft auf Erden akzeptiert und auch auszuhalten imstande ist. Dadurch wächst er über sich hinaus, weil er sich selbst diszipliniert, Lebenskraft entwickelt und kreativ wird. Denn alles auf Erden, alles, was wir wahrzunehmen meinen, wäre schon mal in der Vergangenheit gewesen und werde auch in Zukunft wiederkehren, sagte er. Dieser »ewige Kreislauf«, dessen Ablauf jedoch keine Tendenz in irgendeine ästhetische oder moralische Richtung aufweise, bezeichnete Nietzsche als Urgesetz. Grund dafür wären die endlichen Zustände in einer unendlichen Zeit. Sie könnten nicht anders, als sich stets wiederholen.

Immoralistisch, biologistisch dagegen beschrieb Nietzsche den Menschen als »absoluten und reinen Egoisten«, der dadurch über sich hinauswächst, dass er die Welt letztlich als Gewaltherrscher oder Diktator, der sich über die Herde Mensch erhebt, nach seinem allein eigenen Willen schafft. Als »Übermenschen« in diesem Sinne nennt er als Beispiele Alkibiades, Julius Cäsar, Cesare Borgia und Napoléon Bonaparte.

Wenn man Nietzsches Begriff des »Übermenschen« auf der Grundlage eines gnostisch-platonischen Denkens studiert, und zwar den Begriff des »Übermenschen« im sowohl immoralistisch-biologistischen als auch ideellen Sinne, so merkt man sehr bald, dass er damit wohl tatsächlich, und zwar in beiden Fällen, den allein im abbildhaften Sinne überhöhten Menschen meinte und nicht den Hyperboreer der antiken Dichter und Philosophen, der seinen Bezug »jenseits des Nordens« und somit auch ausserhalb der abbildhaften Welt hat und deshalb tatsächlich auch nur ausserhalb des Labyrinths zu suchen ist. Denn der »Übermensch«, so wie er ihn definierte, und zwar im sowohl immoralistisch-biologistischen als auch im idealistischen Sinne, ist geradezu umgekehrt das Sinnbild einer Welt des »scheinbar Lichthaften«, die sich als »geistige Welt« oder als Welt des »Himmels« »über« oder »jenseits« der irdischen Welt des Erdenmenschen offenbart – und deshalb als Welt des »Übermenschen« bezeichnet werden kann. Auch wenn er vielleicht (dennoch) meinte, dass in einem dieser beiden »Übermenschen«-Typen letztlich dann jener abseits lebende Mensch verborgen wäre, der als Hyperboreer angeblich den Ausgang des Labyrinths der abbildhaften Welt finden würde oder gefunden hätte, sodass er sich vielleicht wohl auch deshalb mit den Hyperboreern selbst verband[132], dann irrte er sich, und zwar gewaltig. Denn für einen Menschen, der »Übermensch« ist, ist es generell nicht (mehr) möglich, die abbildhafte Welt zu verlassen. Weil ein »Übermensch« in keiner Weise (mehr) mit der Welt jenseits des Labyrinths, sondern nur mit der abbildhaften Welt selbst in Zusammenhang steht. Doch als »Wesen« einer abbildhaften Welt ist es ihm auch nicht (mehr) möglich, andere Menschen in Richtung Ausgang des Labyrinths zu führen. Weil er als solcher diesen Ausgang auch selbst nicht (mehr) kennt. Im Gegenteil: Als »Übermensch« drängt er andere Menschen und auch sich selbst höchstens umso mehr weiter in die Wirrnis der abbildhaften Welt selbst und somit auch umso mehr weiter hinein in das Labyrinth. Um das Labyrinth zu verlassen, muss der Mensch also sein »Übermenschsein« beziehungsweise seinen Wunsch oder seine Entwicklung dazu geradezu aufgeben – und letztlich lediglich (wahrer) Mensch werden. Denn: Nicht im »Übermenschsein« liegt die Erlösung des (wahren) Menschen, sondern allein im (wahren) Menschen selbst. Und dieser hat mit dem »Übermenschen« überhaupt nichts zu tun.

Der Grund, weshalb man die Hyperboreer vielleicht dennoch als »Übermenschen« versteht, könnte darin liegen und liegt

---

132 In seinem Werk *Der Antichrist* schreibt er: »Sehen wir uns in's Gesicht. Wir sind Hyperboreer – wir wissen gut genug, wie abseits wir leben.« (…) »Wir haben das Glück entdeckt, wir wissen den Weg, wir fanden den Ausgang aus ganzen Jahrtausenden des Labyrinths. Wer fand ihn sonst?«

wohl auch darin, dass man sie als Menschen über Jehova, den »Gott« der Religionen, nach dessen Abbild zumindest der irdisch-physische, also abbildhafte männliche Mensch erschaffen ist, einstuft – und sie dadurch automatisch als Menschen der Welt des »scheinbar Lichthaften« erkennt. Denn auf Jehova folgt, nach gnostisch-platonischer, aber zum Teil auch nach sophistischer Lehre, sofern sie von einem Wesenhaften über Jehova ausgeht oder weiss – Helena Blavatsky und auch Rudolf Steiner gingen beide von Wesenheiten, die über Jehova stehen, aus –, hierarchiemässig das »scheinbar Lichthafte«. Deshalb stimmte es dann schon, wenn man wie Nietzsche äusserte, dass sich der »Übermensch« als »ein von allen Normen befreiter Mensch über Gott«, also über Jehova, »und den Wahrheitsglauben emporschwinge, sodass er dadurch nicht mehr Ebenbild Gottes«, also nicht mehr Ebenbild Jehovas, »sondern er selber – der reine und absolute Egoist wäre«. Denn das »scheinbar Lichthafte« *ist* der reine und absolute Egoist. Einer, der hierarchiemässig auch über Jehova steht – so wie dann das »tatsächlich Dunkle«, ebenfalls gnostisch-platonisch und, je nachdem, auch sophistisch gesehen, über dem »scheinbar Lichthaften« einzuordnen ist – obwohl es als Wesenheit selbst die »Unterwelt« vertritt.[133]

Wenn auch Nietzsche den Hyperboreer vielleicht als »Übermenschen« verstand, dann wäre dies tatsächlich ein Beweis

---

[133] Auch der Planet Saturn, der nach gnostisch-platonischen Erkenntnissen mit dem »tatsächlich Dunklen« zu tun hat, befindet sich im Kosmos von der Erde aus betrachtet ausserhalb oder »über« dem Planeten Jupiter, der, gnostisch-platonisch gesehen, mit dem »scheinbar Lichthaften« in Zusammenhang gebracht werden kann.

dafür, dass er ihn nur als Wesen innerhalb der »Höhle Platons« selbst und nicht ausserhalb, wie er wohl meinte, erkannte. Denn der wirkliche »Übermensch«, sofern man dann überhaupt noch von einem »Übermenschen« in dem Sinne sprechen kann, also der Mensch, der dann tatsächlich dem »Hyperboreer« entspräche, weil er sich ausserhalb des Labyrinths beziehungsweise »über« dem Labyrinth und somit jenseits der abbildhaften Welt befindet, hätte dann mit dem, was Nietzsche unter »Übermensch« verstand, überhaupt nichts zu tun. Und man würde ihn auch in keiner Weise mehr als »Übermenschen« dann bezeichnen, sondern einzig und allein als wahren Menschen. Weil es auch niemals der »Übermensch« ist, der das Labyrinth der abbildhaften Welt verlässt oder verlassen will oder verlassen kann, sondern einzig und allein der wahre Mensch. Auch hier zeigt sich also die Wirrnis des Labyrinths: Zusammenhänge, Wahrheiten und Hintergründe können nicht mehr richtig erkannt, nicht mehr richtig zugeordnet und nicht mehr richtig voneinander unterschieden und deshalb auch nicht mehr in richtiger Weise interpretiert werden, wenn man sich selbst in der Wirrnis des Labyrinths befindet, sofern man nicht – tatsächlich – noch von einer anderen, nämlich von einer wahren Welt ausserhalb des Labyrinths wirklich weiss.

20. KAPITEL

Die Illusion der Sophisten: Der »neue Adam« als zukünftiger Mensch

Der Ausgangspunkt und das Ziel der Sophistik, also das Alpha und das Omega, ist der allein abbildhafte Mensch. Dieser besteht für sie als ein leibliches »Gesamtwesen«, das von einer »geistigen« Instanz geleitet beziehungsweise sogar »bewohnt« wird. Sie will ihn als »neuen Adam« wieder zum »alten Adam« zurückführen, der durch die Fortpflanzung und Individualisierung einst wie Osiris in verschiedenste Teile zerstückelt worden ist. Durch den »neuen Adam« soll also die Individualisierung des Menschen, die als Zerstückelung Osiris' verstanden wird, rückgängig gemacht werden.

Auch spricht sie von einem Seelischen, obwohl sie, gnostisch-platonisch gesehen, damit lediglich ein Seelenleibliches meint. Denn auch von einem seelischen Menschen weiss sie nichts und will sie auch nichts wissen (sodass sie es deshalb auch bei jedem Menschen letztlich austreibt), weil ein seelischer Mensch mit dem wahren und nicht mit dem abbildhaften Menschen in Zusammenhang steht. Er steht in gleicher Weise mit dem wahren und nicht mit dem abbildhaften Menschen in Zusammenhang wie das individuelle Ich eines Menschen, von dem sie ebenso nichts weiss und auch nichts wissen will. Aus diesem Grund wohl lehrte auch Paulus ein »Nicht ich lebe, sondern der Christus in mir!«. Er lehrte dies die Menschen, weil auch er von einem individuellen Ich nichts wusste und auch nichts wissen wollte.

Von diesem abbildhaften Menschen wiederum interessiert sie besonders der irdische Mensch. Weil im Irdischen und somit auf Erden die »Unter- und Überwelt« zusammentreffen. Das heisst: Nur dort können das »scheinbar Lichthafte« und das »tatsächlich Dunkle« gemeinsam wirken – und sich somit auch gemeinsam zum »Heiligen Geist« vereinen. Auch deshalb wohl musste das »Wort Fleisch werden«, wie es im Prolog des Johannes heisst. Damit in ihm und durch es der »Heilige Geist« wirke. Denn der »Heilige Geist« ist letztlich die Verbindung des »scheinbar Lichthaften« mit dem »tatsächlich Dunklen« (oder auch, wie von vielen Menschen vertreten wird, von »Herz und Verstand«), die sich auch als Verbindung der hellen Voll- mit der dunklen Neumondseite zum Mond und somit als »Wesensnatur« Jehovas beziehungsweise als Ausdruck des »Vater«-Prinzips zeigt.

Selbstverständlich hat dieser irdische Mensch für die Sophistik auch deshalb eine grosse Bedeutung, weil deren Vertreter, Epimetheus gleich, aristotelisch denkende Menschen sind. Denn aristotelisch denkende Menschen gehen für ihr Weltbild grundsätzlich vom Irdischen aus. Auch bauen sie für ihr Weltverständnis und ihre Weltanschauung auf der Weisheit auf. Nämlich auf der Weisheit beispielsweise eines rein Stofflichen. Und dies selbst dann, wenn sie Atheisten sind. Denn auch der Atheist glaubt an das Stoffliche – oder gar nur an das Stoffliche selbst. Es ist also richtig und durchaus angebracht, wenn man den Aristotelikker als weisen Menschen bezeichnet – und auch Aristoteles selbst. Und auch richtig und angebracht, wenn man im Sophisten den Aristoteliker erkennt.

Dieser irdische Mensch hat aber mit dem wahren Menschen, wie ihn der Gnostiker oder Platoniker sucht, nichts zu tun. Weil er abbildhaft und dadurch unvollkommen (also »scheinbar lichthaft«) und vergänglich (also »tatsächlich dunkel«) ist – und auch in Zukunft (deshalb) unvollkommen und vergänglich bleiben wird. Denn er ist aus »unbefruchteter« Substanz entstanden, die das »scheinbar Lichthafte« und das »tatsächlich Dunkle« gemeinsam dem wahren Menschen gestohlen haben, als seine »Schöpfereltern« dabei waren, diesen zu »befruchten« und dadurch als ewigen Leib zu erschaffen.[134] Als abbildhafter Leib des irdischen Menschen wird er deshalb niemals vollkommen und ewig werden können – auch wenn das die Sophistik völlig anders sieht und mit ihrer Auferstehungsgeschichte sogar tatsächlich angeblich das Gegenteil »beweisen« will. Denn Vollkommenes kann nur durch Vollkommenes »befruchtet« und somit auch erschaffen werden. Und Unvergängliches, Ewiges nur durch Unvergängliches, Ewiges.

Auch der angebliche »Phantomleib« Rudolf Steiners, den er wohl ebenso extra dafür ersonnen hat und den es deshalb wohl ebenso nicht gibt, wird niemals vollkommen und ewig sein. Der »Phantomleib«, der nach Rudolf Steiner der »neue Leib« des Menschen sein soll, bestehe, wie er sagte, aus »Geistselbst«, »Lebensgeist« und »Geistesmensch« (und hat deshalb mit dem wahren Menschen aber tatsächlich nichts zu tun) – und entspricht somit der Trinität »Vater, Sohn und

---

[134] Siehe hierzu mein Buch »Das gnostische Christentum – Teil 2«, erschienen beim Twentysix-Verlag, Norderstedt.

Heiliger Geist«. Mit diesem »Phantomleib« meinte auch er wohl den männlichen Kollektivleib des »neuen Adam«, für den alle einzelnen Menschen ihr Ich und ihre Seele aufgeben müssen, und nicht den Leib eines jeden einzelnen Menschen, den dieser dagegen – in »befruchteter Form« – von der »Pronoia« und vom wahren Christus erhält.

Das ist also die grosse Tragik oder die grosse Illusion der Sophisten: Dass sie meinen, der irdische Mensch selbst könne aus dem, was er bereits ist, vollkommen und unvergänglich werden. Sodass aus dessen Leib, beispielsweise durch »Metamorphose« (siehe Goethe), also durch eine Umwandlung (oder, wie die Kirche sagt, »Wandlung«), der vollkommene und unvergängliche Leib erstehe. Eine solche Vorstellung entspringt aber – tatsächlich – lediglich einer Fantasie, hervorgegangen aus einem rein sinnlich-stofflichen Denken! Also aus einem Denken, das aus gnostisch-platonischer Sicht mit der Realität einer wahren Welt und somit letztlich mit der Realität einer wirklichen Wahrheit nichts mehr zu tun hat. Denn der Grund für die Metamorphose und deren Bedeutung liegt ja nicht darin, dass in ihr etwa der Schlüssel für das (wirkliche) ewige Leben läge oder auch der Schlüssel für das (wirkliche) ewige Leben gefunden werden könnte, sondern einzig und allein darin, dass es in der abbildhaften Welt kein ewiges Leben gibt. Sie ist also die einzige Möglichkeit, sich als lebendiges Wesen in dieser unvollkommenen und vergänglichen Welt, der Welt der »ewigen Wiederkunft des Gleichen«, überhaupt zu entfalten, was dann gewissermassen auch, also scheinbar, zumindest für sie, die Sophisten, einem »ewigen« Leben gleichkommt. Die Metamorphose ist somit Ausdruck oder Resultat einer abbildhaften Welt selbst und *keinesfalls* Ausdruck oder Resultat oder sogar ein Gesetz des wahren Menschen. Denn mit dem wahren Menschen (und somit auch mit dessen Ich und dessen Seele) hat sie nichts zu tun. So wie auch die Reinkarnation nur Ausdruck oder Resultat der abbildhaften Welt selbst ist und – in dem Sinne – ebenso mit dem wahren Menschen nichts zu tun hat. Auch hier schleicht sich also ein »scheinbar lichthaftes« Denken ein, das man für ein wahres Denken hält, obwohl es letztlich aber ein völlig falsches, verdrehtes Denken ist – und ohne dass man es merkt!

Menschen, die auf diese Weise denken, versuchen also, beinahe krampfhaft, mit der abbildhaften Welt selbst den zukünftigen Menschen zu erklären. So wie jemand tatsächlich aus einem Leichnam Leben herzaubern will – was nach Überzeugung der gläubigen Sophisten Jesus ja angeblich getan hat. Ein solches Denken ist aber irreales Denken, Fiktion, ein reines »Wunder- oder Wunsch-Denken«, Illusion. Ein »Helden«-Denken, das mit der Realität nichts gemein hat. Das »Denken« eines »Übermenschen«. Es ist also absurd, auf diese Weise den zukünftigen Menschen erklären zu wollen. Weil Totes niemals zu Leben verwandelt werden kann, sondern immer Totes bleibt. Es ist also (auch dies) eine völlig verdrehte Anschauung, wenn man meint oder sogar behauptet, dass aus Totem Leben werden kann. Wer so spricht, spricht wie das »scheinbar Lichthafte«, das ebenso »Wahrheiten« verdreht und neu erfindet. Auch benötigte man für die Bewerkstelligung einer solchen »Wandlung«, sollte sie gelingen, tatsächlich ein »Wunder«. Oder man ist das »scheinbar Lichthafte« selbst, sodass man wohl auch deshalb an solche »Wahrheiten« und »Wunder« glaubt.

21. KAPITEL

Die falsche oder verfälschte Wahrheit und der Baum der Weisheit

Mit ihrer Weisheit vertritt die Sophistik eine Wahrheit, die sich an der Vergangenheit orientiert und dadurch das Weibliche eliminiert. Die Vergangenheit eliminiert das Weibliche, da in ihr beispielsweise das Leben und das Seelische fehlen. Denn das Prinzip des Weiblichen (beziehungsweise das Prinzip des »ewig Weiblichen«) steht mit dem Baum des Lebens und dadurch mit dem Seelischen, das ebenso mit dem Baum des Leben zu tun hat, in Zusammenhang. Zudem bemüht sich die Sophistik, den individuellen, freien Menschen zu eliminieren und wieder mit einem Kollektiv- oder Herdenmenschen, dem »neuen Adam«, zu ersetzen. Denn am Anfang war der (abbildhafte) Mensch tatsächlich (noch) wie das Tier ein Kollektiv- oder Herdenwesen und nicht individuell.

Doch wie soll die Wahrheit, die mit dem wahren Menschen zu tun hat, gefunden werden, wenn man sich mit ihr an der Vergangenheit orientiert und dadurch das Weibliche eliminiert? Denn die wirkliche Wahrheit, also die Wahrheit, die mit dem wahren Menschen zu tun hat, besteht bestimmt nicht aus einem allein Männlichen, wie die Sophistik lehrt, sondern – selbstverständlich – auch und erst recht aus einem Weiblichen. Weil es anders sonst, nicht nur gnostisch-platonisch gesehen, sondern auch generell, nicht möglich ist, wahrer Mensch zu sein. Die wirkliche Wahrheit besteht sowohl aus einem Männlichen als auch aus einem Weiblichen, weil sie auch sowohl aus einem Baum der Erkenntnis als auch aus einem Baum des Lebens und nicht nur, oder besser: überhaupt nicht aus einem Baum der Weisheit besteht.[135]

Bestünde die Wahrheit, also die wirkliche Wahrheit, tatsächlich aber nur aus einem allein Männlichen, wie die Sophistik meint, sodass diese deshalb beispielsweise auch nur von einem (männlichen) »Gott«, einem »Sohn Gottes« und einem (wohl ebenso männlichen) »Heiligen Geist« vertreten wird, so wäre die Welt, in der wir hier zu leben gezwungen sind, deshalb tatsächlich nur eine Welt der Weisheit und nicht eine wahre Welt und somit eine unvollkommene und vergängliche, eben abbildhafte Welt.

Doch damit wäre sie auch eine Welt eines rein Äusseren, weil in einem Abbildhaften weder ein Seelisches noch ein Inneres enthalten ist. Denn das Abbildhafte ist rein hüllenhaft und verhält sich (deshalb) wie der Mond, der ebenso gezwungen ist, das Licht der Sonne zu reflektieren, weil er kein eigenes hat.

Es ist also allein der Sophist, der glaubt, die Wahrheit ohne Weibliches finden zu können. Weil auch nur er an die Wahrheit eines Vergangenen und auch Äusseren glaubt. Also an

---

135 Nach gnostisch-platonischer Erkenntnis gibt es den Baum der Weisheit nur in der abbildhaften Welt. Weil auch nur dort der Baum der Erkenntnis von der Schlange, die wohl deshalb auch Ausdruck eines Zeitlichen ist, verfälscht werden konnte und auch verfälscht werden kann. (So wie die Schlange und somit das »scheinbar Lichthafte« mit dem Zeitlichen in Zusammenhang steht, hat das »tatsächlich Dunkle« dagegen seinen Bezug zum Raum. Gemeinsam bilden das »scheinbar Lichthafte« und das »tatsächlich Dunkle« als Zeit und Raum die Qualitäten der abbildhaften Welt, also der Welt von »Himmel und Erde«.)

die Wahrheit eines Vergangenen und auch Äusseren, in der das Weibliche tatsächlich nicht mehr enthalten ist. Damit geht er jedoch wahrhaft den Weg Jehovas, der der Weg des verfälschten Baums der Erkenntnis ist. Und somit auch den Weg, der den Menschen dadurch auch wahrhaft wieder zurück zu Jehova führt.

...

Der verfälschte Baum der Erkenntnis entspricht dem »scheinbar Lichthaften«, das diesen als ursprünglich wahren, unverfälschten Baum der Erkenntnis durch die Schlange (und somit durch sich selbst) verfälschen liess – und auch bis heute durch die Schlange (und somit durch sich selbst) immerzu verfälschen lässt. Sie liess und lässt ihn zum Baum der Weisheit und somit zum Baum des Nachdenkens (Epimetheus) verfälschen. Gleichzeitig setzte es sich, nämlich als »sterblich Männliches«, an die Stelle des wahren Christus, der, als »ewig Männliches«, dem wahren, unverfälschten Baum der Erkenntnis entspricht und mit dem selbstständigen Denken (Prometheus) in Zusammenhang steht. Deshalb führt nun der Baum der Erkenntnis den Menschen wieder zurück zu Ur-Adam und zurück zu Jehova (der Ur-Adam, aber auch der Ur-Erde entspricht). Und somit auch wieder zurück in die Vergangenheit und nicht mehr nach vorn in die (wirkliche) Zukunft und somit nach vorn zu sich selbst. Auch führt er den Menschen hin zum »tatsächlich Dunklen«, dem »sterblich Weiblichen«, das sich an die Stelle der »Pronoia« setzte, dem »ewig Weiblichen«, das dem Baum des Lebens entspricht, und nun anstelle des Baums des Lebens Ausdruck des Baums des Todes und dadurch ein Nichts beziehungsweise ein Leb- und Seelenloses ist.

Es ist also das »scheinbar Lichthafte«, also das »scheinbar Lichthafte« allein, und somit die Schlange, deren Vertreterin die Sophistik ist, die den Baum der Erkenntnis zum Baum der Weisheit und dadurch den Baum des Lebens zum Baum des Todes formt und damit auch das Weibliche eliminiert – und nicht etwa die Wahrheit oder vielleicht sogar das Weibliche (?) selbst. Das »scheinbar Lichthafte« eliminiert das Weibliche, da der Baum des Todes, zu dem sie den Menschen mit ihrem verfälschten Baum der Erkenntnis, dem Baum der Weisheit, führt, dem Nichts und einem Leb- und Seelenlosen entspricht. Das heisst: Das Weibliche wurde mit dem Nichts und mit einem Leb- und Seelenlosen ersetzt – und existiert *deshalb* auch für die Vertreterin der Weisheit, also für die Sophistik, nicht mehr.

Der verfälschte Baum der Erkenntnis, der dem »scheinbar Lichthaften« entspricht, lenkt den Menschen also wieder hin zu Jehova (der mit Ur-Adam oder mit der Ur-Erde gleichgesetzt werden kann), indem er ihn gleichzeitig auf den Weg des »tatsächlich Dunklen« führt, das Ausdruck des Baums des Todes ist. Er lenkt den Menschen wieder hin zu Jehova, wenn und weil dieser, wie damals in »Paradies« Adam, vom Baum der verfälschten Erkenntnis, dem Baum der Weisheit, beziehungsweise von dessen Apfel isst. Dadurch verhindert er ihm aber den Zugang zum wahren Christus, der als »ewig Männliches« mit dem wahren, unverfälschten Baum der Erkenntnis gleichgesetzt werden kann. Und somit auch den Zugang zur »Pronoia«, die als »ewig Weibliches« mit dem Baum des Lebens in Zusammenhang steht. Es ist die Weisheit, die der Mensch vom Baum der verfälschten Erkenntnis, also vom Baum der Weisheit, der der Baum des »scheinbar

Lichthaften« ist, als (Adams-)Apfel zu essen erhält (und zum Nachdenken anregt), und nicht (mehr) das Wissen, das mit selbstständigem Denken erlangt werden kann. Deshalb muss der Mensch sterben und auf das ewige Leben, aber auch auf sein einzelnes, individuelles Menschsein verzichten. Man erkennt also, dass das ewige Leben nicht nur mit dem (ewig) Weiblichen, sondern auch mit dem einzelnen, individuellen Menschen in Zusammenhang steht – und umgekehrt. Aber auch, dass es wie das (ewig) Weibliche verschwinden wird, wenn man für den zukünftigen Menschen allein auf die Weisheit und deshalb auch allein auf das Männliche setzt. Doch auch das individuelle Männliche verschwindet, wenn man für den zukünftigen Menschen allein auf die Weisheit setzt. Weil dann tatsächlich nur noch der allein männliche äussere Kollektivmensch, ein Herden-Mensch, der »neue Adam«, »überlebt«, in dem das individuelle Männliche ebenso nicht mehr enthalten ist.

Es ist die Weisheit, die das Weibliche nicht mehr in sich enthalten hat, und zwar die Weisheit allein, die zu Jehova und dessen Prinzip führt – und nicht die Wahrheit, wie sie aber der Gnostiker oder Platoniker vertritt.

Deshalb »versteht« man, weshalb auch Jesus seinen Jüngern erklärte, dass er Frauen zu Männern machen werde, um auch ihnen den Zugang zum »Himmel« zu ermöglichen. Weil auch er – selbstverständlich – Vertreter der Weisheit war und deshalb das Weibliche ausschloss. Denn auf der Grundlage der Weisheit wird es das Weibliche tatsächlich nicht mehr geben – aber auch kein Seelisches und auch kein Leben. Es wird das Weibliche und damit auch das Seelische und das

Leben nicht mehr geben, auch wenn dafür extra und wohl mit grösster Anstrengung eine Auferstehungsgeschichte erfunden worden ist, um zumindest das Problem des Todes (theoretisch) zu beheben, weil man den Weg zurück in die Vergangenheit und somit den Weg zurück zu Ur-Adam wählt (der dann also als »neuer Adam« ebenso nichts anderes dann als ein leb- und seelenloser Klumpen ohne menschliches Antlitz wäre, so wie wohl bereits die Ur-Erde, der Ur-Adam entsprach, nichts anderes als ein leb- und seelenloser Klumpen ohne menschliches Antlitz gewesen war). Doch auch das Männliche wird dann nur noch scheinbar »weiterbestehen«. Nämlich als äusseres, vergängliches Kollektiv-Männliches, das sich, wie eine Herde im Tierreich, als »neuen Adam« versteht. Denn der »Himmel« ist die »geistige Welt« und somit das Reich des »scheinbar Lichthaften«, in das das Männliche zukünftig als »neuer Adam« wieder eintreten wird, wenn es sich wieder mit Jehova oder dessen Prinzip »vereint«. Es wird als »neuer Adam« in den »Himmel« eintreten, indem und weil der Einzelmensch sich selbst, sein Leben und seine Seele, ja, sein gesamtes individuelles Menschsein dafür aufgibt und verliert. Denn alle Einzelmenschen müssen ihr Selbst, ihr Leben und ihre Seele, ihr gesamtes individuelles Menschsein für den »neuen Adam« aufgeben und verlieren und deshalb für Jesus, der der »neue Adam« sein wird oder sein soll, sterben.[136] Auch weil der »Himmel« selbst nur das

---

136 Auch hier sei wiederholt: Der Mensch muss also für Jesus sterben und nicht Jesus starb für den Menschen. So wie dies der Hohepriester Kaiphas äusserte, wenn er sagte, dass es besser wäre, ein oder der Mensch sterbe für das Volk, als dass das ganze Volk verderbe. Denn mit Volk ist der Kollektivmensch und somit der »neue Adam« gemeint. Und deshalb auch Jesus, da er der »neue Adam« ist.

Prinzip des Kollektiven kennt. Denn auch in ihm ist der individuelle Mensch und das Menschliche nicht enthalten. Man wird den Menschen oder das Menschliche also im gesamten »Himmel« nicht finden, auch wenn man dort sowohl nach dem Menschen als auch nach dem Menschlichen suchte. Alle Einzelmenschen werden für ihn, den »Sohn Gottes«, sterben, wie für ihn, den »Sohn Gottes«, das Weibliche für das Männliche sterben muss, indem er es, wie er sagte, »zum Männlichen« macht. Er macht das Weibliche zum Männlichen und auch das Männliche selbst zum Kollektiv-Männlichen, um dadurch letztlich wohl selbst, so auch die Absicht und der Plan der gesamten Sophistik, als (Gesamt-)Wesen weiter bestehen zu können.

Jesus erklärte seinen Jüngern das Schicksal des Weiblichen im Sinne des allein Männlichen, weil er als »Sohn Jehovas« selbstverständlich selbst ganz in Diensten des Jehova-Prinzips stand und deshalb auch selbst ganz im Interesse dieses Prinzips wirkte. Man kann Jesus, den »Sohn Gottes«, als einen der grössten Sophisten der Welt, wenn nicht sogar als den grössten Sophisten überhaupt, bezeichnen. So wie eigentlich umgekehrt alle Vertreter der Sophistik, die wie Jesus im Sinne eines »Gottes« wirken, als »Söhne Gottes« beziehungsweise als »Gottes- oder Göttersöhne« bezeichnet werden können. Also als jene »Söhne Gottes«, die sich mit den »Töchtern der Erde« verbanden und letztlich von da an wohl auch die (spirituelle) Elite beziehungsweise den salomonischen Menschenstrom auf Erden bildeten. »Gottes- oder Göttersöhne« oder »Söhne Gottes« sind Männer, die auf Erden, quasi als »Übermenschen«, die Idee eines »Gottes« oder »Gottesprinzips« in sich tragen und auf Erden immer wieder

»erneuern« und in den Köpfen der Menschen verankern müssen, damit sie erhalten bleibt und nicht verloren geht. Deshalb müssen sie sich dafür wohl auch immer wieder auf Erden selbst inkarnieren – auch wenn sie, beispielsweise als katholische Priester, auf Erden davon predigen, dass es keine Reinkarnation (mehr) gebe. Denn anders sonst wäre es wohl nicht möglich, ein solches Gedankengut »immerwährend« am Leben erhalten zu können.

22. KAPITEL

Mein Austritt aus der katholischen Kirche – und die Abschaffung des individuellen, selbstständig denkenden Menschen durch die Anthroposophie

Bereits mit zwanzig Jahren trat ich aus der katholischen Kirche aus. Ich trat aus, weil ich immer mehr Mühe damit hatte, Ansichten zu vertreten, die mir widerstrebten und die ich deshalb schon damals nicht mehr teilen konnte oder auch nicht mehr teilen wollte. Beispielsweise, weil sie diskriminierend sind. Oder weil sie für mich aufgrund zu vieler Falschheiten und Widersprüche nicht (mehr) der Wahrheit entsprechen konnten. Falschheiten und Widersprüche, auf die mich schon damals vor allem mein Bruder stiess. Durch sein Anderssein, sein Menschsein. Es sollte fortan immer wieder mein Bruder sein, der mich im Leben auf Falschheiten und Widersprüche aufmerksam machte. Und der mich gerade deshalb wohl immer wieder aus entsprechenden Zusammenhängen herausriss, aber auch in entsprechende Zusammenhänge (wieder) hineinführte.

So war es auch mein Bruder, der mich vorerst in die Anthroposophie führte. Denn er ging in eine anthroposophische Schule. Dort kam ich das erste Mal mit Anthroposophen in Kontakt. Und auch mit deren Lehre oder Weisheit – oder »Philosophie«, wie einige Anthroposophen meinten. Doch eine Philosophie ist sie nicht. Weil auch Rudolf Steiner kein

Philosoph war. Im Gegenteil, Rudolf Steiner war (lediglich) Sophist. Denn seine Anthroposophie stammt grösstenteils aus Übernommenem und bereits Gegebenem. Also nicht aus »selbst Erschaffenem«. Das heisst: Alles, was er mit ihr vertrat, gab es letztlich schon vorher und schon immer und ist nicht neu. Er hatte es höchstens mit eigenen Ideen oder Standpunkten modifiziert oder »ergänzt«. Oder »erweitert«. Nämlich »erweitert«, indem er es beispielsweise, wie er selbst meinte, mit dem »Christentum« und dieses wiederum mit dem Reinkarnationsgedanken verbunden oder es auch, wenn es zu östlich war, ganz »nach dem Westen hin« ausgerichtet hat. Nichts ist von ihm also mit einem eigenen, selbstständigen Denken wirklich erschaffen worden. Im Gegenteil: Alles, was er vertrat, war letztlich tatsächlich schon immer vorhanden und entsprach wohlbekannten sophistischen Weisheiten. Weisheiten, die deshalb auch schon immer vertreten und gelehrt wurden. Zum Beispiel an Weisheitsschulen im antiken Griechenland. Oder in Ägypten.

Rudolf Steiner entnahm seine Weisheiten jedoch grösstenteils Helena Blavatsky, einer, wie sie selbst von sich sagte, »Schlangeneingeweihten« – so wie gewissermassen Adam den Apfel von Eva, die ebenso von der Schlange verführt wurde, entgegennahm. Sie, die »Schlangeneingeweihte«, beziehungsweise ihre Theosophie, war es dann auch, die in ihm überhaupt das Interesse für Weisheiten weckte und ihn sich so letztlich dann auch vom Atheisten ohne Erfolg zu einem der grössten und erfolgreichsten Esoteriker seiner Zeit, der an eine »Geistige Welt« glaubte und von einem »Christus« sprach, der angeblich am Kreuz gestorben wäre und dadurch den Tod für die Menschen überwunden hätte, wandeln liess.

Doch deren Weisheiten formte er dann als »Gottesweisheit« zu einer, wie er sagte, »Menschenweisheit« um. Mit »Menschenweisheit« meinte aber auch er die Weisheit von und für Jesus und somit eine »Jesus-Weisheit« und nicht die Weisheit von und für den einzelnen, individuellen Menschen (die man dann aber auch nicht mehr als Weisheit bezeichnen könnte). Im Gegenteil, denn den einzelnen, individuellen Menschen wollte letztlich auch er – zugunsten von Jesus – verhindern. Weil er sich zum Sophisten entwickelte und deshalb vollumfänglich deren Lehre vertrat. Wohl aus diesem Grund bezeichnete auch er beispielsweise des Menschen Kopf als nicht zum eigentlichen Menschen gehörend, als »egoistisch«, also als »luziferisch«, »scheinbar lichthaft« – also so, wie dies letztlich alle Esoteriker und Sophisten tun. Denn auch er wusste, dass des Menschen Kopf und dadurch des Menschen Fähigkeit, selbstständig zu denken, geradezu zum einzelnen, individuellen Menschen hin- und nicht von diesem wegführt. Also zu demjenigen Menschen hinführt, der sich von einem »neuen Adam« loslöst, statt sich mit diesem zu verbinden. Doch das eigentliche Ziel und die eigentliche Pflicht des Sophisten ist das bewusste Erarbeiten des »neuen Adam« und nicht der wahre, individuelle Mensch. Also das Erarbeiten desjenigen Menschen, der »selbst- oder ich-los«, an eine »Herde« oder an ein Volk oder an eine (Glaubens-)Gemeinschaft gebunden ist. Und der deshalb – so wie auch er, Rudolf Steiner? – nicht selbstständig denken, sondern nur übernehmen kann.

Selbstverständlich bekämpfte Rudolf Steiner den Kopf des Menschen und damit das selbstständige Denken auch deshalb, weil er als »Führungsinstanz« beziehungsweise als

»Leittier« – wie alle (spirituellen) »Menschenführer« – wohl selbst, und zwar allein, der (Kehl-)Kopf für die Menschen sein wollte. Er bekämpfte es, indem er beispielsweise von seinen Anhängern ebenso forderte, ein »es denkt« an die Stelle des »Ich denke« zu setzen, sodass damit tatsächlich auch der Leitspruch »Nicht ich lebe, sondern der Christus in mir«, wie ihn Paulus (schon) vertreten hat, angewandt und verinnerlicht werden konnte.

...

Weil ein mündiger, selbstbestimmter, individueller Mensch den abbildhaften Kollektivmenschen, den »neuen Adam«, also ein »Herden-Wesen« ohne Kopf, das aber von einem »Gott« als »Führungsinstanz« oder besser als »Leittier« geleitet und auch »bewohnt« wird (»Nicht ich lebe, sondern der Christus in mir«), infrage stellt,[137] verurteilen Sophisten das selbstständige Denken des Menschen als »egoistisch« und als letztlich nicht zum eigentlichen Menschen gehörend. Sie verurteilen es aber auch, weil sie als Vertreter der Weisheit und dadurch als Vertreter des »scheinbar Lichthaften« und somit als allein abbildhafte Menschen das selbstständige Denken als Fähigkeit und Qualität, wie es dem wahren Menschen eigen ist, wohl selbst nicht kennen und deshalb wohl auch selbst nicht besitzen. Denn würden sie es kennen und besitzen, so gäbe es keinen Grund, es zu bekämpfen, im Gegenteil, sie müssten es (ebenso) fördern und erwecken. Doch

---

137 Die Funktion des »Kopfes« übernimmt für Sophisten, wenn auch nur abbildhaft, denn einen wirklichen Kopf besitzt nur der wahre Mensch, immer ein »Leittier«, also beispielsweise Jesus oder ein anderweitiger Religions- oder Menschenführer.

ihr »Denken«, das sie pflegen, ist ein »es denkt«, das von aussen kommt und nicht ihnen gehört. Und deshalb auch, um dieses zu verinnerlichen und zu »verstehen«, ein Nachdenken. Also ein Nachdenken über ein Gegebenes, bereits Vorhandenes, das sie jedoch – eigenartigerweise – dennoch mit einem selbstständigen Denken verwechseln, obwohl es mit einem selbstständigen Denken überhaupt nichts zu tun hat. Denn das Nachdenken (»es denkt«) ist ein gebundenes, unfreies Denken, also ein Denken, das sich in bereits (vor)gegebenen Bahnen bewegt. Und ein Denken, das ein allgemeines Wissen aufnimmt, ohne dass es sich selbst mit ihm verbindet. Das selbstständige Denken dagegen (»ich denke«) ein Denken, das aus sich selbst heraus Erkenntnisse schafft und völlig frei von Vorgaben, Vorurteilen oder Konzessionen ist. Ein Denken auch, das zu Resultaten führt, die mit Gegebenem, Traditionellem und Bekanntem überhaupt nicht in Übereinstimmung sein müssen, sodass es deshalb den Menschen zu neuen Erkenntnissen und damit letztlich in die wirkliche Zukunft führen kann. Ob auch aus diesem Grund der Stoiker Seneca meinte, dass es gut wäre für die Menschen, wenn sie einmal aus ihren Geleisen herauskämen[138] – damit sie also anfingen, selber und selbstständig zu denken, um zu neuen Ufern, ja sogar in die wirkliche Zukunft damit geführt zu werden?[139]

---

138 Das entsprechende Zitat von Seneca hierzu lautet: »O wie gut erginge es manchen Menschen, wenn sie einmal aus ihrem Geleise herauskämen.«
139 Ein selbstständiges Denken funktioniert immer so, dass es ein Gegebenes (vorab) infrage stellt. Dies zumindest ist ein wesentlicher Unterschied zum Nachdenken, das bei einem Gegebenen stehen bleibt und versucht, dieses zu ergründen, zu verstehen und zu erklären. Das heisst mit anderen Worten: Wer also Platon verstehen will, darf nicht von einem

Weil Rudolf Steiner mit seiner »Menschenweisheit« die »Jesus-Weisheit« und nicht etwa die »Weisheit« des einzelnen, mündigen, selbstständig denkenden Menschen meinte, verstand auch er deshalb den Menschen letztlich in einem allein männlichen Sinn. So wie dies bereits Jesus tat, der Vertreter oder sogar die Instanz des allein Männlichen war. Also Jesus, auf den nun die gesamte religiöse (sophistische) Christenheit aufbaut und zurückgeht.

Rudolf Steiner kam durch Helena Blavatsky zu seiner Weisheit, als er deren Schriften studierte, wie Adam im »Paradies« durch Eva, als er von ihr den Apfel erhielt. Dieser »Paradies- oder Weisheits-Apfel« entspricht letztlich dem menschlichen Adamsapfel des Kehlkopfs. Der Kehlkopf, den Anthroposophen als ein sehr wichtiges Organ erachten, da er angeblich mit dem »zukünftigen« (allein männlichen) Menschen in Zusammenhang stehe, ist beispielsweise das Organ der Wanderprediger, mit dem diese ihre Lehre verkünden. Er steht mit den Sexualkräften in Zusammenhang, die für Anthroposophen beziehungsweise für Rudolf Steiner, wenn auch in umgewandelter Form, angeblich ebenso in Zukunft noch ihre besondere Bedeutung erlangen werden. Es sind auch die Sexualkräfte, die beispielsweise das männliche Tier zum Brunftschrei animieren – oder dem Menschen generell eine bindende (oder auch Angst einflössende?[140]) Aura verleihen. Sowohl Rudolf Steiner als auch Adam haben deshalb wohl beide tatsächlich kein eigenes Wissen erschaffen,

---

aristotelischen Denken ausgehen, sondern muss dieses vorerst überwinden.

140 Man denke hier an die beinahe »animalisch« motivierte »Rhetorik« eines Adolf Hitlers. Diese band nicht nur, sondern löste auch Angst aus.

beispielsweise durch eigene Erkenntniskraft, durch eigenes selbstständiges Denken, sondern allein bereits bestehendes Wissen, nämlich in Form von überlieferten und (später) von Weisheitsschulen vertretenen Weisheiten, übernommen – und dieses dann durch ein auf das allein Männliche getrimmtes Nachdenken, und dies ganz in ihrem eigenen, also allein männlichen, aber auch rein persönlichen Sinne, »ergänzt« und »verändert«. Ob auch das vielleicht ein Grund dafür ist, dass Sophisten die Urheberin dieses »Wissens«, also das Weibliche (Eva), generell ausgrenzen und in ihrer Bedeutung vernichten? Weil sie es nicht ertragen, es letztlich von dieser erhalten und – mangels eigener Fähigkeit – nicht selbst ergründet zu haben?

Die Sophisten erhielten ihr »Wissen« vom Weiblichen und meinen nun, dieses zu einer allein männlichen Weisheit umzuformen, indem und weil sie es mit der Vergangenheit (und auch mit sich selbst) verbinden und (dadurch) gleichzeitig das Weibliche eliminieren – und dennoch oder gerade deshalb aber meinen und davon sprechen, wie beispielsweise Rudolf Steiner, »christlich« zu sein. Diese Vorgehensweise beweist, dass (auch) Menschen wie Rudolf Steiner also tatsächlich nicht den wahren Christus meinten, wenn sie von »Christus« sprachen, sondern vielmehr den allein abbildhaften, scheinbaren. Also den abbildhaften, scheinbaren, für den der Mensch sein selbstständiges Denken aufgeben und sein individuelles, wahres Ich überwinden oder gar eliminieren muss. Weil wohl auch er, der »Christus« der Sophisten selbst, beides weder kannte noch besaß.

...

Wissen oder Weisheiten von anderen zu übernehmen, vielleicht sogar bewusst zu rauben, um sich dann gleichzeitig damit zu schmücken, entspricht durchaus der (mondhaften) »Wesensnatur« von abbildhaften, sophistischen Menschen – so wie es gewissermassen auch dem Mond (oder generell dem Mondhaften) entspricht, der (oder das) sich ebenso mit dem Licht der Sonne (oder dem Sonnenhaften beziehungsweise mit dem Wahren) schmückt, um dadurch ebenso auf eine Art selbst Sonne (oder Sonnenhaftes oder eben »Wahres«) zu sein. Es entspricht seiner »Wesensnatur«, weil er beispielsweise eben wohl gewöhnlich auch nicht selber denken, sondern höchstens, nämlich im Sinne eines »es denkt«, nur nachdenken kann – und deshalb wohl auch selbst tatsächlich kein eigenes Ich (mehr) besitzt (sodass er es umso mehr dann bei anderen deshalb verhindern oder sogar eliminieren muss).

Auch bei Jesus muss selbstverständlich eine solche »Wesensnatur« vorausgesetzt oder zumindest vermutet werden, weil auch er letztlich wohl mit Weisheiten glänzte, die er ebenso von irgendwoher übernommen und nicht selbst erarbeitet hatte[141] – nach Rudolf Steiner soll er seine

---

141 Nach Rudolf Steiner soll Jesus Essäer gewesen sein. Die Essäer waren eine sophistisch-okkulte jüdische Sekte, deren wesentliches Hauptmotiv die messianische Naherwartung war. Doch nach gnostisch-platonischer Erkenntnis war nicht Jesus, sondern Judas Essäer. Jesus dagegen kann vielmehr mit ägyptischen Weisheiten in Verbindung gebracht werden. Denn seine Eltern flohen mit ihm vor Herodes nach Ägypten. Aus diesem Grund, das heisst, weil nach gnostisch-platonischer Erkenntnis nicht Jesus, sondern Judas Essäer war, war es nach ihr auch nicht Jesus, sondern Judas, der da mit zwölf Jahren im Tempel lehrte und Fragen beantwortete (und in den beiden Stammbäumen der Bibel aber ebenso als Jesus

Weisheiten von Maria Salome, der salomonischen Maria, also von jener Maria, die nach seiner Lehre angeblich dessen Stiefmutter war, erhalten haben, nach gnostisch-platonischer Sicht jedoch von den Hohepriestern in Judäa und Ägypten –, um sie dann aber ebenso als eigene Weisheiten auszugeben und sich gleichzeitig zum »Sohn Gottes« zu erklären. Und er war »Sohn Gottes«, wie alle Menschen, die ganz im Sinne der sophistischen Weisheit und somit im Sinne »Gottes«, des Jehova-Prinzips, welches ein darwinistisches Prinzip ist, auftreten, »Söhne Gottes« sind. Er war im gleichen Sinne »Sohn Gottes«, wie letztlich also auch Rudolf Steiner ein »Sohn Gottes« war – oder umgekehrt. Auch Päpste, Gurus, Lamas, Rabbiner oder Imame sind »Söhne Gottes«. Weil auch sie sich in ihrem Leben ganz für die sophistischen Weisheiten und somit für den einen Gott, den »Schöpfergott« Jehova, der dann in jeder Religion aber anders heisst, hingeben oder hingegeben haben beziehungsweise engagieren oder engagiert haben. Sie sind »Söhne Gottes«, weil sie auch Söhne der Vorstellungen und

---

bezeichnet wird, weil auch er, nach gnostisch-platonischer Erkenntnis, von Jesse (Isai), dem Vater Davids, abstammte). Denn es war nach gnostisch-platonischer Erkenntnis auch Judas, der eigentlich ursprünglich als Messias vorgesehen war und erwartet wurde und nicht Jesus. Deshalb sprach Elias im Alten Testament davon, dass einer, der vom Aufgang der Sonne käme, erwachte um Mitternacht. Auch hatte, wie im Lukas-Evangelium geschrieben steht, ein Engel der Mutter des Judas, der Maria aus dem nathanischen Strom, verkündet, dass ihr Sohn als der »Sohn des Allerhöchsten« genannt werden würde. Jesus hatte Judas mithilfe der Hohepriester, die sich damit ihre eigene Macht sichern wollten, als Messias verdrängt – und ihn somit seiner Bedeutung und Aufgabe beraubt. Ausführlich berichte ich darüber in meinem Buch »Das gnostische Christentum«, erschienen beim Twentysix-Verlag, Norderstedt.

Gedanken jener Menschen sind, die sie selbst einst wohl als ursprüngliche »Söhne Gottes« für sie erschaffen haben.

23. KAPITEL

Über Weltflucht und Weltverbundenheit

Obwohl vom gnostisch-platonischen Standpunkt aus gesehen das Bewusstsein der Gnostiker oder Platoniker jenes der Sophisten oder Aristoteliker überragt – es überragt es, weil es nicht beim Tierkreis stehen bleibt, sondern den Weg hinaus aus dem Labyrinth und hin zum wahren Menschen sucht –, meint aber dennoch oftmals der Sophist oder Aristoteliker, dem Gnostiker oder Platoniker gegenüber geistig überlegen zu sein, sodass er sich auch deshalb über ihn erhebt. Doch diese eigenartige Überheblichkeit ist wohl auf sein »scheinbar lichthaftes« Wesen zurückzuführen, das er sich durch die »scheinbar lichthafte« Weisheit, mit der er sich verbindet und die er vertritt, selbst aneignet. Denn alles, was »scheinbar lichthaft« ist, führt letztlich zu Überheblichkeit. Weil das »scheinbar Lichthafte« die Überheblichkeit selbst ist. (Und auch umgekehrt gilt dasselbe: Wer überheblich ist, trägt das »scheinbar Lichthafte« in sich.)

Auch dass ein Sophist oder Aristoteliker die Meinung vertritt, im Gegensatz zum Platoniker, der für ihn »Weltflüchtiger« ist, »Weltverbundener« und somit »Realist« zu sein, (nur) weil er sich mit der stofflichen Welt auseinandersetzt, ja diese sogar als Grundlage seines eigenen Denkens versteht, ist Ausdruck einer solchen Überheblichkeit. Denn erst die stoffliche Welt, so meint er, wäre die »seiende Welt« und alles andere unnötig oder sogar Illusion. Deshalb würde auch nur sie den Bezug zur Realität herstellen – ohne zu merken, dass er sich gerade aber dadurch, zumindest aus Sicht des Gnostikers oder Platonikers, das heisst, weil für ihn die stoffliche Welt die (letztlich massgebliche) reale Welt ist, selbst als Weltflüchtiger zu erkennen gibt. Denn die stoffliche Welt ist unvollkommen und vergänglich und wird in Zukunft vergehen und *nicht* die Welt des Platonikers oder Gnostikers. Weil sie Teil einer abbildhaften Welt ist, die nacherschaffen und nicht wirklich ist. Dies im Gegensatz zur Welt des Platonikers oder Gnostikers, die bereits von Grund auf vollkommen und auch ewig ist – und deshalb auch bereits als solche existiert und nicht erst noch als ewige und vollkommene Welt »hergerichtet« oder »erschaffen« werden muss.

Auch dass ewiges Leben aus Totem erstehen soll oder tatsächlich aus Totem bereits angeblich erstanden wäre, nämlich zum Beispiel mit Jesus, der deswegen, wie der Sophist glaubt, am Kreuz gestorben wäre und den Tod überwunden hätte, entspringt dem Reich der Fantasie. Weil aus Totem kein Leben entstehen und auch kein Leben erschaffen werden kann. Ebenso aus Unvollkommenem kein Vollkommenes. Denn Totes bleibt immer tot und Unvollkommenes (letztlich) immer unvollkommen. Genauso wie das »tatsächlich Dunkle« immer das »tatsächlich Dunkle« und das »scheinbar Lichthafte« immer das »scheinbar Lichthafte« bleibt.

Da die Welt der Platoniker oder Gnostiker bereits als ewige und vollkommene Welt besteht, und somit auch als Welt, die Ausdruck und das Zuhause des seelischen, individuellen Ich-Menschen ist, kann sie deshalb, beziehungsweise deshalb auch nur sie, als eine wirklich reale und wahre Welt bezeichnet werden. Denn alles, was bereits besteht, ewig und vollkommen ist und mit dem wahren Menschen in Zusammenhang steht, ist letztlich, zumindest gnostisch-platonisch gesehen, wirklich real und wahr. Deshalb muss der Gnostiker oder Platoniker, im Gegensatz zum Sophisten oder Aristoteliker, auch keine »Auferstehungs- und Wundergeschichte« erfinden, um so angeblich den Tod zu überwinden – was anderseits zeigt, dass also auch er, der Sophist oder Aristoteliker, letztlich wohl selbst nicht wirklich daran glaubt, dass aus Totem einfach so Leben kreiert werden kann. Denn wer eine »Auferstehungs- und Wundergeschichte« erfinden muss, der redet sich etwas ein. Etwas, das – eben – nur scheinbar und nicht tatsächlich möglich ist. Scheinbar mit einem »Helden«, der dafür Gesetze bricht, auch wenn er selbst mal erklärte, dass er nicht gekommen sei, um Gesetze zu brechen, sondern um sie zu erfüllen. (Also mit einem »Helden«, der als solcher schon selbst nicht einer Realität entspricht, sondern Ausdruck eines »scheinbar Lichthaften« ist.)

Der Sophist oder Aristoteliker geht also davon aus, dass seine Welt die reale und wahre Welt wäre, ohne zu erkennen, dass eine Welt erst dann aber wirklich real und wahr sein kann, wenn sie auch ewig und vollkommen und deshalb auch menschlich ist. Also menschlich und nicht »göttlich« – weil das »Göttliche« nicht nur Ausdruck eines »scheinbar Lichthaften«, sondern (deshalb) auch seelenlos und ohne eigene Ich-Kraft ist. Das heisst: Erst dann, wenn eine Welt auch ewig und vollkommen und deshalb auch menschlich ist, existiert sie also, gnostisch-platonisch gesehen, wirklich. Alles andere, was nicht ewig und nicht vollkommen und deshalb auch nicht menschlich ist, existiert dagegen nur auf Zeit und somit – eben dadurch – nur scheinbar (oder abbildhaft) respektive nur scheinbar reell und vergeht. Es vergeht, indem es sich in ein Nichts auflöst oder verglüht. Oder in einzelne Atome zerfällt. Das Anliegen der Sophisten ist es also, aus Lüge oder Schein Wahrheit und aus dem Tod oder dem Nichts Leben zu kreieren, obwohl beides nicht möglich ist.

Weil der Sophist oder Aristoteliker davon ausgeht, dass seine Welt (bereits) die reale und wahre Welt wäre, meint er wohl deshalb auch, dass seine Weltsicht die (einzig) reale und wahre Weltsicht und seine Standpunkte die (einzig) realen und wahren Standpunkte wären und somit alle Menschen automatisch ein Teil davon, so auch die Platoniker, was aber nicht der Fall ist. Denn Platoniker haben mit der Sophistik nichts zu tun. So wie Unvergängliches nichts mit Vergänglichem und Vollkommenes nichts mit Unvollkommenem zu tun hat. Sie haben damit nichts zu tun, weil sie sich mit einem Wissen beschäftigen, das sich nicht *innerhalb* der Höhle, deren »Wissen« die Weisheit ist, sondern *ausserhalb* der Höhle befindet. Der Aristoteliker weiss also gar nicht, wer die wirklichen Platoniker sind und mit was sie sich wirklich beschäftigen. Weil er von deren Wissen keine Ahnung hat und deshalb auch nichts davon versteht.

Stattdessen verwechselt er die Platoniker mit Menschen, zu denen er selbst, so meint er, wie ein »geistiger Bruder« stünde. Weil er glaubt, dass sie mit Buddha in Zusammenhang stünden, der als Vertreter einer östlich-morgenländischen Weisheit das Gegenbild zu Pythagoras als Vertreter einer westlich-abendländischen Weisheit, die er als Aristoteliker vertritt, darstellte. Selbst Nietzsche, der den Buddhismus verehrte und mit dem westlichen Abendland haderte, könnte diese sophistische Vorstellung, zumindest anfänglich, als er Platon noch nicht »als das grösste Übel« verdammt hatte, so gesehen haben. Aus diesem Grund sprach auch Helena Blavatsky wohl davon, dass Buddhas Lehren das exakte Spiegelbild der pythagoräischen Philosophie wären. Ein Irrtum, wenn man weiss, dass der wirkliche Platoniker weder mit Buddha noch mit Pythagoras in Zusammenhang steht. Da man die Platoniker innerhalb der Sophistik aber Buddha zuordnet, nimmt man sie deshalb wohl auch nicht so sehr ernst. Auch versteht man sie wohl deshalb als »weltflüchtig« und überhebt sich über sie. Denn Buddha, und mit ihm den Buddhisten, kann man wirklich als weltflüchtig bezeichnen. Als weltflüchtig und kindlich (und wie alle Religionsführer und Religionen allein nach dem Männlichen hin ausgerichtet).

Das ist wohl also der Grund, weshalb der Aristoteliker beim Platoniker oftmals von einem »weltflüchtigen« und »scheinbar lichthaften« Menschen spricht, wenn von ihm die Rede ist, obwohl Platoniker alles andere sind. »Ihre« Platoniker, also die »Künstler« und »Schöngeister« in ihren eigenen Reihen, sind es vielleicht.

Wobei er in Bezug auf deren Einstellung zur Welt in einem gewissen Sinn vielleicht doch nicht so unrecht hat. Denn auf die Welt, auf die der Aristoteliker baut, legt der echte Platoniker letztlich wirklich keinen so grossen Wert. Weil er auf eine völlig andere Welt, eine für ihn auch wirklich wahre Welt baut. Also auf eine Welt, die ausserhalb der »Höhle Platons« sich befindet und keine Hierarchien oder Geschlechtertrennung, aber auch keinen »Gott« und keine »Götter«

kennt – und auch keine braucht. Deshalb will er die Welt, in der sich der Aristoteliker oder der Sophist sehr wohlfühlt und die dieser als eigentliche Welt bezeichnet, – tatsächlich – so schnell wie möglich verlassen. Denn in ihr liegt für ihn keine Zukunft und deshalb auch keine Hoffnung. Oder letztlich nur die Hoffnung der Pandora, die nach Nietzsche sogar das schlimmste aller in der Büchse enthaltenen Übel wäre.

Pandora war die Gattin des Epimetheus, also die Gattin des »Nachdenkers«, und somit die Gattin des abbildhaften Menschen (und dadurch wie Eva, die vom verfälschten Baum der Erkenntnis ass und davon auch Adam gab, die Gehilfin Adams). Die Pronoia dagegen steht in der griechischen Mythologie mit Prometheus, dem »selbstständig denkenden Menschen«, im Zusammenhang.

Es wäre interessant zu wissen, inwieweit jene Welt, die von griechischen Dichtern und Philosophen als Hyperborea bezeichnet wurde und als Welt ausserhalb der »Höhle Platons« verstanden werden kann, mit der Welt ausserhalb der »Höhle Platons« wirklich in Zusammenhang steht.

24. KAPITEL

Hyperborea, das Land »jenseits des Nordens«

Wenn die antiken griechischen Dichter und Philosophen von Hyperborea sprachen, so meinten sie damit ein Land, das sich im Norden beziehungsweise sogar »jenseits des Nordens« befinde. Sich im Norden zu befinden bedeutet, »oben« zu sein. Oben ist, wenn man dieses Oben in Bezug zum Menschen stellt, der Kopf – und somit der Ort des (selbstständigen) Denkens. Aber dann auch, nämlich als Konsequenz davon, wie dies bereits der französische Philosoph René Descartes im 17. Jahrhundert mit seinem Satz »Ich denke, also bin ich« formuliert hat, der Ort, oder besser der Wirkungsort, des Ichs. Weil das (selbstständige) Denken im unmittelbaren Zusammenhang mit dem menschlichen Ich steht. Denn ein Mensch, der nicht denken kann oder nicht denken will (oder nicht denken darf), wird nicht bewusst und deshalb letztlich auch nicht wirklich »ich-haft«. So wie das beim Tier der Fall ist, dem man deshalb, weil es nicht (selbstständig) denken kann, auch kein individuelles Ich zuordnen kann.

Für das Land Hyperborea bedeutet das also, dass es ein Land ist, das letztlich tatsächlich nur mit dem Kopf und dem (selbstständigen) Denken und dadurch mit dem menschlichen Ich beziehungsweise sogar nur mit dem allein wahren Menschen in Zusammenhang gebracht werden kann. Das heisst deshalb mit anderen Worten: Hyperborea gibt es in dem Sinne, nämlich irdisch-geografisch gesehen, also nicht, sondern »nur«, wenn eben doch – ideell. Also beispielsweise in Form einer Ideen- oder Urideenwelt[142], also als Welt, wie sie der Gnostiker und Platoniker vertritt. Und somit als Ort oder als »Land«, das sich, reell, ausserhalb der abbildhaften Welt (und somit auch ausserhalb des Labyrinths) befindet, da nur diesem Bereich der wahre und selbstständig denkende Mensch zugeordnet werden kann. Denn ein »Land«, das mit dem Kopf und dem (selbstständigen) Denken und deshalb mit dem menschlichen Ich in Zusammenhang steht, hat grundsätzlich nichts mit einer abbildhaften Welt zu tun. Weil in einer abbildhaften Welt das Gegenteil davon existiert und wichtig ist und deshalb auch das Gegenteil davon erstrebt wird. Denn eine abbildhafte Welt ist eine Welt der Natur und der Tiere – und deshalb eine Welt des Reagierens und Geschehens, auch eine Welt des Nachdenkens und Bestimmens, und bestimmt nicht eine Welt des Menschen, der frei ist und auch frei entscheiden und frei und selbstständig denken kann.

Wenn also die griechischen Dichter und Philosophen nach einem Land suchten, das im Norden oder »jenseits des Nordens« gelegen wäre, so suchten sie damit wohl tatsächlich einen Ort, der mit dem wahren Menschen in Zusammenhang steht und somit auch als Ort oder Welt des wahren Menschen selbst bezeichnet werden kann. Weil nur der wahre Mensch im Besitz eines menschlichen Ichs ist und (deshalb) auch die Fähigkeit besitzt, selbstständig zu denken. Deshalb aber wollen Sophisten, die sich für die abbildhafte Welt engagieren, auch alles dafür tun, dass sowohl der Kopf als auch das

---

142 Platon bezeichnete die Welt ausserhalb der abbildhaften Welt als Ideen- oder Urideenwelt, da sie gedanklich wohl nur in Form von Ideen erfasst, oder wie er selbst meinte, mit dem Denken erahnt werden kann.

selbstständige Denken des Menschen verhindert oder sogar gänzlich überwunden wird. Weil eine abbildhafte Welt letztlich eine Welt des Tieres (und des Tierkreises) und dessen Gesetzen und nicht eine Welt des Menschen ist. Aus diesem Grund hat das Land Hyperborea auch nichts mit dem Labyrinth zu tun, sondern eben höchstens mit jenem Bereich, der sich ausserhalb des Labyrinths befindet, wie Nietzsche jedoch dann richtig erkannt hat, da auch mit dem Begriff des Labyrinths die abbildhafte Welt gemeint ist. Denn die abbildhafte Welt ist das Labyrinth beziehungsweise umgekehrt das Labyrinth die abbildhafte Welt.

...

Um das Land Hyperborea beziehungsweise die wahre Welt zu finden, muss der Mensch die abbildhafte Welt hinter sich lassen und überwinden. Doch dafür muss er auch den Weg hin zum »neuen Adam«, wie ihn die Sophistik erstrebt, aufgeben und wie der Gnostiker oder Platoniker den Weg des wahren Menschen gehen. Denn der Weg hin zum »neuen Adam« ist der Weg des abbildhaften Menschen – und somit auch der Weg, der den Menschen letztlich tatsächlich wieder ganz Tier werden lässt. Er lässt ihn wieder ganz Tier werden, weil er für dieses nicht nur sein (selbstständiges) Denken, sondern dadurch auch sein individuelles Ich und seine Seele für ein Kollektiv- oder Herden-Wesen aufgeben muss. Gemäss der christlichen Sophistik, die den Weg des »scheinbar Lichthaften« geht (und damit den Weg der »Tagseite«), ist das »Leittier«, das dieses Kollektiv- oder Herden-Wesen, den »neuen Adam«, als übergeordnete Instanz kontrolliert, der »Christus«, der dem »Sohn« des »scheinbar Lichthaften«

und dadurch, weil dieser »Sohn« des »scheinbar Lichthaften« (gleich wie der eine der zwei »Söhne« Jehovas, nämlich Jesus) zum »Vater« aufgestiegen ist, letztlich dem »scheinbar Lichthaften« selbst (beziehungsweise als Jesus Jehova selbst) entspricht.[143]

Gemäss der Sophistik, die den Weg des »tatsächlich Dunklen« geht (und damit den Weg der »Nachtseite«), ist die übergeordnete Instanz dagegen, also das »Leittier«, das hier den »neuen Adam« kontrolliert, das »tatsächlich Dunkle«, für das nun Judas steht und sich auch Judas nun einsetzt oder einsetzte, nämlich tatsächlich, wie über ihn vorhergesagt wurde, als »Sohn des Allerhöchsten«. Für Hitler, in dem, zumindest nach gnostisch-platonischer Erkenntnis, Judas wirkte und der deshalb auch generell als Vertreter oder »Sohn« des »tatsächlich Dunklen« auf Erden bezeichnet werden kann, war der »neue Adam« der »Herrenmensch«. Leider beansprucht spätestens seit Hitler auch die Sophistik der »Nachtseite« den Begriff Hyperborea für sich. Der Grund dafür wird wohl sein, dass sie sich hierbei ganz auf Nietzsche und dessen Übermenschen im biologistischen und darwinistischen Sinne bezieht. Auch Helena Blavatsky, die vor Hitler lebte, ging bereits auf Hyperborea ein. Vom gnostisch-platonischen Standpunkt aus irrte sie sich aber gewaltig, wenn sie meinte, dass das Land Hyperborea mit der hyperboreischen Zeit, von der die Esoterik spricht, und mit dem Menschen, der als irdischer Mensch in dieser Zeit gelebt haben soll, in Zusammenhang steht. Denn der Begriff der hyperboreischen

---

143 Es muss hier zwischen Jesus und dem (sophistischen) »Christus« unterschieden werden. Während Jesus der »Sohn« Jehovas ist, ist der (sophistische) »Christus« dagegen der Sohn des »scheinbar Lichthaften«.

Zeit hängt wohl eher mit dem Begriff Hyperborea zusammen, weil er von diesem abgeleitet ist, als umgekehrt.

Boreas, »der Nördliche«, war die Personifikation des Nordwinds. Und Hyperborea das Land, das deshalb für die antiken Griechen am nördlichsten war. Die Brüder von Boreas waren Aremoi Euros (Ostwind), Notos (Südwind) und Zephyros (Westwind).

...

Als »neuer Adam« wird sich der abbildhafte Mensch wie der ursprüngliche, »alte« Adam, der Ur-Adam, mehr wieder also als Wesen zeigen, das einem Tier entspricht, und nicht als Mensch – sofern er sich sein abbildhaftes Leben bewahren kann und nicht wieder Klumpen wird, der verglüht oder zerfällt (was jedoch ohne wahres, ewiges Leben automatisch geschehen wird).[144] Weil er dann auch mehr wieder die Gesetze des Tieres, also die darwinistischen Gesetze, und nicht die Gesetze des Menschen in sich trägt. Und dies selbst dann wohl, wenn er dabei vielleicht sein menschliches Antlitz

---

144 Aus diesem Grund muss wohl, religiös betrachtet, auch die »Erbsünde« auf Jehova und nicht auf den Menschen selbst zurückgeführt werden. Denn der Mensch trägt sie nur auf oder in sich, weil er sie als Abbild Jehovas von Jehova übernommen hat beziehungsweise übernehmen musste. Er hat sie, die Sünde, von ihm geerbt. Wenn man die »Erbsünde« allein auf den Menschen bezieht, das heisst, den Menschen (beziehungsweise Eva und somit die Frau) als Ursache dieser Sünde versteht, so wie das beispielsweise alle Religionen tun, dann wäscht man dadurch Jehova rein. Weil man Schuld und Unschuld dadurch verdreht. Diese Verdrehung entspricht jedoch der Vorgehensweise des »scheinbar Lichthaften«, dessen »Sohn« nach gnostischer, aber auch nach sophistischer Lehre Jehova ist. Sie ist Ausdruck einer (psychologischen) Projektion oder Spiegelung.

behält. Ob er dann sein menschliches Antlitz jedoch wirklich behalten kann, ist aus gnostisch-platonischer Sicht trotz allem nicht sicher, da ein Mensch automatisch sein menschliches Antlitz verliert, wenn und sobald er das Menschliche verliert.

Auch wird er als »neuer Adam« kein individueller Mensch mehr sein, da sich alle individuellen Menschen für diesen »neuen Adam« aufgeben müssen. Sie müssen sich aufgeben, um letztlich, wie die Tiere, die in einer Herde zusammengefasst sind, nur noch als Kollektivwesen zu bestehen. Das »Kollektiv-Ich«, das dieses Kollektivwesen dann leitet und dem »Leittier« innerhalb der Tierwelt bei einer Herde entspricht, ist aber nicht nur »Gott« oder einer seiner »Söhne«, wie die Sophistik lehrt, sondern, im Gegenteil: es sind damit auch allgemein Menschen beziehungsweise Männer gemeint, die als Vertreter einer »Führergemeinschaft« oder »Führerelite« (Establishment) auftreten und (deshalb) ganz im Sinne von »Götter- oder Gottessöhnen« wirken oder als »Götter- oder Gottessöhne« bezeichnet werden können. Denn auch sie oder gerade sie verstehen den Menschen als Herdenvolk, über das sie bestimmen wollen.

Deshalb möchten wohl auch weltliche Kaiser oder geistliche Würdenträger, die solche Vertreter einer »Führergemeinschaft« auf Erden sind, wie »Götter« auf Erden behandelt und wie »Götter« auf Erden verehrt oder wie bei der katholischen Kirche der Papst sogar als Vertreter dessen »Sohnes« auf Erden selbst gehuldigt werden. Auch dürfen sie nicht mehr infrage gestellt oder kritisiert werden. Denn als »Gott« sind sie oberste Instanz und deshalb unfehlbar und absolut. Das heisst: Der

Mensch muss sich ihnen ergeben, sich ihnen unterordnen. Er muss ihnen wie ein Sklave gehorchen und deshalb tun, was sie von ihm verlangen. Weil sie, die »Götter« auf Erden, sich dadurch, und selbstverständlich auch nur so, letztlich jenes angenehme Leben ermöglichen können, das sie für sich benötigen, erstreben und verlangen. So wie sich in ähnlicher oder gleicher Weise bereits Minotaurus auf Kreta sein (angenehmes) Leben dadurch ermöglicht hat, dass auch er für sich immer wieder Jungfrauen und Jünglinge opfern liess.

In der abbildhaften Welt besteht also ein Opferprinzip oder, wie die Katharer es bezeichneten, eine Opferpflicht, mithilfe oder anhand dessen oder derer sich eine Elite ihr eigenes (angenehmes) Leben ermöglichen kann. Eine Elite, die dafür gleichzeitig jegliche Schuld von sich weist und diese auf das Opfer überträgt – da gar keine Schuld auf ihr, deren Vertreter ja »Götter« sind, lasten soll oder lasten darf.

...

Dass es die Absicht der Sophistik ist, den Menschen wieder zu einem Herden-Menschen zu erziehen, der dann von einem »Leittier« geführt wird, kündigte bereits die Bibel mit der Geschichte Noah an. Denn Noah baute sich eine Arche, die er dann ebenso, quasi als »Leittier«, durch die Sintflut führte. Nach sophistischer Interpretation entspricht die Arche der Leiblichkeit des zukünftigen »Gesamtmenschen«, dem »neuen Adam«, für den alle Einzelmenschen ihr Ich und ihre Seele aufgeben müssen. Aber auch der Leiblichkeit jenes »Gesamtmenschen«, in der wieder alle Tiere vereint sind. Denn Noah liess von jedem Tier zwei Exemplare in die

Arche holen. Damit holte er sich all jene Bedürfnisse und Triebe in den »neuen Adam« zurück, die einst aus dem Menschen ausgesondert wurden, da sie nicht dem wahren, sondern allein dem abbildhaften Menschen entsprachen und deshalb den wahren Menschen daran hinderten, sich ebenso selbst auf Erden zu inkarnieren. Auch die darwinistischen Gesetze, die er mit den Tieren wieder zurückholte, haben mit dem wahren Menschen nichts zu tun. Denn diese Gesetze entsprechen der Natur – und somit dem »Gott«, den die Sophistik beziehungsweise deren Elite, nämlich wohl als sich selbst, verehrt und für den der einzelne Mensch sich vollends aufgeben muss, da auch die Natur wie die gesamte Welt, so die Sophistik, von »Gott« angeblich erschaffen worden ist. Während die Arche Noah dem »neuen Adam« entsprach, so entsprach Noah selbst dem »Sohn Gottes« oder sogar »Gott« selbst, zu dem er als »Christus« dann auffahren wird – und dessen »Geist« bereits als Taube den »Heiligen Geist« vorausnimmt.

...

Die darwinistischen Gesetze haben mit dem wahren Menschen nichts zu tun, da dieser andere, nämlich menschliche und nicht tierische Gesetze in sich trägt. Die menschlichen Gesetze sind beispielsweise die Gesetze der Vernunft, der Einsicht oder der Menschlichkeit. Aber auch die Gesetze der Rücksicht und der Anteilnahme. Also Gesetze, die das Tier und somit die Natur oder der von der Sophistik erschaffene und verehrte »Gott« nicht kennt.

Weil »Gott« die Gesetze des Menschen nicht kennt, und mit »Gott« ist letztlich auch die (spirituelle) Elite gemeint, da sie

»Gott« auf Erden vertritt, musste dieser wohl deshalb seinen »Sohn« auf Erden schicken, um so zu erfahren, was menschliche Gesetze sind.[145]

Vielleicht wurde das Problem, von den menschlichen Gesetzen nichts zu wissen, das erste Mal von den Hohepriestern der ägyptischen Weisheitsschulen erkannt. Und auch die Antwort dazu, wie es gelöst werden kann. Nämlich durch »Menschwerdung«, sodass sie deshalb auch ihre Adepten bewusst in Richtung menschlicher Gesetze schulten – analog einer heutigen Schulung in NLP, bei der auch das Gegenüber nachgeahmt wird, um dieses letztlich dann für sich zu gewinnen. So beispielsweise also auch den salomonischen Jesus, der später dann tatsächlich als »menschgewordener Sohn Gottes« auf Erden wirkte. Denn dieser hat – nach gnostisch-platonischer Erkenntnis – die ägyptischen Weisheitsschulen besucht. Er besuchte sie, als seine Eltern mit ihm in Ägypten waren. Diese begaben sich mit ihm nach Ägypten, um so Herodes und dessen Kindstötung zu entgehen. Es könnte also durchaus sein, dass er, der salomonische Jesus, als er als junger Erwachsener wieder nach Judäa zurückkehrte, das Wissen von der »Menschwerdung« und den menschlichen Gesetzen, die er sich in Ägypten erwarb, an die jüdischen Hohepriester weitergab, sodass diese ihn auch aus diesem Grund dann zum »menschgewordenen Sohn

---

145 Dies wäre gleichzeitig also ein Beweis dafür, dass die Menschen tatsächlich nicht, so wie bereits die gnostisch-platonische Erkenntnis offenbart, von »Gott« erschaffen sind. Denn wären sie von »Gott« erschaffen, so hätte er nicht seinen »Sohn« auf Erden geschickt. Auch hätte er die menschlichen Gesetze bereits gekannt (und somit auch die gesamte Welt mit diesen menschlichen und nicht mit den darwinistischen Gesetzen versehen).

Gottes« erklärten. Denn als einer, der zur Elite gehörte und gleichzeitig die Gesetze des Menschen kannte – er kannte sie, weil er sich diese wohl in Ägypten angelernt und eingeübt hatte –, war er mit zwei Attributen ausgestattet, die ihn umso mehr dafür prädestinierten, »Messias« zu werden. Dies im Gegensatz zu Judas, der zwar ursprünglich als »Messias« vorgesehen war und mit dem wahren Christus sogar persönlich in Kontakt trat, nämlich damals als Jüngling von Nain, als dieser ihn von den Toten erweckte, sodass er von den Gesetzen des Menschen aus eigener Erfahrung wusste, aber als Vertreter des nathanischen Stroms nicht zur Elite gehörte[146].

Jesus war also prädestiniert, »Messias« zu werden, um als »Übermensch« und »Erlöser«, so der Plan, nicht nur dann durch den Opfertod des wahren Christus das ewige Leben zu erlangen, sondern auch, wie ein Magier, der nun ebenso im Besitz der Wirkung des Taus war, über die Menschen, deren Gesetze er nun kannte, zu bestimmen. Das Tau, das er nun ebenso besass, erwarb er sich von Judas. Er erwarb es sich von Judas, indem er es ihm abnahm und ihn durch sich ersetzte.

Gleichzeitig konnten aber auch auf diese Weise dem »Gott« Jehova selbst sehr gut »menschliche« Attribute zugeordnet werden, nämlich, indem und weil der »Sohn« später zum »Vater« aufstieg und dadurch mit diesem eins wurde, – obwohl

---

146 Nach gnostisch-platonischer Erkenntnis war Judas der Jüngling von Nain, der vom wahren Christus von den Toten erweckt wurde. Er war es auch, der ursprünglich als Messias erwarte wurde. Die Hohepriester ersetzten ihn aber mit Jesus, da Jesus im Gegensatz zu Judas, der dem nathanischen Strom angehörte, salomonischer Abstammung war.

menschliche Attribute wie menschliche Gesetze mit »Gott«, aber auch mit der Elite, die die Vertretung »Gottes« auf Erden ist, bereits »von Natur aus«, also von Grunde her, in keinem Zusammenhang stehen, und dies selbst auch dann nicht, wenn die Elite nun meint, ebenso von solchen Attributen und Gesetzen zu wissen. Denn jemand, der des Menschen individuelles Ich verhindern will, das Männliche über das Weibliche stellt oder sogar im Männlichen allein das Ideal des zukünftigen Menschen sieht, kann mit Bestimmtheit keine menschlichen Attribute oder Gesetze in sich tragen. Auch jemand nicht, der den individuellen Menschen bekämpft, indem er an dessen Stelle ein Kollektivwesen stellt, für das alle individuellen Menschen ihr Ich und ihre Seele aufgeben müssen, damit dieses dann von einem »Leittier« beherrscht oder sogar »bewohnt« werden kann.

Dass Sophisten trotz der »Menschwerdung« dennoch seither weiterhin, und dies bis heute, an der Idee des »Kollektivmenschen«, des »neuen Adam«, festhalten und nun nicht ebenso wie der Gnostiker oder Platoniker den wahren Menschen suchen wollen, erstaunt. Oder ist vielleicht auch verständlich, weil ein Sophist eben Sophist ist und sich nicht einfach so zum Gnostiker oder Platoniker wandeln kann. Doch damit erwecken sie tatsächlich den Eindruck, diese »Menschwerdung« wohl nur aus dem Grund sich angeeignet zu haben, um den Menschen zu imitieren und so diesen weiterhin und umso mehr für ihre eigene Zwecke zu nutzen – ganz nach dem Prinzip einer Spiegelung, wie sie heute auch tatsächlich bei gewissen pseudopsychologischen Praktiken, deren Absichten ebenso allein der Durchsetzung eigener Interessen entsprechen, zur Anwendung kommt. Deshalb ist es nicht verwunderlich, wenn zum Beispiel auch die katholische Kirche von Menschenliebe spricht, selbst aber in ihrem Tun und Sein alles andere als Menschenliebe vertritt. Denn verträte sie wirklich Menschenliebe, dann würde auch sie beispielsweise alles dafür tun, dass es innerhalb ihres Glaubens keine Geschlechterdiskriminierungen mehr gäbe, dass hierarchisches Denken abgeschafft würde, denn wer hierarchisch denkt, stellt sich über andere Menschen, oder dass Päpste oder Bischöfe generell keine Möglichkeit mehr hätten, als »Leittiere« und somit als selbsternannte »Götter« oder »Gottesvertreter«, die angeblich die absolute Wahrheit besässen, über die Menschen zu bestimmen.

Dass letztlich Jesus und nicht Judas von den jüdischen Hohepriestern zum »Messias« gekürt wurde, obwohl Judas eigentlich dafür ursprünglich vorgesehen war, und deshalb mit ihm auch jene Instanz, die mit ihrer »Menschwerdung« die gesamte »Gottessophistik« zu einer »Menschensophistik« umzuformen imstande war, sodass selbst dann das »alte Testament« von einem »neuen Testament« abgelöst wurde, könnte möglicherweise durchaus mit dem Besuch einer Einweihungsschule in Ägypten und der damit gewonnen Erfahrung, was die menschlichen Gesetze sind, zu tun haben. Und deshalb auch damit, dass die Hohepriester in Judäa nach seiner Rückkehr aus Ägypten dann beschlossen, mit ihm den Missstand, selber als Elite nichts von den Gesetzen des Menschen zu wissen, zu beheben. Denn nur wer die Gesetze des Menschen kennt, kann sich der Menschen bemächtigen, sich ihrer bedienen.

Weshalb die ägyptischen Weisheitsschulen selbst von der Menschwerdung und den menschlichen Gesetzen wussten, könnte ihrerseits seinen Grund darin haben, dass sie von der Königin des Südens aufgesucht wurden, die auf dem Weg nach Norden war. Denn die Königin des Südens entsprach als Vertreterin der »Pronoia« (beziehungsweise als »Epinoia« oder sogar als Isis) der Ariadne, die den Faden und dadurch den Schlüssel zum wahren Menschen besitzt. Sie war bereits damals auf der Suche nach dem wahren Menschen, um diesem den Faden zu überreichen, der ihn aus dem Labyrinth der abbildhaften Welt befreite, sodass sie sich deshalb auf den Weg nach Norden hin zum denkenden Menschen begab. Dies ganz im Gegensatz zu Jesus, den es, auf einem Esel sitzend, zum abbildhaften Menschen und deshalb gegen Süden, hin zu den Füssen, also hin zum entmündigten Menschen und somit auch zum Kollektivmenschen, dem »neuen Adam«, zog. Dass die Königin des Südens tatsächlich die Weisheitsschulen in Ägypten aufsuchte, ist durchaus möglich oder sogar anzunehmen und somit realistisch. Denn sie entspricht auch der Königin von Saba in den Tempellegenden, die sich ebenso – mit List – den Zugang zum Weisheitstempel des Königs Salomon verschaffte, um so den (wahren) Baumeister Hiram Abiff zu befreien. Denn diesen sperrte König Salomon in sein Verliess, um ihn letztlich für sich beziehungsweise für einen seiner drei Gesellen, die alle in den Grad des »Sohnes« eingeweiht waren und ebenso in den Grad des »Vaters« erhöht werden wollten, als Unschuldigen zu opfern. Er wollte ihn als Unschuldigen opfern, so wie Minotaurus in Kreta immer wieder Jungfrauen und Jünglinge als Unschuldige für sich geopfert hat, um sich damit ewiges Leben zu ermöglichen.

25. KAPITEL

Jesus und die darwinistischen Gesetze

Da Jesus den Weg des »neuen Adam« ging, ging er auch den Weg des abbildhaften Menschen. Weil der abbildhafte Mensch mit dem »neuen Adam« in Zusammenhang steht. Das heisst, er ging den Weg des Menschen, der letztlich den darwinistischen Gesetzen gehorcht und nicht den menschlichen. Deshalb brachte er wohl auch die darwinistischen Gesetze unter die Menschen, als er »Messias« war, und nicht die menschlichen – obwohl er die menschlichen Gesetze durchaus kannte und auch von den menschlichen Werten sprach. Darwinistische Gesetze sind beispielsweise die Gesetze von »oben und unten«, also die Gesetze einer Hierarchie, und deshalb auch die Gesetze von »stark und schwach«, von »gut und böse«, von »gesund (heil) oder krank (sündig)« oder von »wert und weniger wert«. Und vor allem auch die Gesetze von »Leittier und Herde« (beziehungsweise von »Hirte und Schafe«[147]), die die Entfaltung eines mündigen, individuellen

---

147 Jesus gab sich als Hirte aus, der seine Schafe, also seine Gläubigen, führte. Doch (männliche) Schafe sind Widder – und gehörten deshalb eigentlich Judas, der selbst dem Widder- und somit dem nathanischen Menschenstrom, dem Strom der Berufenen, angehörte. Das heisst also, gnostisch-platonisch gesehen, dass sich Jesus, der dem Strom der Löwen und somit dem salomonischen Menschenstrom, dem Strom der Betuchten und Auserwählten (Elite), angehörte, dieser Schafe in gleicher Weise unrechtmässig bemächtigte, wie er, mithilfe der Hohepriester, bereits den Messias-Titel, der ihm ebenso nicht zustand, Judas entrissen hat. Während Judas als tatsächlicher »Führer« der Herde (und somit als »Führer« des Volkes) vorgesehen war, so wäre Jesus dagegen »lediglich«

Menschen völlig ausschliessen und verhindern. Er brachte diese darwinistischen Gesetze wieder unter die Menschen, weil sie seiner eigenen Natur entsprachen. Und weil sie selbstverständlich von ihm nicht in Richtung Mensch und Menschlichkeit tatsächlich hätten geändert werden können oder – eben – hätten geändert werden wollen. Auch die Elite, der er angehörte und die man bis heute als Elite der Sophistik kennt, konnte oder wollte die darwinistischen Gesetze für den Menschen nicht ändern, obwohl auch sie durch ihn, den »menschgewordenen Sohn«, von den menschlichen Gesetzen wusste. So vertritt auch sie deshalb bis heute, gleich wie Jesus damals, weiterhin die darwinistischen Gesetze und nicht die menschlichen. Es ist also nur der Mensch selbst, also der wahre Mensch, der den Weg hinaus aus dem Labyrinth wählt, der auch imstande und gewillt ist, wirklich Mensch zu sein und auch wirklich Mensch zu werden.

Die Gesetze des Menschen, die sich Jesus möglicherweise wohl tatsächlich mit seiner »Menschwerdung« in Ägypten

---

der Führer der Betuchten (Elite, Hohepriester) gewesen. Nach gnostisch-platonischer Erkenntnis sind die Schafe oder Widder jene Menschen, die schlafend und unerweckt sind, und von Judas eigentlich hätten erweckt und so auf den Weg des wahren Christus, der »Pronoia« entgegen, geführt werden sollen. Deshalb wohl hatte der wahre Christus Judas als Jüngling von Nain ebenso selber erweckt. Erwecken bedeutet, den Menschen in seinem wahren Ich anzusprechen und ihn so in seiner Orientierung als Mensch von der Waagrechten (abbildhafter Mensch, Tier) in die Aufrechte (wahrer Mensch) zu führen. Nach gnostisch-platonischer Meinung können nur Menschen des nathanischen Stroms erweckt werden. Weil beispielsweise auch nur sie die Fähigkeit hätten, selbstständig zu denken (Prometheus), dies im Gegensatz zum Menschen des salomonischen Stroms, der mehr oder weniger doch ausschliesslich das Nachdenken pflegt (Epimetheus).

angeeignet hat, dienten ihm also nicht dazu, selbst Mensch zu werden und auch (in dem Sinne) wirklich menschlich zu sein, wie seine Wirkungsweise als »Messias« sehr deutlich zeigt, sondern vielmehr dazu, noch mehr und noch besser Menschen an sich zu binden und auch beeinflussen zu können. So begann er wohl auch deshalb als »menschgewordener Sohn Gottes« in der Sprache der Menschen zu sprechen. Denn in der Sprache des Menschen verstanden die Menschen ihn, sodass sie ihm folgten. Sie folgten ihm, hörten ihm zu und bewunderten ihn. Somit tat er in etwa aber das Gleiche, was heute ein mit künstlicher Intelligenz ausgestatteter, lernender und programmierter Roboter tut, wenn er ebenso anhand von Mimik und Gestik die Gemütslage eines Menschen imitiert und damit bei sich und auch bei anderen Menschen entsprechende Reaktionsweisen erzeugt, ohne dabei aber selbst Mensch zu sein und auch selbst wirkliche menschliche Attribute und Werte zu besitzen. Deshalb erschien Jesus, und erscheint er auch bis heute, als »menschlich« und empfindsam und auch als sehr umsorgend, so wie es wahre Menschen sind, obwohl er es in seinem eigentlichen, also abbildhaften Menschsein, das mit dem wahren Menschen in keinem Zusammenhang steht, niemals sein konnte und deshalb wohl auch niemals war. Auch sprach er von Menschenliebe oder von Erlösung und von Gerechtigkeit, obwohl er diese Menschenliebe, diese Erlösung und auch diese Gerechtigkeit ebenso nicht kannte und deshalb wohl umso mehr auch an allein sophistische Vorstellungen und Bedingungen knüpfte. Sein Auftreten entsprach somit durchaus, so könnte man sagen, einem Spiegel, der das Gegenüber reflektiert, um es so dann letztlich selbst zu sein und es letztlich dann auch – in reflektierter, verdrehter Form – für sich selbst zu gewinnen. Gleich dem Mond, der ebenso das Licht der Sonne aufnimmt und dann reflektiert, um in diesem Sinne auf eine Art selbst Sonne zu sein. Somit schmückte er sich mit fremden Federn, also mit Federn, die ihm nicht zustanden. Das heisst: Er gab sich als etwas aus, was er in Wirklichkeit aber nicht war, weil er es nur imitierte. So zum Beispiel – eben – auch »Retter« und »Erlöser« des Menschen zu sein, obwohl er sich letztlich als Geist eines »scheinbar Lichthaften« offenbarte, dessen einzige und alleinige Absicht es ist, den Menschen als wahren Menschen zu bekämpfen – und dadurch noch mehr hinein ins Labyrinth und somit hin zum »tatsächlich Dunklen« zu führen.

Damit blieb Jesus also trotz »Menschwerdung«, was er schon immer war, nämlich tatsächlich: allein abbildhafter Mensch. Und dadurch letztlich tatsächlich ein Mensch, der aufgrund der darwinistischen Gesetze, denen er unterworfen war, mehr auch mit dem Tier oder Tiersein als mit dem wahren Menschen in Zusammenhang stand. Denn als allein abbildhafter Mensch war er umso mehr eine Schöpfung der Natur und nicht, wie dies beim wahren Menschen der Fall ist, eine Schöpfung einer der Natur völlig unbekannten Elternheit, die ausserhalb des Labyrinths und somit auch ausserhalb der abbildhaften Welt, die aus »Himmel und Erde« besteht, zu finden ist. Deshalb kannte auch er letztlich wohl tatsächlich nur die Gesetze des Tieres, welches die darwinistischen Gesetze sind, und nicht die Gesetze des Menschen, auch wenn er sich mit seiner »Menschwerdung«, die er erfuhr, als Mensch mit menschlichen Gesetzen zeigte. Denn die Gesetze des Tieres sind die Gesetze der

Natur – und dadurch die Gesetze »Gottes«, dessen »Sohn« er ja angeblich oder auch tatsächlich war und auf den letztlich ja auch die Natur selbst zurückgeht, da er sie ebenso angeblich ja selbst erschaffen hat. Es sind also die Natur, »Gott« und die darwinistischen Gesetze, mit denen Jesus, der »Sohn Gottes«, eins war und für die er deshalb letztlich nur kämpfte, und in absolut keiner Weise der wahre Mensch. Im Gegenteil. Weil er den wahren Menschen nicht kannte und er sich auch deshalb wohl nicht oder nicht wirklich für den wahren Menschen interessierte.

Dies im Gegensatz zum wahren Menschen selbst, der letztlich allein die Gesetze des Menschen kennt und dafür die Gesetze des Tieres nicht. Oder die Gesetze des Tieres nur dann und insofern, wenn und weil er sich hier auf Erden in einen abbildhaften Leib inkarnieren muss. Denn jeder wahre Mensch muss sich in einen abbildhaften Leib und somit in einen abbildhaften Menschen inkarnieren, um überhaupt auf Erden Mensch zu sein. Weil er vom »scheinbar Lichthaften« und vom »tatsächlich Dunklen« in die abbildhafte Welt gerissen wurde und ihm deshalb, im Gegensatz zur Seele und zum persönlichen Ich, welche er beide als ewige Qualitäten bereits besitzt, ein eigener wahrer Leib noch fehlt.

Auch mein Bruder kennt die Gesetze des Tieres nicht und dafür aber umso mehr die Gesetze des Menschen. Ein Beweis für mich, dass auch er mehr also nur wahrer als abbildhafter oder sogar überhaupt nur wahrer Mensch sein kann. Und auch dafür, dass er den Weg des wahren Christus und nicht den Weg Jesu und somit nicht den Weg der Sophistik geht. Was jedoch dann wohl auch ein Grund dafür ist, weshalb ihn gerade die katholische Kirche, die in ihrem Glauben auf Jesus baut, aber auch die Anthroposophie, die mit ihrer Sophistik ebenso den Weg Jesu geht, von sich wies.

26. KAPITEL

Der abbildhafte Mensch und die Naturgesetze

Wenn sich ein Mensch als abbildhafter Mensch erlebt, dann erlebt er sich als Mensch, der letztlich ganz den Gesetzen der Natur unterworfen ist. Weil er als abbildhafter Mensch letztlich auch ganz nur aus der Natur oder, wie Moses in der Bibel sagte, aus »Staub« hervorgegangen ist. Dies im Gegensatz zum wahren Menschen, dessen Herkunft sich jenseits der abbildhaften Welt und somit auch jenseits der Natur befindet. Doch die Gesetze der Natur sind die darwinistischen Gesetze, also auch die Gesetze des Tieres, und nicht die Gesetze des Menschen. Deshalb sind es wohl auch die Gesetze des Tieres, die ihn, den abbildhaften Menschen, letztlich am meisten interessieren und auch am meisten bestimmen. Nicht nur im privaten, persönlichen Leben, sondern vor allem dann auch in der Wirtschaft und in der Politik. Dort bringt er die darwinistischen Gesetze sogar bewusst ein, um erfolgreich zu sein. Denn er will als »Stärkerer« über den vermeintlich Schwächeren triumphieren. Doch auch in der Psychologie beurteilt er den Menschen ganz auf der Grundlage des Tieres und nicht auf der Grundlage des Menschen. Weil er auch dort, als abbildhafter Mensch selbst, nichts vom wahren, sondern nur vom abbildhaften Menschen weiss. Denn auch der Psychologie ist der wahre Mensch völlig fremd. Sie versteht den Menschen ausschliesslich als höheres Tier und nicht als Menschen, der mit dem Tier in dem Sinne nichts (mehr) gemein hat. Doch der abbildhafte Mensch ist letztlich der leibliche Mensch – und deshalb tatsächlich der Mensch, der an das Tier gebunden ist. Der leibliche Mensch ist an das Tier gebunden, weil er kein Seelisches und auch kein individuelles Ich besitzt. Dafür aber umso mehr einen Seelen- und Lebensleib. Also einen Seelen- und Lebensleib, welcher durchaus das Seelische und das Leben, jedoch abbildhaft, als »Schatten« oder als Erinnerung eines Ursprünglichen und Tatsächlichen, in sich trägt und deshalb vom Sophisten mit dem Seelischen und mit dem individuellen Ich des Menschen verwechselt wird. Denn das Seelische und das individuelle Ich eines Menschen stehen allein mit dem wahren Menschen in Zusammenhang. Und diesen erlebt ein Mensch nur dann in seiner abbildhaften Leiblichkeit, wenn er auf Erden inkarniert ist – sofern er einen solchen wahren Menschen letztlich überhaupt in sich besitzt. Weil ein Mensch in der abbildhaften Welt auch nur auf Erden wirklich sich selbst sein kann. Ein Grund wohl bereits für die Griechen wie Odysseus, der den toten Achylles im Reich der Schatten aufsuchte, zu klagen, dass sie (deswegen wohl) lieber Bettler auf Erden als ein König im Reich der Schatten wären. Denn im Reich der Schatten, also nach dem Tod, muss und wird der Mensch sein Ich und sein Seelisches aufgeben. Er muss es für die »Götter« der Schattenwelt aufgeben. Und wer sein Ich und sein Seelisches aufgibt, verliert es – und somit sich selbst.

27. KAPITEL

Der Mensch und seine Orientierung nach der Aufrechten

Wenn man den Menschen in seiner Gestalt studiert, so erkennt man, dass er, im Gegensatz zum Tier, das an die Waagrechte gebunden ist, aufrecht geht. Es ist also, so stellt man fest, neben der Fähigkeit, selbstständig zu denken und zu sprechen, der aufrechte Gang beziehungsweise generell die Aufrechte (oder Aufrichtigkeit), die den Menschen bestimmt und vom Tier unterscheidet. Es ist der wahre Mensch (»Pronoia«), der beim Menschen den aufrechten Gang und die Aufrechte (und auch die Aufrichtigkeit) bewirkt, und der abbildhafte Mensch (»Jehova«) der Mensch, der mit dem Tier und dessen Waagrechten in Zusammenhang steht. Mit Aufrechte (oder Aufrichtigkeit) ist die Orientierung von »unten nach oben« beziehungsweise von den Füssen zum Kopf und nicht die Orientierung nach der Senkrechten, also von »oben nach unten« und somit vom Kopf zu den Füssen, gemeint. Denn die Orientierung nach der Senkrechten, also von »oben nach unten« und somit vom Kopf zu den Füssen, verunmöglicht und verhindert den wahren Menschen, indem und weil sie ihn mit der irdischen Welt und mit dem Volk (und deshalb letztlich wohl auch mit »Jehova« beziehungsweise mit dessen »Sohn«, der zum »Vater« aufgefahren ist) verbindet. Die Senkrechte wandelt den Menschen zum Kollektiv- oder Volkswesen. Auch ist damit nicht die Orientierung nach der Waagrechten gemeint, da diese den Menschen – eben – wieder hin zum Tier führt. Die Waagrechte ist die Orientierung

283

von »links nach rechts«, das heisst von den Sexualkräften zum Kehlkopf, und somit das »Rückgrat« des Tieres. Sie steht in direktester Weise mit dem Tier im Zusammenhang, da dieses keine Ich-Kraft hat, die eine eigene Aufrechte (und auch Aufrichtigkeit) ermöglichte.

Jesus als Vertreter des abbildhaften Menschen (»Jehova«) wusch seinen Jüngern die Füsse, um in ihnen damit wohl die Bedeutung der Senkrechten anzusprechen. Indem er den Menschen in Richtung eines »neuen Adam« erzog, führte er ihn gleichzeitig in die Waagrechte, also hin zum Tier. Der wahre Christus dagegen forderte einen Gelähmten am Teich von Bethesda auf, sein Bett zu nehmen und aufzustehen, also sich von der Waagrechten, aber auch von der Senkrechten zu lösen und in die Aufrechte zu begeben, um gesund und somit (wahrer) Mensch zu werden.[148] Auch sprach er beim Menschen bewusst sein individuelles, mündiges Menschsein an, um sich so von der »Herde Mensch« beziehungsweise vom Weg hin zum »neuen Adam«, der von einer »Leitinstanz«, dem »Christus« der Sophistik oder einem seiner »Göttersöhne«, die als Menschen- oder Religionsführer oder sogar als Religionsgründer auftreten oder auftraten, zu lösen.

Gnostisch-platonisch gesehen, kann die Orientierung von »unten nach oben« und somit von den Füssen zum Kopf, die den Menschen in seinem wahren Menschsein anspricht und ihn deshalb auch in die Aufrechte (oder in die Aufrichtigkeit) führt, auch als Orientierung von »Süden nach Norden«

---

148 Auch das erklärt, warum Jesus nicht der wahre Christus sein konnte. Denn die Aufforderung, das Bett zu nehmen und aufzustehen, wäre das völlige Gegenteil von dem, was seiner »Mission« entsprach.

bezeichnet werden, wenn man die Füsse und somit das »Unten« mit dem Süden und den Kopf und somit das »Oben« mit dem Norden in Zusammenhang bringt. Denn auch bei der Erde befindet sich der Norden, geografisch gesehen, »oben«, also bei den »Denkkräften«, und der Süden »unten«, also dort, wo man beispielsweise eher auch die »Stoffwechselkräfte« vermutet. Dies zumindest würde dann erklären, weshalb man in der antiken Welt die Welt ausserhalb des Labyrinths, also die Welt ausserhalb der abbildhaften Welt, die die Welt des wahren Menschen ist, als Land »jenseits des Nordens« bezeichnet hat. Man hat sie als Land »jenseits des Nordens« bezeichnet, weil sie mit dem gewöhnlichen Denken nicht mehr erfasst, sondern höchstens wohl nur noch erahnt werden kann.

Es würde aber auch erklären, weshalb sich die »Königin des Südens«, also die Königin von Saba, wie sie in der Bibel beziehungsweise in den Tempellegenden beschrieben wird, und somit die »Pronoia« (beziehungsweise die »Epinoia«), auf den Weg nach Norden begab.[149] Sie begab sich auf den Weg nach Norden, um den Menschen aus dem Labyrinth zu führen, indem sie dessen selbstständiges Denken ansprach. Dabei legte sie wie Ariadne einen (geistigen) Faden, damit dieser den Weg aus dem Labyrinth mit seinem selbstständigen Denken selber finden kann. Sie legte ihn für alle Menschen, die – im übertragenen Sinn – im Süden sind und den

---

149 Die Königin des Südens, die in drei von vier Tempellegenden als Königin von Saba vorkommt, wird in der Apokalypse als jene Frau beschrieben, der die beiden Flügel des Adlers gegeben wurden, als sie von der Schlange verfolgt wurde. Damit bekam sie wohl das selbstständige Denken, welches ihr zur Flucht vor der Schlange verhalf.

Weg nach Norden suchen. Dies im Gegensatz zu Jesus, der die Füsse betonte und deshalb die Menschen auf den Weg nach Süden führte.[150] Er führte die Menschen auf den Weg nach Süden, damit sie letztlich als Herdenmensch (oder als Volk) für »Gott« und für ihn selbst ihre Seele und ihr Ich aufgeben. Ihre Seele sollten sie für den gemeinsamen Seelenleib der zwölf Jünger, der der zukünftige Seelenleib des »neuen Adam« ist, und ihr Ich für den »Heiligen Geist«, der als zukünftige »Ich-Organisation«, ein Schein-Ich, die Führung über den »neuen Adam« übernimmt, aufgeben, damit so dieser »neue Adam«, und somit sein eigener Leib, entstehen kann.

Die Waagrechte, die mit dem Tier in Zusammenhang steht, orientiert den Menschen von »Westen nach Osten« und somit von den Sexual- zu den Kehlkopfkräften, was der Wesenheit »Gottes« entspricht, da dieser ja sowohl die Natur als auch die Tiere angeblich selbst erschaffen (oder als Ur-Erde tatsächlich auch aus sich selbst hervorgebracht) hat – was deshalb wohl auch der Grund dafür ist, dass die religiösen Sophisten ihre christlichen Kirchen, die für sie die Gotteshäuser Jehovas und die Tempel des »neuen Adam» sind, ebenso, geografisch dann, von Westen nach Osten, also hin zum »Sonnenaufgang« (dem »scheinbar Lichthaften«), ausgerichtet haben. Denn damit zeigten oder zeigen sie, dass auch sie tatsächlich nicht mit dem (wahren) Menschen, sondern mit dem Tier, einem Kollektiv- oder Herdenwesen, das von einer höheren Instanz, einem »Leittier« (dem »scheinbar Lichthaften«), geleitet wird, verbunden waren oder verbunden sind und damit

---

150 Der Weg nach Süden entspricht auch dem Weg zurück zum Urmünder. Über diesen wird später ausführlich berichtet.

den Menschen tatsächlich wieder zurück zum Tier und nicht hin zum (wahren) Menschen führen wollten oder führen wollen – was natürlich auch ganz der Absicht jener Stifter und Baumeister entsprach und wohl auch heute noch entspricht, die solche »Gotteshäuser« und Tempel für die Menschen erbaut haben oder auch heute noch und in Zukunft erbauen oder erbauen werden. Denn nach sophistischer Lehre soll der Mensch wieder zurück zu Ur-Adam, dem angeblichen Ur-Menschen, der dem zukünftigen »Leib Christi« (oder, gnostisch-platonisch gesehen, der Ur-Erde) entspricht, geführt werden, dessen symbolischer Leib die Kirche und der Tempel sind. Und dieser Ur-Adam wird als »wiedererstandener, neuer Adam«, gleich wie Osiris, der wieder mit all seinen Teilen zusammengeflickt ist, selbst mehr wieder tierähnliches Wesen oder Tier und nicht Mensch sein, sofern er sich sein abbildhaftes Leben bis dann auch tatsächlich erhalten kann. Denn kann er es nicht erhalten, so wird er wohl wieder (wie die Ur-Erde) ein lebloser Klumpen ohne menschliches Antlitz sein – so wie es Ur-Adam einst war, bevor sich die »Pronoia« (zur Hälfte) in ihn gelegt und ihn damit mit abbildhaftem Leben versehen hat.

Weil der Mensch als abbildhafter Mensch der Mensch der Waagrechte und der Senkrechte ist beziehungsweise der Mensch, in dem sich die Waagrechte mit der Senkrechten zum Tau vereint (und an dessen »Schnittstelle« der Menschenverführer Jesus sitzt), und nicht der Mensch der Aufrechte mit persönlichem Ich und Seele, wird er tatsächlich wieder, wenn er den Weg Jesu und somit den Weg der Sophistik geht, Ur-Adam werden, in dem ursprünglich alles, so auch der einzelne abbildhafte Mensch, noch enthalten (beziehungsweise gebunden oder gefangen) war. Denn der Mensch der Aufrechte ist der wahre Mensch und somit der Mensch, der den Kreislauf Ur-Adams und somit den Weg hin zu Ur-Adam mit seinem Ich und seiner Seele, die dem abbildhaften Menschen fehlen, gänzlich infrage stellt und durchbricht. Deshalb will die Sophistik diesen wahren Menschen verhindern. Sie will ihn verhindern und eliminieren. Denn der wahre Mensch ist der individuelle Mensch und nicht der kollektive Mensch, nicht der Mensch einer Herde, weil er aufrecht zu gehen und selbstständig zu denken fähig und deshalb mündig ist. Er ist der Mensch, der mit der »Pronoia« in Zusammenhang steht. Denn sie war es auch, die ihm sein Leben überhaupt erst ermöglichte. Nämlich ermöglichte, als und weil sie sich – eben – im Urbeginne (zur Hälfte) in Ur-Adam gelegt und dann alles, was für den wahren Menschen hinderlich war, um sich selbst als Mensch auf Erden zu inkarnieren, aus diesem für ihn ausgesondert hat.

...

Der wahre Mensch wird gänzlich verloren gehen, wenn man der Sophistik folgt und ihr die Möglichkeit gibt, sich ganz im Sinne ihrer Weisheit und Lehre auszubreiten und zu entfalten. Deshalb muss man als Mensch, wenn man sich retten will, den Weg finden, der einen hinaus aus dem Labyrinth führt. Weil es nur so möglich ist, der Sophistik und ihrer Absicht zu entgehen.

Weshalb es überhaupt Menschen gibt, die sich für die Sophistik engagieren, bleibt letztlich – dennoch – als Frage unbeantwortet, offen. Weil es sich dabei um Menschen handelt, die selbst kein wahres Menschsein (mehr) in sich kennen? Warum aber kennen sie kein wahres Menschsein (mehr) in sich? Weil sie es vielleicht selbst (bereits) verloren oder schon gar nie eines als solches besessen haben? Und wenn sie doch eines als solches besitzen: Weil man es in ihnen erst aber noch erwecken müsste? So wie es bei Maria Magdalena als Tochter des Jairus, beim Jüngling von Nain oder bei Lazarus geschehen ist? Doch erweckt werden kann ein Ich nur dann, wenn es auch wirklich (bereits) vorhanden ist, existiert.

...

Da die Orientierung von Westen nach Osten den Menschen wieder zurück zum Tier und somit auch wieder zurück zur Natur führt, führt sie ihn deshalb auch wieder zurück zu den darwinistischen Gesetzen. Weil die Gesetze der Natur die darwinistischen Gesetze sind. Dies ist, zumindest gnostisch-platonisch gesehen, ein weiterer Beweis dafür, dass der wahre Mensch, der die menschlichen Gesetze in sich trägt, deshalb tatsächlich weder aus der Natur noch aus »Gott«, der nach sophistischer Lehre die Natur erschaffen haben soll, hervorgegangen ist oder hervorgegangen sein kann. Dass der wahre Mensch weder aus der Natur noch aus »Gott« hervorgegangen ist oder hervorgegangen sein kann, zeigt sich auch daran, wie sich die Religionen, denen »Gott« und nicht der Mensch das Wichtigste ist, für den einzelnen abbildhaften Menschen interessieren, um ihn, wie die Jünglinge und Jungfrauen für Minotaurus, für »Gott« zu opfern. Deshalb meint auch die Sophistik, wenn sie vom Menschen spricht, nicht denselben Menschen wie der Gnostiker oder Platoniker. Denn ihr Mensch, den sie meint und erstrebt und auch idealisiert, ist der »neue Adam« und hat mit dem eigentlichen, wahren Menschen nichts (mehr) gemein. Er ist, im Gegensatz zum (wahren) Menschen, der aufrecht geht und sich selbst bestimmt, wie das Tier tatsächlich von Westen nach Osten und somit nach der Waagrechten hin, aber auch wie die Herde oder das Volk von »oben nach unten« und somit nach der Senkrechten hin orientiert.

Der Grund, weshalb das Tier mit der Waagrechten und als Herde mit der Senkrechten und nicht wie der Mensch mit der Aufrechten in Zusammenhang steht, liegt wohl darin, dass es im Gegensatz zum (wahren) Menschen kein persönliches Ich und deshalb keine Aufrichte-Kraft besitzt. Dafür aber umso mehr Kräfte, die es in die Waagrechte und in die Senkrechte, also hin zum Tau zwingen und somit auch zwingen, als Kollektivwesen auf allen vieren zu gehen. Dies zeigt, dass es deshalb aber auch nicht von einem Seelischen und schon gar nicht von einem (selbstständigen) Denken oder Ich geleitet wird, sondern vielmehr beispielsweise eben von seinen Instinkten und Trieben. Und somit auch von seinen Kehlkopf- und Sexualkräften, so wie das konsequenterweise wohl auch bei »Gott« der Fall sein muss, da er, nach sophistischer Lehre, die Natur und die Tiere, aber auch den abbildhaften Menschen als Ur-Adam (der gnostisch-platonisch gesehen der Ur-Erde entspricht) nach seinem Ebenbild ja angeblich oder tatsächlich erschaffen hat. Dass das Tier von seinen Instinkten und Trieben und somit von seinen Kehlkopf- und Sexualkräften geleitet wird, erkennt man beispielsweise daran, wie bei gewissen Tieren in der Brunftzeit tatsächlich der Sexualtrieb den Kehlkopf zum Brunftschrei animiert. Wenn Sophisten also davon ausgehen, dass vor allem in den

Sexual- und Kehlkopfkräften eine Bedeutung für den Menschen der Zukunft läge, dann offenbaren sie damit, und zwar eindeutig, wie sie denken und wie sie deshalb vom allein abbildhaften Menschen nur ausgehen – und sich auch selbst wohl nur als abbildhafte Menschen verstehen. Das heisst: Man sieht also sehr deutlich, dass es ihnen wirklich allein um das »Herdentier Mensch«, den »neuen Adam«, und keinesfalls um den wahren Menschen geht. Also keinesfalls um den wahren Menschen, der sein eigenes, individuelles Ich und seine Seele behalten kann – und selbstverständlich auch behalten wird, wenn er den Weg hin zum wahren Christus und zur »Pronoia« wählt.

28. KAPITEL

Der »Gott« der Sophistik und seine zwei Janusgesichter. Die Erde, die sich in Richtung der Waagrechten dreht. Und das Urmünder-Problem

Wenn mit »Gott« tatsächlich jene Instanz gemeint ist, die angeblich den Menschen erschaffen hat, so versteht man, weshalb der Mensch nur abbildhafter Mensch und nicht wahrer Mensch sein kann – und weshalb er letztlich auch nur den darwinistischen und nicht den menschlichen Gesetzen folgt. Weil auf »Gott« die Natur und das Tier zurückgehen. Deshalb kann er, der »Gott«, den Menschen auch bestrafen, zum Nichts und zum Sünder erklären, diskriminieren, vernichten. Denn wer die Gesetze des Tieres in sich trägt, kennt keine Menschlichkeit und keine Liebe und deshalb auch die Gesetze des Menschen nicht. Auch weil er sonst der Natur und dem Tier, sofern es dann die Natur und das Tier überhaupt noch gäbe, die menschlichen und nicht die darwinistischen Gesetze einverleibt hätte. Oder mit anderen Worten: Wenn »Gott« Mensch und nicht »Gott« wäre, so gäbe es wohl auch keine Tiere und deren darwinistische Gesetze nicht, sondern tatsächlich nur den Menschen und die Menschlichkeit – und auch keinen »Gott«.

Als Wesen selbst steht »Gott«, den die christliche Kirche als »Herr« und die jüdische Religion als Jehova bezeichnet, für die zwei Qualitäten in der Welt, die, wie beim Mond, der sowohl als Neu- als auch als Vollmond besteht, sowohl als Tag- als auch als Nachtseite in ihm enthalten sind und auf die beiden – nach gnostisch-platonischer Sicht – *wirklichen* »Weltenschöpfer«, nämlich auf das »scheinbar Lichthafte« und das »tatsächlich Dunkle«, zurückgeführt werden können. Doch auch diese beiden wirklichen »Weltenschöpfer« kennen den wahren Menschen nicht. Sie kennen ihn (wie auch in den Nag-Hammadi-Schriften steht) nur vom »Hörensagen«, das heisst, weil sie von ihm auf indirekter Weise vernommen haben. Und dennoch meinten sie, bereits mit Jehova gemeinsam erstmals einen Menschen erschaffen zu können, was jedoch, wie man an Jehova sieht, der ursprünglich lediglich als Klumpen Materie existierte (und auch heute als Mond, mit dem man ihn am meisten noch in Zusammenhang bringen kann, als Klumpen Materie existiert), gründlich misslang. Dieser Klumpen Materie wurde erst dann zu Ur-Adam beziehungsweise zur ursprünglichen Erde, als sich die »Pronoia« mit ihrem Leben zur Hälfte in ihn legte. Sie legte sich zur Hälfte in ihn, um gleichzeitig all jenes, was nicht mit dem wahren Menschen in Zusammenhang stand und diesen daran hinderte, selbst auf Erden Mensch zu werden, aus ihm auszusondern. Dabei sonderte sie nicht nur Planeten und Fixsterne, die den Tierkreis bildeten, sondern auch Pflanzen und Tiere – und letztlich sogar Jehova selbst, den »Gott«, nämlich wohl tatsächlich als Mond – aus. Weil er wohl tatsächlich als Mond von der Erde ausgesondert wurde und nun selbst als Mond existiert, können ihm die Sexual- und Kehlkopfkräfte zugeordnet werden, auf die er deshalb immer noch vom Mond aus seinen Einfluss hat. Es war dies das erste und auch das einzige Mal, dass das »scheinbar Lichthafte« und das »tatsächlich Dunkle«

meinten, gemeinsam, aus eigener Kraft, einen Menschen zu erschaffen. Und es war dies wohl auch das erste und das einzige Mal im gesamten Kosmos überhaupt, so zumindest nach gnostisch-platonischer Erkenntnis, dass an einem menschlichen Wesen oder an Leben generell geschaffen wurde. Was so viel bedeutet wie, dass deshalb wohl auch im gesamten Kosmos kein menschliches Leben und auch kein Leben generell vorhanden ist – so sehr man sich dies aber dennoch vorstellen könnte oder wünschte.

...

Das Tier oder Tierwesen, zu dem die Sophistik den Menschen wieder hinführen will, bezeichnet sie als »neuen Adam«, weil sie wohl selbst weiss, dass bereits Ur-Adam, nachdem er von der »Pronoia« abbildhaftes Leben erhielt, Tier oder Tierwesen und nicht Mensch war. Deshalb entspricht aber die Orientierung dieses »neuen Adam« auch nicht mehr einer Aufrechten wie beim wahren Menschen, also von unten nach oben oder – im übertragenen Sinn – von Süden nach Norden und somit von den Füssen zum Kopf, sondern tatsächlich wie beim Tier einer Waagrechten, also von »links nach rechts«, das heisst von Westen nach Osten und somit von den Sexualorganen hin zum Kehlkopf[151], und einer Senkrechten, also

---

151 Zumindest bei allen Religionen, die vom »scheinbar Lichthaften« bestimmt sind, ist das der Fall. Bei den Religionen, die mit dem »tatsächlich Dunklen« in Zusammenhang stehen, wird die Orientierung wohl umgekehrt, also vom Osten nach Westen, sein. Diese verschiedenen Orientierungen zeigen sich auch in der Schreibweise: Die Menschen, die sich wohl mehr dem »scheinbar Lichthaften« zugewandt fühlen, schreiben von links nach rechts und die anderen, die mehr vom »tatsächlich Dun-

von oben nach unten oder – im übertragenen Sinn – von Norden nach Süden und somit vom Kopf zu den Füssen.

Diese gleichzeitige Orientierung in Richtung einer Waagrechten und einer Senkrechten, die tatsächlich als Tau der Gestalt eines Tieres entspricht, erkennt man beispielsweise in ihrem Verhalten, also als Ausdruck ihres Denkens und Tuns, bereits bei Menschen, die ganz spezifisch den wahren Menschen bekämpfen und dabei den einzelnen Menschen, also den Menschen als solchen, vielleicht weil sie »Menschenführer« sind, zum willenlosen Herdenwesen degradieren. Als einer dieser Menschen, die mit ihrem Verhalten in besonderer Weise bereits als »Tier« oder »Tierwesen« in Erscheinung traten und damit gleichzeitig die Funktion als »Leittier« übernahmen, weil sie »Menschenführer« waren, erkennt man, zumindest gnostisch-platonisch gesehen, Adolf Hitler. Er trat jedoch, im Gegensatz zu Jesus, der Vertreter der »Tagseite« war, als »Menschenführer« oder »Leittier« der *Nachtseite* in Erscheinung, weil er, nicht wie Jesus, der dem »scheinbar Lichthaften« gehorchte, selbst ganz dem »tatsächlich Dunklen« und dessen Gesetzen unterworfen war. Denn Hitler wurde nicht von Vernunft oder Einsicht geleitet, auch nicht von Menschlichkeit oder Menschenliebe, so wie das beim (wahren) Menschen der Fall ist, sondern allein vom Gegenteil davon – und deshalb vor allem von seinen niederen Trieben, die durchaus den Sexual- und Kehlkopfkräften zugeordnet werden können, da sie, der Wirkung eines Taus gleich (mit dem auch der Baumeister Hiram Abiff in den sophistischen Tempellegenden seine Arbeiter zwang, für ihn zu arbeiten),

---

klen« bestimmt sind, von rechts nach links. In der östlichen Welt schreibt man von oben nach unten.

im Menschen beispielsweise Angst erzeugten und Abhängigkeit bewirkten. Denn mit diesen Trieben hypnotisierte und mobilisierte er gleichzeitig Massen. Er hypnotisierte und mobilisierte sie mit den Kräften, die die Kräfte des Tieres sind. Wie sehr er die Menschen beherrschte, erkennt man beispielsweise in Filmdokumenten, die zeigen, wie er vor Menschenmassen auftrat und sich in Ekstase redete. Mit seinem Auftreten und seinem Reden (oder Schreien?) konnte er die ihm ergebene Zuhörer-Masse ohne Schwierigkeit, so scheint es, ganz für sich und seine Wahnideen gefügig machen, sie geistig in seinen Besitz nehmen und an sich binden, manipulieren. Denn Sexual- und Kehlkopfkräfte sind bindende und manipulative Kräfte. Kräfte, die zwingen. Zwingen, weil sie – gewaltsam – auf den freien Willen jedes einzelnen Menschen einwirken, sodass es für den einzelnen Menschen fast nicht mehr möglich ist, oder wenn doch, dann wohl nur mit grösster Ich-Arbeit, sich bewusst davon zu befreien.

Da alle christlichen Kirchen von Westen nach Osten und somit nach der Waagrechten hin ausgerichtet sind (und in der Mitte, da wo sich die Waagrechte und die Senkrechte treffen, ein Altar in Form eines Taus steht, von dem aus der Priester als Repräsentant Jesu seine Gläubigenherde instruiert), fragt man sich als Gnostiker oder Platoniker schon, wie schädlich christliche Kirchen sind, wenn man sich zu lange und immer wieder in ihnen aufhält. Denn alles in der Welt hat seine Wirkung, also nicht nur in die Welt gesetzte Lehren und Dogmen, sondern auch und erst recht im Sinne von Lehren und Dogmen erstellte Gebäude – und Symbole.

...

Ernüchternd ist, dass sich auch die Erde, auf der wir leben, in Richtung ihrer Waagrechten dreht. Und zwar ebenso von West nach Ost, nämlich um ihre eigene, zwar etwas schräg gestellte Achse. Dadurch verhindert gewissermassen oder tatsächlich auch sie das wahre Menschsein. Oder erschwert es zumindest, sodass dafür ein besonderer Wille bereits aufgebracht werden muss. Doch sie verhindert es wohl nicht ganz, weil die Achse schräg gestellt ist und so die Drehung leicht in Richtung Aufrechte lenkt.[152] Wenn der Mensch ausstirbt, dann wird die Achse vielleicht ganz in die Waagrechte kippen und sich dann auch ihr geografischer Nordpol ganz im Osten auf dem Äquator befinden. Denn gegenwärtig wandert der geografische Nordpol tatsächlich in Richtung Osten, sodass sich der magnetische Nordpol immer mehr in Richtung Kanada bewegt.

Wenn also der Mensch nichts tut, gewöhnlicher Mensch bleibt, das heisst, einfach so sein Leben lebt, ohne selbstständig zu denken, weil er beispielsweise auch nichts hinterfragt oder infrage stellt und sich von »Leittieren« oder Doktrinen leiten lässt, dann schreitet er, quasi unbewusst und automatisch, dem »neuen Adam« entgegen. Weil dann Urkräfte auf ihn wirken, gegen die er so nichts unternehmen kann. Nämlich Urkräfte der Waagrechten, bedingt durch die Drehung der Erde um ihre eigene Achse nach der Waagrechten hin.

Der Mensch entwickelt sich also (automatisch) wieder hin zum Tier und somit hin zur Natur samt deren

---

152 Man fragt sich: Wer hat diese Schräge verursacht? Die Frau, der man, wie in der Apokalypse steht, Flügel des Adlers gab, um sie vor der Schlange zu schützen – und der die Erde dann zu Hilfe eilte?

darwinistischen Gesetzen, wenn er sich einfach so der Erde hingibt und nichts tut. So wie ein Mensch (automatisch) aggressiv wird, wenn er sich nur unter aggressiven Menschen aufhält. Oder (automatisch) zum Tier mutiert, wenn er – beispielsweise wie Kaspar Hauser als Wolfskind – unter Tieren lebt und deshalb auch von Tieren »aufgezogen« wird. Alles hat also seine Wirkung. Auch wenn er unter dem Einfluss von Robotern steht, wird er wohl mit der Zeit selber zu einer Art (seelenlosem) »Roboter« werden. Somit hatte Erasmus von Rotterdam durchaus recht, wenn er meinte, dass nur die Erziehung (oder der Mensch als solcher selbst?) den Menschen zum Menschen mache. Deshalb ermöglicht beispielsweise auch nur die Erziehung durch aufrecht gehende Menschen einem Kleinkind, selber mal aufrecht gehen zu können. Denn bleibt ein Mensch unter Lebewesen, die an die Waagrechte gebunden sind, so kann er nicht anders als ebenso ein Lebewesen zu werden, das an die Waagrechte gebunden ist. Der Grund, weshalb die Menschen heute aber dennoch aufrecht gehen, obwohl sie sich, geistig, seelisch, vielfach immer mehr der Waagrechten hingeben, liegt vielleicht auch darin, dass es einerseits immer noch Menschen auf Erden gibt, die mit ihrem Sein die Erinnerung des wahren Menschen bewahren – dadurch erhalten sie das Bild des Menschen aufrecht –, oder dass sich anderseits die »Pronoia« wohl noch immer nicht von der Erde und somit vom Menschen gänzlich zurückgezogen hat. Denn es ist die »Pronoia«, die, zumindest gnostisch-platonisch gesehen, für das wahre Menschsein auf Erden und auch generell für das Leben, trotz allem und immer noch, verantwortlich ist.

...

Doch diese Urkräfte der Waagrechten sind nicht das einzige Hindernis, das dem Menschen sein wahres Menschsein erschwert. Da gibt es noch einen anderen Umstand, der sich ihm entgegenstellt. Nämlich einen Umstand, der ebenso Einfluss auf seine Entwicklung haben kann. Er betrifft die physische Orientierung der Erde in Bezug auf ihre Pole, die nicht wie beim Menschen von unten nach oben, das heisst von den Füssen zum Kopf und deshalb von Süden nach Norden, sondern, wie beim abbildhaften Menschen, von oben nach unten, also vom Kopf zu den Füssen und deshalb vom Norden nach Süden, erkennbar ist. Denn die Erde steht, physisch gesehen, zumindest nach gnostisch-platonischer Erkenntnis, auf dem Kopf, wie ein umgekehrtes Pentagramm. Denn da, wo der Nordpol ist, müsste für ihn eigentlich der Südpol sein, weil dieser der eigentliche Nordpol wäre, und da, wo der Südpol ist, der Nordpol. Dies erkennt man beispielsweise daran, dass die Pinguine, die als Vögel – im »seelenleiblichen« Sinn – Ausdruck des Denkens und somit Ausdruck des Kopfes wären, in der Antarktis, also am Südpol, wohnen und nicht oben in der Arktis, am Nordpol, wo sie eigentlich hingehörten. Ob sie deshalb, also weil sie am »falschen« Ort wohnen, nicht (mehr) fliegen können? Dafür wohnen dort Eisbären, die mit ihrem flachen Kopf, ihren relativ kleinen Augen und ihrer übermässigen Vitamin-A-Speicherung im Körper eher doch mit dem Südpol (Stoffwechsel) in Zusammenhang stünden. Vitamin A dient der körperlichen Leistungsfähigkeit und führt beim Menschen zu neurologischen Störungen wie Kopfschmerzen oder erhöhtem Hirndruck, wenn er zu viel davon aufnimmt.

...

Damit nimmt die Erde also immer noch den Zustand des Urmünders ein, den auch der Mensch wohl als Ur-Adam ursprünglich einnahm. Als Urmünder werden innerhalb der Systematik der Tiere Lebewesen bezeichnet, bei denen der Urmund, der embryonal durch die sogenannte Gastrulation entsteht, dem eigentlichen Mund entspricht. Dies im Gegensatz zu den Neumündern, bei denen sich der Urmund zum After und der Mund neu entwickelt hat. Das heisst deshalb übersetzt auf die Erde: Dort, wo heute die Antarktis ist, also im Süden, und eigentlich, wenn man sie in Bezug zum (wahren) Menschen setzt, ihre Stoffwechselregion und auch die Region des Afters wäre, befindet sich jedoch, wie dies die Pinguine zeigen, ihre Kopfregion, also die Region, die mit dem eigentlichen Mund in Zusammenhang steht, und umgekehrt dort, wo heute die Arktis ist, also im Norden, und eigentlich, in Bezug auf den (wahren) Menschen, ihre Kopfregion wäre und deshalb als Region des eigentlichen Mundes bezeichnet werden müsste, jedoch, wie dies die Eisbären zeigen, ihre Stoffwechselregion und somit auch die Region des Afters. Das heisst also mit anderen Worten: Die Erde ist, was ihre physische Orientierung betrifft, und dies in Bezug auf den Menschen und vom Standpunkt des Menschen aus gesehen, tatsächlich völlig umgekehrt oder auch »falsch« orientiert. Dies im Gegensatz zum Menschen, der sich in seiner physischen Orientierung, weil er Mensch und als solcher aufrecht gehend und deshalb Neumünder ist, völlig »richtig« zeigt. Und der deshalb die Erde, weil er von sich selbst ausgeht, dennoch in seinem Sinne, nämlich als Neumünder versteht, obwohl sie sich aber physisch als Urmünder zeigt. So ist für ihn deshalb der Norden der Erde dennoch oben, also da, wo die Arktis ist, und der Süden der Erde dennoch unten, also da, wo sich die Antarktis befindet – auch wenn sich die Erde selbst im umgekehrten Sinne zeigt. Somit erkennt man, dass es die Tiere sind, die der physischen Orientierung der Erde folgen und diese dann auch zum Ausdruck bringen und nicht der Mensch. Sie offenbaren den Widerspruch zwischen der Erde, der sie folgen, und dem Menschen, der sich umgekehrt zur Erde verhält. Sie folgen der physischen Orientierung der Erde, weil sie selbst mit der physischen Erde und deshalb mit der Natur, aus der heraus sie erschaffen sind, in Zusammenhang stehen. Und nicht dem Menschen, der in seiner wahren Natur dem wahren Menschen, aber auch generell einem Seelisch-Geistigen, das Tiere nicht besitzen[153], entspricht. Das heisst: Der Mensch scheint also nicht nur mit den Tieren und somit auch mit der Natur, sondern auch tatsächlich mit der physischen Erde in keinem oder nur in verkehrtem Zusammenhang zu stehen. Allein mit sich selbst, beeinflusst durch sein wahres Menschsein, das letztlich Ausdruck der »Pronoia« ist, steht er in Beziehung.

Deshalb wird es den Menschen als Einzelmenschen, wenn er auf der Suche nach dem wahren Menschen ist, – im übertragenen Sinn – auf den Weg der nach Norden ziehenden Königin des Südens drängen. Was wohl auch der Grund dafür ist, weshalb es ihn bereits als Mensch im Allgemeinen, also als abbildhaften Menschen, real, also geografisch gesehen, von Süden her, also von Afrika, dem Ort, an dem

---

153 Im Gegensatz zum Menschen besitzen Tiere, zumindest nach gnostisch-platonischer Erkenntnis, keine Seele und auch kein individuelles Ich, dafür aber ein Seelenleibliches und ein »Leittier-Ich«. Das »Leittier-Ich« ist jedoch ein »Kollektiv-Ich«, das hauptsächlich von Instinkten und Trieben geleitet wird. Es hat mit dem Ich eines (wahren) Menschen nichts zu tun.

heutigen wissenschaftlichen Befunden zufolge die Ausbreitung des homo sapiens begann, nach Europa und in den Norden gedrängt hat. Es drängte ihn nach Norden, als er sein abbildhaftes Menschsein immer mehr in Richtung seines Einzelmenschseins zu entfalten begann. Und dadurch auch begann, seine eigene Orientierung in Bezug auf sein ursprüngliches Tiersein, das mit der Senkrechten und mit der Waagrechten in Zusammenhang steht, grundlegend zu ändern. Heute sind (oder wären?) eigentlich alle Menschen, gleichgültig wo sie leben, in Richtung Einzelmenschsein orientiert – wenn sie sich nicht wieder freiwillig, nämlich beispielsweise durch Weisheitslehren und Religionen, willentlich zurückentwickelten. In der christlichen Religion ist es der Glaube an Jesus, der die Menschen sich wieder zurückentwickeln lässt, da dieser den Menschen hin zu den Füssen, also nach Süden, und nicht wie die »Pronoia« hin zum Kopf, also nach Norden, erzieht. Dadurch kehrt er die Entwicklung und Entfaltung des Menschen ins Gegenteilige der Bemühung und Absicht einer »Pronoia« um. Die abbildhafte physisch-stoffliche, äussere Welt, die aufgrund ihrer physischen Ausrichtung die Welt des Wegs nach Süden ist, steht also tatsächlich mit Jesus in Zusammenhang und (nur) die innere, geistige und auch seelische Welt, die die Welt des Wegs nach Norden ist, mit der »Pronoia«. Aus diesem Grund, das heisst, weil die geistig-seelische Welt mit der »Pronoia« in Zusammenhang steht, werden wohl auch der Weg der »Pronoia« und die »Pronoia« selbst von den Sophisten aufs Heftigste bekämpft. Denn von der »Pronoia« will man nichts wissen und hasst sie. Man bekämpft und hasst sie, weil sie den Menschen zu sich selbst, also zum eigenen wahren Menschsein, führt. Und weil sie den Menschen von der Idee des Kollektiv- oder Herdenmenschen, des »neuen Adam«, und auch vom Kollektiv- oder Herdenmenschen, dem »neuen Adam«, wegführt, befreit. Da die abbildhafte physisch-stoffliche, äussere Welt mit Jesus in Zusammenhang steht, also gewissermassen tatsächlich Jesus »gehört«, ist es nicht verwunderlich, dass sich derjenige Mensch, der sich intensiv mit der Natur oder mit den Tieren beschäftigt, sehr oft sich auch zu Jesus oder allgemein zu Religionen hingezogen fühlt und auch umgekehrt – und ihm dafür sehr oft aber dann die Empathie zum individuellen Menschen fehlt. Es fehlt ihm die Empathie zum individuellen Menschen, da er wohl selbst nur kollektiv veranlagt ist und kollektiv denkt.

Da die Tierentwicklung erst Urmünder hervorgebracht hat, bevor sie Neumünder kreierte, kann man davon ausgehen, dass auch Ur-Adam (der, gnostisch-platonisch gesehen, der Ur-Erde entspricht), aus dem später die einzelnen Menschen hervorgegangen sind, Urmünder war. Denn Ur-Adam stand am Anfang von allem, also nicht nur am Anfang der Tierwelt oder am Anfang aller Pflanzen, sondern am Anfang der gesamten Welt. Der abbildhafte Mensch, der wie die Tiere oder die Pflanzen aus Ur-Adam hervorging, zeigte sich also dann als Neumünder, als die »Pronoia« in ihm wirkte. Sie wirkte in ihm, weil sich auch nur so der wahre Mensch in diesen abbildhaften Menschen inkarnieren konnte. Das heisst: Der abbildhafte Mensch, der aus Ur-Adam (oder den Tieren?) hervorging, hatte sich unter der Einwirkung der »Pronoia« in seiner Orientierung in Bezug auf Urmund und Mund zur gesamten Welt um 180 Grad gedreht (und somit in Richtung des wahren Menschen »zurückgespiegelt«), um so erst dem wahren Menschen die Möglichkeit zu geben, sich in diesem zu offenbaren. Deshalb wohl steht er nun auch im gänzlich umgekehrten Verhältnis zur Erde, da diese (als übriggebliebener Teil Ur-Adams) immer noch dem Prinzip Ur-Adams entspricht. Und auch die Erde (als übriggebliebener Teil Ur-Adams) im umgekehrten Verhältnis zu ihm. Die vom »scheinbar Lichthaften« bestimmte Erde ist also in ihrer Orientierung die 180-Grad-Spiegelung des (wahren) Menschen.

...

Wenn die Erde nun tatsächlich der Leib Jesu ist, wie Sophisten behaupten – durch das Kreuz, an das er angeblich geschlagen wurde, hätte er sich, so sagen sie, mit ihr verbunden –, wäre es für ihn aber wohl ebenso Pflicht gewesen, sie in ihrer physischen Orientierung, wie den Menschen, um 180 Grad zu drehen und somit umzupolen. Denn er war ja, wie er von sich behauptete, der »Retter« des Menschen – und somit letztlich also tatsächlich jene Instanz, die für die »richtige« Orientierung des wahren Menschen hätte sorgen müssen. Doch er tat es nicht. Weil er der »Sohn« Jehovas und deshalb nicht der »Retter« des wahren, sondern, wenn schon, der »Retter« des abbildhaften Menschen war. Somit vertrat er also nicht den Menschen, der sich selbst sein darf und sich als Gefangener des Labyrinths befreien muss, sondern, im Gegenteil, den Menschen, der sich weiterhin als Sklave der abbildhaften Welt und somit als Sklave der Sophistik versteht. Die Erde, die physisch noch immer dem Urmünder-Prinzip entspricht, war für ihn also durchaus richtig gepolt. Und somit auch – selbstverständlich – für alle Sophisten.

Nicht aber der Mensch, also der Mensch selbst! Denn für sie ist der Mensch falsch orientiert! *Er* muss deshalb, wie sie meinen, in seiner Orientierung umgedreht oder umgepolt werden. Damit er wieder der Erde und somit Jesus, der sich angeblich mit der Erde verbunden hätte, entspreche. Und so auch wieder wie die Erde und somit wie Jesus als »neuer Adam« Urmünder werde. Das heisst, er muss für sie, in ihren Worten gesprochen, also wieder so werden, wie Jehova den Menschen nach seinem Ebenbild nicht nur als Tierwesen oder Tier Adam, sondern somit auch als Wesen auf Erden, das Urmünder war, tatsächlich ursprünglich erschaffen hat. Um letztlich auch so wieder, wie sie meinen, wirklich als »Mensch« in die Welt hineinzupassen. Mit dem Kopf nach unten und den Füssen nach oben, so wie die Erde physisch gewissermassen orientiert ist. Denn für sie, die Sophisten, verhält sich *der Mensch* wie ein umgekehrtes Pentagramm und nicht die Erde, da sie die Orientierung der Erde als richtig erachten.

Ob sich Petrus deshalb von den Römern mit den Füssen nach oben und dem Kopf nach unten kreuzigen liess? Um so den »zukünftigen Menschen« und somit den »neuen Adam« bereits vorauszunehmen? Oder auch, um so Jesus, der der »zukünftige Mensch« und somit der »neue Adam« sein soll, am besten nachzufolgen? Man kann davon ausgehen, dass sich dem so verhält, da er Jünger von Jesus und deshalb ebenso Vertreter der Sophistik war.[154]

---

[154] Auch dass der Papst in einem Land, das er besucht, den Boden küsst, wenn er aus dem Flugzeug steigt, weist in diese Richtung. Ebenso wohl, dass die (männlichen!) Muslime beim Gebet in der Moschee mit dem Kopf den Boden berühren und gleichzeitig ihre Hintern heben.

In seiner Orientierung umgedreht werden soll und kann der Mensch beispielsweise durch Lehre und Erziehung. Auch durch Indoktrination. Oder durch das Erzeugen von Angst und Androhen von Strafen, die Warnung vor »Fegefeuer« oder »Jüngstem Gericht«. Oder durch Verfolgung (Inquisition) und Bedrohung des Lebens. Und indem man ihm immer wieder von Jesus erzählt – und davon, dass der Mensch ein Nichts und ein Sünder wäre und sich deshalb für Jesus gänzlich aufgeben müsse, wenn er sein Leben retten will. Und dass es ein Vergehen wäre, sich nicht für Jesus aufzugeben, nicht den Weg Jesu, der dann zum Weg der Kirche wurde, zu folgen. Denn »Werdet wie die Kinder!« und »Nicht ich lebe, sondern der Christus in mir!« sind die Maximen. Der Mensch muss sich also für »Gott« klein und nichtig machen, sich für »Gott« aufgeben oder sich sogar, wie in der griechischen Mythologie Europa, die von Zeus verführt wurde, für »Gott« letztlich missbrauchen lassen. Dass sich Europa von Zeus, dem obersten »Gott« der griechischen Mythologie, verführen und dann missbrauchen liess, sagt sehr viel über die Bedeutung und die Wirkung von Religionen aus – wenn man die griechische Mythologie zur Grundlage nimmt und auch den Glauben an Zeus mit dem religiösen Glauben an »Gott« gleichsetzen will. Es sagt aus, dass es somit wohl tatsächlich die Religionen sind, die den (wahren) Menschen verführen und missbrauchen, nämlich für ihre eigenen Zwecke – und letztlich sogar dann gänzlich verschwinden lassen. Denn seit Europa von Zeus verführt und missbraucht wurde, ist sie verschwunden und nicht mehr auffindbar. Auch für ihre Mutter Telephassa und für ihre Brüder, die sich gemeinsam auf den Weg machten, sie zu suchen, ist sie nicht mehr auffindbar. So wie der wahre Mensch verschwunden und nicht mehr auffindbar ist – und ebenso von der »Pronoia« wieder gesucht wird. Denn Europa heisst nicht nur der Kontinent, der mit dem wahren Menschen in Zusammenhang steht, sondern auch jene Wesensnatur, die dem Menschen, nämlich als »Pronoia«, generell sein menschliches Antlitz und Gesicht verlieh oder verleiht. Sie ist als »Pronoia« das Antlitz des Menschen (so wie dies angeblich der »Erzengel Michael« für die Sophisten ist).

29. KAPITEL
Die Reinkarnation und das »Jüngste Gericht«

In der Anthroposophie lernte ich den Reinkarnationsgedanken kennen. Ein Gedanke, für den ich mich damals sehr interessierte, denn die katholische Kirche kennt ihn nicht oder nicht mehr. Deshalb lehnt sie ihn auch ab und verurteilt ihn sogar. Sie lehnt ihn wohl mindestens seit dem ersten Konzil zu Nicäa ab, als die »Auferstehung im Fleische« im Sinne einer Dreifaltigkeit definiert wurde.[155] Denn der katholische Gläubige reinkarniert sich nicht, sondern wartet nach dem Tod auf das »Jüngste Gericht«, welches über sein weiteres Leben in Zukunft entscheidet. Wenn er ein guter Mensch war oder »Gott« zu ihm gnädig ist, dann kommt er in den »Himmel« (also in die Welt des »scheinbar Lichthaften«). Wenn er dagegen ein schlechter Mensch war, in die »Hölle« (und somit in die Welt des »tatsächlich Dunklen«). So gnadenlos oder »gnädig« wird »Gott« für ihn sein. Und auch so einfach sein Prinzip, wie er Menschen wertet und beurteilt. Deshalb muss er ihn fürchten und ehren. Und ihm huldigen. Und mit einem einzigen Leben, das er zur Verfügung hat und das sich

---

[155] Man muss annehmen, dass der katholische Glaube den Reinkarnationsgedanken ursprünglich ebenso kannte. So kann zum Beispiel die »Auferstehung im Fleisch« durchaus im Sinne einer Wiederverkörperung und nicht im Sinne dann einer Dreifaltigkeit, bei der Vater und Sohn eins sind (Homousie), gedeutet werden. Die Kirche scheint, nach gnostisch-platonischer Beurteilung, den Reinkarnationsgedanken deshalb durchaus bis zum ersten Konzil von Nicäa vertreten zu haben. Das erste Konzil von Nicäa fand im Jahr 325 n. Chr. statt und wurde vom römischen Kaiser Konstantin einberufen.

von seinen Bedingungen her massiv von anderen Leben unterscheiden kann, soll oder wird über ihn dann entschieden.

Auch die Frage, was letztlich vor »Gott« dann wirklich »gut« oder »schlecht« ist oder vor »Gott« als wirklich »gut« oder als »schlecht« erachtet werden kann, wird sich in dieser »Richtzeit« klären. So wird das Achten der Gebote »Gottes« bestimmt auch hier dann höher bewertet als das Befolgen der Menschenrechte. Weil wohl auch hier die Gebote »Gottes«, also die »Gottesrechte«, über den Menschenrechten stehen – auch wenn die Menschenrechte freiheitliche und die »Gottesrechte« willkürliche Rechte sind. Denn »Gott» ist »Gott« und nicht Mensch – und steht über allem, so auch über dem Menschen. Und bei jeder Religion, auch und erst recht bei der christlichen, geht es in erster Linie um »Gott« und nicht um den Menschen. Denn er ist das Wichtigste und deshalb das Ziel und nicht der Mensch. Der Mensch ist lediglich klein und nichtig. Und ohne Bedeutung und Wert – und voller Schuld und Sünden. Denn Religionen sind Einrichtungen für »Gott« und nicht Einrichtungen für den Menschen (und dadurch letztlich also Einrichtungen für den »Übermenschen«, da Wesen wie »Gott« *über* dem Menschen stehen und somit »Übermenschen« sind). Die Wahrscheinlichkeit, dass innerhalb von Religionen das »Gottesrecht« tatsächlich höher eingestuft wird als die Menschenrechte, ist deshalb sehr gross – und auch sehr realistisch, real. Weil es für sie um »Gott« respektive, wie bei der christlichen Religion, höchstens um den »Gott«, der dann selbst »Mensch« geworden ist (und so seine Anliegen und Gesetze umso mehr bei den Menschen einbringen und durchsetzen konnte), und nicht um den Menschen geht. Das heisst: Innerhalb von Religionen könnte man die Menschenrechte also durchaus wieder abschaffen – und stattdessen gänzlich mit »Gottesrechten« ersetzen. So wie es der Islam mit seiner Scharia tut, die gar nicht erst mehr auf die Menschenrechte eingeht. Oder diese, um angeblich dann doch auf die Menschenrechte einzugehen, mit nach eigenen Vorstellungen überarbeiteten »Menschenrechten« ersetzte.[156] Zudem betrifft das »Gottesrecht« den Kollektiv- und nicht den individuellen Menschen. Das heisst: Das »Gottesrecht« geht also schon von Grunde her nicht wie die Menschenrechte auf den Einzelmenschen ein, sodass auch deshalb wohl im Islam die Scharia über den Menschenrechten steht.

Ich gehe davon aus, dass das Szenario vom »Jüngsten Gericht« für Gläubige der katholischen Kirche tatsächlich nach dem Tod eintreten wird. Denn der Mensch baut sich seine Zukunft selbst. Auch ist oder wird er, was er glaubt. Der Glaube ist also nicht irrelevant, sondern, im Gegenteil, sehr bedeutsam. Deshalb wohl kämpfen alle Religionen so sehr um ihn und für ihn. Zudem kann Jehova, wie es scheint, wohl wirklich entscheiden, wie und was er will, je nachdem, beispielsweise, wie und ob er gelaunt ist, also wie ein Kaiser oder ein Papst auf Erden. Oder auch, wie und ob man ihm huldigt. Denn »Liebe unter Wille!« ist auch sein Gesetz. Und zu tun, was er will.[157] Ob man einem solchen »Gott« aber

---

156 Die islamische Konferenz hat 1990 eine eigene Erklärung der Menschenrechte formuliert. Diese basiert auf der Grundlage der Scharia. So werden deshalb beispielsweise die Gleichberechtigung der Geschlechter oder das Recht auf freie Wahl des Glaubens nicht mehr anerkannt.

157 »Tue, was du willst!« und »Liebe unter Wille!« sind die beiden Kernsätze, mit denen der Schwarzmagier Aleister Crowley (1875 bis 1947) gearbeitet hat. Er bezeichnete sich selbst als Antichrist und als das Grosse Tier 666.

wirklich vertrauen, einen solchen »Gott« auch wirklich über sich haben will? Einen »Gott« also, der willkürlich erscheint und sich bar jeder Vernunft über den Menschen stellt? Warum will man überhaupt einem »Gott« vertrauen und einen »Gott« über sich haben, wenn man doch als Mensch, und zwar bereits von Natur aus, mündig und frei ist?

Rein psychologisch gesehen, kann das Phänomen, dass sich ein Wesen über ein anderes Wesen stellt, wohl damit erklärt werden, dass damit ein Minderwertigkeitsgefühl überdeckt werden will. Nämlich ein Minderwertigkeitsgefühl diesem Wesen gegenüber, über das es sich stellt oder stellen muss. Denn dadurch versucht es, bewusst oder unbewusst, sich »grösser« und »wichtiger« zu machen, als es tatsächlich ist, – und so, wie es wohl meint, sein Minderwertigkeitsgefühl zu kompensieren oder es sogar gänzlich – in ein »nie Dagewesenes« – aufzulösen. Doch für ein angeblich vollkommenes Wesen wie »Gott« gibt es eigentlich keinen Grund, sich minderwertig zu fühlen. Und deshalb auch keinen Grund, sich über ein anderes Wesen zu stellen. Im Gegenteil, Vollkommenheit bedingt sogar, sich auf gleicher Ebene wie andere Wesen zu bewegen. Vielleicht ist die Tendenz, sich über jemanden stellen zu wollen oder auch stellen zu müssen, obwohl also kein Grund dafür wirklich vorhanden ist, auch nur Ausdruck einer eigenen Ohnmacht –

Crowley wurde wie Rudolf Steiner von Theodor Reuss (1855 bis 1923) zum Grossmeiser initiiert. Während er Rudolf Steiner (1861 bis 1925) zum stellvertretenden »Grossmeister« des »Memphis/Misraim Kapitels und Großkonzils der Rosenkreuzer-Loge Mystica Aeterna in Berlin« erhob, weihte er Aleister Crowley zum »National-Großmeister für Großbritannien und Irland der Mysteria Mystica Maxima«, die englische Sektion des »Orientalischen Templer-Ordens«.

die dann ebenso umso mehr in die eigene Überheblichkeit führt. Denn es ist das »tatsächlich Dunkle«, das nicht nur das Gefühl einer (eigenen) Minderwertigkeit, sondern auch das Gefühl einer Ohnmacht erzeugt, und das »scheinbar Lichthafte«, das dann, als Kompensation dazu, bei beidem zu Überheblichkeit und auch zu Masslosigkeit führt. Also jene zwei »Schöpferinstanzen«, von denen ein Wesen ergriffen wird oder bereits ergriffen ist, wenn und sobald es sich über ein anderes Wesen stellt. Ob tatsächlich auch deshalb »Gott« oder »Götter« (oder auch »Übermenschen«) »Gott« oder »Götter« (oder auch »Übermenschen«) sind? Weil auch sie von diesen beiden »Schöpferinstanzen« ergriffen sind – und deshalb aber als solche auch gar nicht sonst existierten? Denn für den Gnostiker oder Platoniker ist nur der wahre Mensch frei und dadurch vollkommen. Beispielsweise eben auch frei von diesen beiden »Götterinstanzen«. Das heisst: Er ist frei von diesen beiden »Götterinstanzen«, weil er, nämlich als Ich- und als seelisches Wesen, und dies im Gegensatz zum abbildhaften Menschen, nicht aus diesen beiden »Götterinstanzen« ursprünglich hervorgegangen ist. Ob auch deshalb nur er (wirklich) existiert? Ja, für den Gnostiker oder Platoniker verhält es sich so. Denn für ihn sind »Gott« oder »Götter« (oder auch »Übermenschen«) letztlich tatsächlich nur Schein oder Illusion. Und nur der wahre Mensch tatsächliche Wirklichkeit, Realität. Nämlich tatsächliche Wirklichkeit, Realität, die (deshalb) Vollkommenheit und ewiges Leben in sich trägt. Was beweist, dass also auch nicht »Gott« oder »Götter« (oder auch »Übermenschen«), wie Sophisten meinen, vollkommen sind und ewiges Leben besitzen, sondern, gerade umgekehrt, (nur) der wahre Mensch. Weil er eben, was sein Ich und sein

Seelisches betrifft, weder aus einem »tatsächlich Dunklen« noch aus einem »scheinbar Lichthaften« hervorgegangen ist und deshalb auch weder das »tatsächlich Dunkle« noch das »scheinbar Lichthafte« in sich trägt.

Auch hier zeigt sich im Denken der Sophisten also das Verfälschte und Verdrehte, wie es ganz einem »scheinbar Lichthaften« entspricht. Deshalb muss letztlich tatsächlich wohl alles, was die Sophistik lehrt, wieder in das Gegenteilige davon umgedreht werden, wenn man zur (wirklichen) Wahrheit und somit auch zur tatsächlichen Wirklichkeit, zur Realität gelangen will.

...

Der Reinkarnationsgedanke, wie ihn die Anthroposophen vertreten, begeisterte mich. Die Vorstellung, sich von Inkarnation zu Inkarnation zu »verbessern«, um so als Mensch angeblich immer »feingeistiger« und vollkommener zu werden, hatte für mich etwas Besonderes. Und auch etwas Anderes als das Warten auf das »Jüngste Gericht« der katholischen Kirche. Er war irgendwie, wenn wohl auch nur oberflächlich betrachtet, »realistischer«, »humaner« – und vielleicht sogar »revolutionärer«. Denn man kann mit der Reinkarnation angeblich selbst Aktiver sein, selbst angeblich den Gang seines Lebens bestimmen. So beispielsweise auch, wie und wie schnell man sich »verbessern« und dadurch »vervollkommnen« will. Auch hat man dafür viel mehr Zeit, also nicht nur ein, sondern mehrere Leben. Denn »besser und vollkommener werden«, so werden wie die angeblich »Vollkommensten« in der Welt, das wollte auch ich.

Doch heute habe ich ein völlig anderes Verhältnis zum Reinkarnationsgedanken. Nicht weil ich ihn nicht mehr vertrete oder weil ich nicht mehr an die Reinkarnation glaube, sondern vielmehr, weil ich das immer wieder Sterben und Geborenwerden, und somit also auch hier die »ewige Wiederkehr des Gleichen« (Nietzsche), nun hinter mir lassen möchte. Denn die Welt der Sophistik, also die Welt der Höhle, wie sie Platon beschrieb, das Labyrinth, behagt mir nicht – oder nicht mehr. Sie ist eine seelenlose Welt. Eine Welt von »oben und unten«, von Hierarchie und »Besserseinwollen«. Eine Welt, in der das darwinistische »Recht des Stärkeren«, also das Recht von »Fressen und Gefressenwerden«, (beziehungsweise das Gesetz der Anpassung) die Naturgesetze sind und nicht die Menschlichkeit – und somit das Tier und dessen Triebe das Ideal und nicht der Mensch. Zudem ist sie eine Welt, die, gleich wie der abbildhafte Mensch, vergänglich und unvollkommen ist. Und die den Menschen verwirrt und verführt. Und darinnen fühle ich mich nicht oder nicht mehr wohl. Und dies umso mehr nicht, je älter ich werde. Weil sie, diese Welt, mir nicht oder nicht mehr entspricht. Und weil eine solche Welt selbstverständlich keine Welt für den Menschen, geschweige denn für den wahren Menschen ist.

Dies im Gegensatz zu den Aristotelikern und Sophisten, die sich in der abbildhaften Welt anscheinend völlig wohl fühlen. Sie haben sich in ihr eingenistet und wollen sie nicht mehr verlassen. Auch kämpfen sie deshalb mit grösstem Eifer für sie und verteidigen sie mit allen Mitteln. Für mich ein Phänomen. Ein Phänomen, das vielleicht damit erklärt werden kann, dass sie, die Sophisten, auch als Mensch selbst, dieser abbildhaften Welt ursprünglich entstammen und nicht wie der Gnostiker oder Platoniker einer Welt jenseits davon?

Das »Hamsterrad«, das sich immerzu (für »Gott«) dreht, gefällt mir nicht oder nicht mehr und macht für mich auch keinen Sinn. Auch weil sich mit diesem und durch dieses nichts wesentlich ändert. Denn alles bleibt (wie bereits Nietzsche mit seiner »Ewigen Wiederkehr des Gleichen« konstatierte), wie und was es ist – und deshalb *vergänglich*. Weil auch alles, sprich die gesamte Welt der Sophistik, die die abbildhafte Welt ist, und somit die »Höhle Platons«, das Labyrinth, beziehungsweise die Welt innerhalb des Tierkreises, unvollkommen ist und unvollkommen bleibt. Und unvollkommen ist und unvollkommen bleibt, weil sie vergänglich ist. Eine Diskrepanz, die nicht und erst recht nicht mit dieser Welt selbst gelöst werden kann und deshalb für »immer« bestehen bleibt. Auch mit einem »menschgewordenen Erlöser«, einem »Sohn Gottes«, kann sie nicht gelöst werden. Also mit einem »Sohn Gottes«, der den Menschen angeblich von seinem Schicksal »befreite« und ewiges Leben versprach (und deshalb für den gnostisch-platonischen Menschen eher doch der Hoffnung der Pandora[158] als wirklich einem »Befreier oder Erlöser der Menschen« entspricht). Denn aus einem Vergänglichen kann kein Unvergängliches entstehen. Weil Vergängliches Vergängliches ist und deshalb Vergängliches bleibt und auch Vergängliches bleiben muss. So wie Totes niemals zu Lebendigem wird – oder höchstens nur künstlich, wie bei Maschinen und Robotern, an die wir wohl deshalb in jetziger Zeit umso mehr glauben. Doch selbst Roboter zerfallen in

---

158 Nietzsche sagte über die Hoffnung der Pandora: »*Sie ist in Wahrheit das übelste der Übel, weil sie die Qual der Menschen verlängert.*«

Einzelteile, wenn sie vom Menschen nicht gewartet werden. Auch kann Gold nicht in Silber und Silber nicht in Gold umgewandelt werden. Es ist dies wohl aber die Schlange, die solches behauptet – und auch, wenn es für sie nützlich ist, sogar das Gegenteil davon. Also die Schlange, wie sie selbst als Personifizierung der Weisheit erkannt werden kann. Und als solche liebt sie die Verklärung. Das Wunschdenken. Die Illusion. Den Schein. Und das Falsche und Fantastische. Das Heldenhafte und das Heroische. Das Vergangene und das nicht mehr Reelle. Und das Träumen in schönen Zuständen und schönen Gefühlen, die scheinbare Wirklichkeit. Denn in der abbildhaften Welt, also auf Erden wie in der »scheinbar lichthaften« Welt, der »geistigen Welt« der Esoteriker beziehungsweise dem »Himmel« der religiösen Menschen, ist »oben wie unten« und »unten wie oben« – wie in der Tabula Smaragdina der Alchemisten, die tatsächlich meinten, aus den sieben (»heiligen«) Metallen Gold herzustellen, oder auch im »Vaterunser« der Bibel geschrieben steht.[159]

Auch scheinen in dieser Welt die »Guten« letztlich immer gut zu sein und gut zu bleiben und die »Schlechten« immer schlecht. Selbst wenn sich die »Schlechten« bemühen oder bemühten, sich ebenso für das »Gute« einzusetzen, bleiben sie schlecht. Denn die, die »oben« sind, geben ihren Platz nicht mehr her. Auch weil sonst das »System« der sophistischen

---

159 In der Tabula Smaragdina, einer hermetischen Schrift aus dem 6. Jahrhundert, heisst es: »Dasjenige, welches unten ist, ist gleich demjenigen, welches oben ist, und dasjenige, welches oben ist, ist gleich demjenigen, welches unten ist.« (Aus dem lateinischen Text, Nürnberg 1541: »Quod est inferius, est sicut (id) quod est superius, et quod est superius, est sicut (id) quod est inferius, ad perpetranda miracula rei unius.«) Mit »unten« ist die Erde und mit »oben« der »Himmel« gemeint.

Welt nicht mehr funktionierte. Oder dadurch als solches auch selbst sogar gänzlich infrage gestellt wäre. Denn in einem hierarchischen System können nicht alle »oben« und somit »gut« sein. Es braucht Menschen, die »schlecht« und deshalb »unten« sind. Damit die, die »gut« und »oben« sind, immerzu »gut« und »oben« bleiben können. Dies wird wohl auch der Grund sein, weshalb an Veranstaltungen und Anlässen, aber auch an Vorträgen oder Predigten (meist) immer die »Guten« und »Oberen« in der ersten und nicht in der hintersten Reihe sitzen. Also zuvorderst, da, wo man sie am besten sieht. Um wohl zu zeigen, dass sie »wichtig« und »bedeutend« sind. Aber auch ohne Fehl und Tadel. Oder auch der Grund, weshalb sie von der Kanzel herab jene belehren, die unten sind. Um sich auch so selbstverständlich von den »Schlechten« und eben »Unteren« abzugrenzen. Weil auch sie meinen, besser, »höher« oder mehr wert als diese zu sein.

Dass sich Menschen von anderen Menschen abgrenzen, weil sie meinen, besser, »höher« oder mehr wert als sie zu sein, ist eine Erfahrung, die auch mein Bruder kennt, sodass er wohl auch deshalb meist überall zuunterst und zuhinterst ist. Oder oftmals auch gar keinen Platz in der Welt erhält, diskriminiert und abgeschoben wird.

30. KAPITEL

Die Tag- und die Nachtseite.
Das angeblich »Gute« und das Böse.
Und die »ewige Wiederkehr des Gleichen«

Sowohl Rudolf Steiner als auch Adolf Hitler kann man als Sophisten bezeichnen, weil sich beide für ihre Ideologie oder Lehre auf die Weisheit der Schlange beriefen: Rudolf Steiner mit seiner Anthroposophie und Adolf Hitler mit seinem nationalsozialistischen Wahn der überlegenen deutschen arischen Rasse, der von ariosophischen Vorstellungen geprägt war und genährt wurde. Wenn man Rudolf Steiner und Adolf Hitler miteinander vergleicht, so stellt man fest, dass sie, was ihr eigenes Menschsein, ihr eigenes Wesen betrifft, nämlich als Vertreter der Tag- und der Nachtseite, tatsächlich wie Tag und Nacht zueinander waren. Oder wie Jesus und Judas oder besser, da Judas kein Mörder war – Judas war Verräter und nicht Mörder –, wie Seth und Kain (der vielleicht aber auch kein Mörder war?[160]). Also wie die zwei gegensätzlichen

---

160 Es gibt eine gnostisch-platonische Anschauung, die davon ausgeht, dass Seth und nicht Kain Abel ermordet hätte, nämlich, um dessen Stelle einzunehmen. Für den Mord selbst machte dieser aber Kain verantwortlich. Interessant für diese Anschauung ist, dass in der ägyptischen Mythologie, aber auch in den ägyptischen Mysterien, in die sich nach gnostisch-platonischer Erkenntnis auch Jesus einweihen liess, jene Person, die Osiris umgebracht hat, ebenso als Seth bezeichnet wird. Dieser ägyptische Seth war der Bruder von Osiris und wurde auch »Gott des Südens« genannt. Osiris, der, sophistisch gesehen, primär mit Ur-Adam gleichgesetzt werden kann, da Ur-Adam durch die Entstehung vieler individueller Menschen ebenso in verschiedenste Teile zerstückelt worden ist, kann

»Söhne« Jehovas, der die Instanz der Weisheit ist und deshalb mit dem Mond oder dem Mondhaften in Zusammenhang steht. Und somit auch wie eine Art Brüder, da sie beide die Weisheit Jehovas, jedoch jeweils auf ihre eigene Art, auf Erden vertraten. Sie waren Brüder, wie auch Abel (respektive dann Seth, der an dessen Stelle gerückt ist) der Bruder von Kain war. Beziehungsweise als »Söhne« ihres »Vaters«, wenn man so will, wie der Vollmond der »Bruder« vom Neumond ist. Rudolf Steiner entsprach also wie Jesus dem Vollmond und Adolf Hitler wie Judas dem Neumond. Und gemeinsam hatten sie denselben Vater, nämlich Jehova, der Ausdruck des gesamten Mondes und der Weisheit ist.

---

dann später gleichzeitig auch mit Jesus in Verbindung gebracht werden, da Jesus als »neuer Adam«, der wieder alle Menschen in sich vereint, dem »neuen Osiris« entspricht. Deshalb stellt sich letztlich tatsächlich die Frage, ob wirklich Kain und nicht doch Seth Abel umgebracht hat. Nämlich umgebracht, um auch tatsächlich an dessen Stelle zu rücken. Denn hätte er nicht an dessen Stelle rücken können, so wäre wohl nicht er, sondern Abel »neuer Adam« und somit »neuer Osiris« geworden. Als Jesus hatte er dann die Möglichkeit, diese eigentliche Wahrheit im Sinne des (als Spiegel wirksamen) »scheinbar Lichthaften«, dessen »Sohn« sich als »Christus« in ihn inkarnierte, um so Mensch zu werden, ins Umgekehrte zu drehen, sodass wir deshalb heute der Meinung sind, dass Kain und nicht Seth der Mörder von Abel wäre. Kain musste für ihn dann wohl als Mörder hinhalten, weil weder Abel noch Seth, sondern er, Kain, in Urzeiten tatsächlich als »Messias« und somit als »neuer Adam« vorgesehen war. Nach gnostisch-platonischer Erkenntnis wird die »Epinoia«, die als Abbild der »Pronoia« auf Erden als Eva erschien, auch »Königin des Südens« genannt. Sie unterscheidet sich vom »Gott des Südens« jedoch dadurch, dass sie nicht im Süden verblieb (Urmünder), sondern nach Norden zog (Neumünder). Ihr war das selbstständige Denken und somit also der Kopf, der Sitz des Denkens ist, am wichtigsten und nicht wie dem »Gott des Südens« die Füsse, die er auch deshalb wohl als Jesus seinen Jüngern wusch.

Beide, also sowohl Adolf Hitler als auch Rudolf Steiner, arbeiteten an einem oder *dem* »neuen Adam«. Also an einem Kollektivmenschen, für den letztlich alle Einzelmenschen ihr individuelles, mündiges Menschsein aufgeben müssen. Respektive an einem Volk unmündiger Menschen, das letztlich von einer Führerinstanz geleitet wird. Doch während Adolf Hitler den »neuen Adam«, der für ihn der arisch-germanische Herrenmensch war, mittels Grausamkeit, Gewalt, Schrecken, Mord und Terror zu erlangen glaubte, trat Rudolf Steiner, der »Erneuerer des Christentums«, aber auch, wie er meinte, der »Erneuerer« der Kunst, der Medizin oder sogar des sozialen Lebens, für das gleiche Ziel, wie der Jesus der katholischen Kirche, als »Menschenführer« auf, der sich ganz für die »Menschlichkeit«, die »Liebe«, das »Herzliche« und das »Soziale« engagierte. Im Gegensatz zur katholischen Kirche, die nirgendwo definiert, wie dieser »neue Adam«, was beispielsweise Rasse, Nation oder Sprache betrifft, aussieht, baute Rudolf Steiner dagegen sein Menschenbild wie Adolf Hitler auf einem letztlich doch arischen[161] Germanentum auf. Auf einem letztlich doch arischen Germanentum, das ebenso von einem Führer, nämlich von einem »Menschenführer« wie ihm, geleitet wird. So lehrte er deshalb in einem

---

161 Arisch vielleicht nicht in dem Sinne, dass blonde Haare und blaue Augen damit gemeint sind, aber zumindest doch in dem Sinne, dass er die jetzige Kulturepoche als germanisch-arische Kulturepoche bezeichnet hat. Den Begriff arisch benutzte auch Helena Blavatsky. Für sie, die die Menschen in sieben Menschen- oder Wurzelrassen einteilte, war die fünfte Menschen- oder Wurzelrasse die arische oder teutonische Menschen- oder Wurzelrasse und deren am höchsten entwickelte Unterrasse die germanische. Heute wird innerhalb der Anthroposophie die jetzige Kulturepoche meist nur noch als »heutige Kulturepoche« und nicht als »germanisch-arische Kulturepoche« bezeichnet.

Vortrag, den er am 3. März 1923 in Dornach bei Basel hielt, dass der weissen Rasse der Höchstrang zukomme und diese deshalb dazu bestimmt wäre, den Weg zu machen durch die Sinne zum Geistigen und damit zum *Endziel* aller Inkarnationen, dem Menschen als Geistwesen. Dies im Gegensatz etwa zu den Indianern, die als Angehörige der Saturn-Rasse untergehen mussten, weil der finstere Saturn-Einfluss über das Drüsensystem zu einer Art Verknöcherung führte, oder zu den »Negern«, deren Hautfarbe das Ergebnis eines geringen Ich-Gefühls sei. Denn die weisse Rasse wäre die zukünftige, die am Geist schaffende Rasse. Die Menschen, welche ihr Ich-Gefühl zu gering ausgebildet hätten, wanderten nach dem Osten, und die übrig gebliebene Rasse von diesen Menschen wäre die nachherige »Negerbevölkerung« Afrikas geworden.

Dass sich der Vorstand des Goetheanums von solchen Aussagen bis heute nicht distanziert, zeigt, dass er sie wohl auch heute noch vollumfänglich mitträgt und selbst vertritt.[162]

---

162 Zumindest mir, dem Autor, ist nicht bekannt, dass sich der Vorstand des Goetheanums von den rassistischen Aussagen Rudolf Steiners irgendwann mal wirklich distanziert hätte. Auch dann nicht, als die deutsche Bundesdienststelle für jugendgefährdende Medien 2007 eine Indizierung entsprechender Bände Rudolf Steiners wegen möglichen Rassenhasses und möglicher Rassendiskriminierung anordnen wollte. Hier kündigte der Vorstand zwar eine Überarbeitung dieser Bände innerhalb eines Jahres an, um so der Massnahme der deutschen Bundesdienststelle zu entgehen. Das Ergebnis seiner Überarbeitung war jedoch, dass er letztlich lediglich mitteilte, sich von diesen Inhalten zu distanzieren, »insofern sie heute in irgendeiner diskriminierenden Art verstanden werden sollten«. Das heisst mit anderen Worten: Ihn selbst, den Vorstand, störten sie also tatsächlich nicht. Der Grund, weshalb sich der Vorstand des Goetheanums an rassistischen Aussagen Rudolf Steiners nicht stört und er sich

Man versteht also, weshalb sich Anthroposophen mit den Nationalsozialisten zum Teil sehr gut verstanden, sich diesen sogar, wie man entsprechenden Quellen entnehmen kann, geradezu »anbiederten«.[163] Weil sie beide Vertreter der Weisheit waren beziehungsweise Vertreter der Weisheit sind, wenn jedoch jeweils im gegensätzlichen Sinne. So besuchten beispielsweise Nazibeamten gelegentlich die

---

deshalb auch nicht von ihnen distanzieren will, liegt in Rudolf Steiner selbst, der als »hoher Eingeweihter« und deshalb in seinen Aussagen und Äusserungen als »absolute Autorität« verstanden wird. Für sie, wie für Anthroposophen generell, ist deshalb alles, was Rudolf Steiner vertrat und äusserte, (von Grunde auf) richtig. Daran zu zweifeln oder etwas davon infrage zu stellen, hiesse, Rudolf Steiner nicht ernst zu nehmen oder sogar nicht zu verstehen – oder auch sich vielleicht über ihn zu erheben. Aus diesem Grund grenzte sich letztlich auch der Bund der Freien Waldorfschulen in Deutschland nicht von rassistischen Aussagen Rudolf Steiners ab, auch wenn er sogar in einer »Stuttgarter Erklärung« von 2007 erläuterte, dass man sich von »jeglicher Form« des Rassismus und des Nationalismus distanziere. Denn auch er distanzierte sich nur in dem Sinne, dass »vereinzelte Formulierungen im Gesamtwerk Rudolf Steiners« diskriminierend »wirkten«, weil sie »nach dem heutigen Verständnis« nicht »dieser Grundrichtung«, also nicht der Grundrichtung, gegen Rassismus und Nationalismus zu sein, »entsprächen« – und nicht also etwa, weil sie tatsächlich diskriminierend wären.

163 Ein Grund, weshalb sich Anthroposophen zum Teil mit den Nationalsozialisten gut verstanden, liegt auch darin, dass sie als Vertreter einer Weisheit »scheinbar lichthaft« sind und sich dadurch gewissermassen automatisch zum »tatsächlich Dunklen« hingezogen fühlen. So wie bereits Adam und Eva zum Baum des Todes geführt wurden, als sie vom Baum der Erkenntnis assen, in dem sich die Schlange befand. Natürlich darf man die heutigen Anthroposophen nicht mit den Anthroposophen der damaligen Zeit vergleichen, da sich auch die Zeiten seither grundlegend verändert haben. Aber dennoch bleibt an ihnen ein Makel, zumal sie die Welt- und Menschensicht Steiners bis heute immer noch eins zu eins vertreten und sie sich auch bis heute in keiner Weise von Aussagen Steiners distanzieren.

Anthroposophische Gesellschaft oder engagierten sich für deren Landwirtschaft. Rudolf Hess[164], der Stellvertreter Adolf Hitlers, unterstützte die Anthroposophen und deren Projekte sogar aktiv als Fürsprecher. Umgekehrt traten Anthroposophen in die NSDAP ein. Einer von ihnen, der Arzt Hanns Rascher, ein Pionier der anthroposophisch erweiterten Medizin, arbeitete für den Sicherheitsdienst und wurde zur Kontaktperson zwischen dem deutschen Zweig der Anthroposophischen Gesellschaft und dem »Braunen Haus«, der Parteizentrale der NSDAP.[165]

Auch Marie Steiner, die Frau von Rudolf Steiner, schien, wie man in Erfahrung bringen kann, dem Nationalsozialismus nicht ablehnend gegenübergestanden gewesen zu sein. Ob sie deshalb auch in Hamburg dabei war, als dort eine zweite Anthroposophische Gesellschaft gegründet wurde, die die Berechtigung der Gesellschaft in Dornach seither infrage stellt?

Weshalb die Allgemeine Anthroposophische Gesellschaft letztlich dennoch in Deutschland verboten wurde, hat wohl damit zu tun, dass sich die ihr feindlich gesinnten Kreise innerhalb der NSDAP, also wohl jene, die sich gänzlich auf die Neumondseite der Weisheit schlugen, wie zum Beispiel SS-Führer Reinhard Heydrich, der das Verbot auch

---

164 Interessant ist, dass Rudolf Hess in seiner Zelle in Berlin, wo er lebenslänglich inhaftiert war, angeblich ein fast wandgrosses Mondbild aufgehängt hatte. Er verehrte also (tatsächlich) den Mond.
165 Diese Angaben können der anthroposophischen »Forschungsstelle Kulturimpuls« mit Sitz in Dornach entnommen werden.

unterzeichnete, durchsetzen konnten.[166] Sie konnten sich vor allem ab dann durchsetzen, als die Anthroposophen mit Rudolf Hess, der nach seinem Englandflug in England verhaftet und bei Hitler in Ungnade fiel, ihren Fürsprecher verloren. Denn die Kreise, die sich gänzlich auf die Neumondseite der Weisheit schlugen, hassten die »Vollmond-Weisheit« Rudolf Steiners. Sie hassten sie, wie wohl bereits Judas, der »Neumond-Sohn«, Jesus, den »Vollmond-Sohn«, und die Hohepriester, die ihn gemeinsam mit Jesus übervorteilten, hasste oder gehasst haben musste. Judas hasste wohl Jesus, weil dieser statt seiner zum Messias gekürt wurde, obwohl *er* als »Sohn des Allerhöchsten« eigentlich dafür vorgesehen war. Schon Elias wies auf seine, Judas', Ankunft und Bedeutung hin. Jesus wurde mithilfe der Hohepriester, die mit List und Intrige gegen Judas agierten, aber auch mithilfe Pilatus', der Judas überging, zum Messias gekürt. Dies zumindest offenbart die gnostisch-platonische Erkenntnis. (Und deshalb war es vielleicht auch tatsächlich Seth, der Abel umgebracht hat [und mit Jesus gleichgesetzt werden kann], und nicht Kain.)

Bereits aus diesem Grund, das heisst, obwohl Hitler noch nicht an der Macht war, musste Rudolf Steiner mit seiner Anthroposophie München verlassen und fliehen. Er floh nach Basel in die Schweiz. Er musste München verlassen, obwohl er dort seinen »Weltsitz« für seine Bewegung begründen

---

166 Die Anthroposophische Gesellschaft wurde nicht wie oppositionelle Verbände bereits 1933, sondern erst 1935 verboten. Die letzte der acht damaligen Waldorfschulen führte ihren Unterricht sogar bis 1941 weiter. Obwohl sich die Anthroposophische Gesellschaft vor dem Krieg mit den Nationalsozialisten zum Teil sehr gut verstand, präsentierte sie sich nach dem Krieg nicht nur als Verfolgte, sondern auch als Gegner des NS-Regimes.

wollte. Weshalb er für diesen dann Basel wählte, könnte – unbewusst (oder bewusst?) – auch damit zu tun haben, dass dort 1897 bereits Theodor Herzl wirkte. Theodor Herzl ist der Stammvater des Zionismus. Dieser wirkte in Basel, weil er seinen ersten Zionistenkongress (ebenso) von München nach Basel verlegte. Er verlegte ihn (ebenso) nach Basel, weil er, zumindest nach profaner Erklärung, in München mit seinen Ideen, vor allem bei orthodoxen Juden, auf Ablehnung stiess. Weshalb auch er dafür Basel wählte, lag, vom gnostisch-platonischen Standpunkt aus gesehen, vielleicht unbewusst daran, eine dort möglicherweise sich vorbereitende »Pronoia«-Wirkung zu verhindern. Denn in Basel hat er dann, wie er selber in sein Tagebuch schrieb, den Judenstaat begründet. Der Judenstaat, also Israel, geht also auf ihn, Theodor Herzl, und auf den Ort Basel zurück. Das heisst mit anderen Worten: In Basel wurde also nicht nur der Weltsitz der Anthroposophen, sondern auch der Judenstaat begründet. Damit entstand die Basis zweier »Ideologien«, die beide mit Adam zu tun hatten. Nämlich: der Judenstaat mit dem »alten Adam« und die Anthroposophie mit dem »neuen«. Aber auch die Basis zweier »Ideologien«, die jeweils beide ihren Adam neu impulsieren wollten.

...

Theodor Herzl als »Übervater« der Juden repräsentierte den Strom Abels. Dies im Gegensatz zu Rudolf Steiner, der sich als »Reinkarnation von Paulus«[167] und somit als Vertreter

---

167 Innerhalb der anthroposophischen Bewegung geht man davon aus, dass Rudolf Steiner der wiederverkörperte Paulus, aber auch der wiederverkörperte Aristoteles und Thomas von Aquin war. Aus diesem Grund verehren Anthroposophen neben Steiner im besonderen Masse auch

der Anliegen Jesu als Repräsentant Seths zeigte. Und im Gegensatz zu Adolf Hitler, der als Kain gedeutet werden kann. Basel als ehemalige Konzils- und Humanistenstadt war also der Ort, an den sich Abel und Seth begaben, als sich in Deutschland Kain auf seine Wiederkunft vorbereitete. Abel, um hier den Judenstaat zu begründen. Und Seth, der Abel folgte, um vor Kain zu fliehen und ebenso seine Anthroposophie aufzubauen. Rudolf Steiner als Seth folgte also Theodor Herzl als Abel möglicherweise nach Basel, um so, bewusst oder unbewusst, für seine »Christologie«, die er im Sinne des »neue Adam« »erneuern« wollte, den Bezug zum Judentum, das dem »alten Adam« entspricht, wieder herzustellen – oder dieses vielleicht sogar damit zu verdrängen. Denn der Judenstaat war zu dieser Zeit von Theodor Herzl in Basel zwar begründet, aber in Palästina noch lange nicht verwirklicht.[168] (Erst mit David Ben-Gurion, der am 14. Mai 1948 die israelische Unabhängigkeitserklärung ausrief, wurde der moderne Staat Israel verwirklicht.) Das heisst: Rudolf Steiner, der der festen Überzeugung war, dass es keinen Judenstaat mehr geben dürfe[169], meinte vielleicht, diesem mit

---

Paulus, Aristoteles und Thomas von Aquin. Aristoteles, Paulus und Thomas von Aquin sind neben Steiner selbst also die »Heiligen« der Anthroposophen, die sie deshalb auch immer wieder, beispielsweise in ihren Vorträgen, erwähnen. Auch der Komponist Richard Wagner gehört zu jenen Personen, die sie abgöttisch verehren.

168 Rudolf Steiner *wollte*, dass der Judenstaat verhindert werde (auch, weil es sonst im Nahen Osten keinen Frieden mehr gebe), und Hitler *hat* ihn verhindert, indem er die Juden vernichten liess. Churchill dagegen hat den Judenstaat nach dem Zweiten Weltkrieg (wieder) ermöglicht.

169 Judea wurde von den Römern zerstört. Dadurch wurde das jüdische Volk in alle Himmelsrichtungen verstreut und somit – gewissermassen – in einzelne Teile »zerstückelt«. Auch Osiris wurde getötet und dessen Leib zerstückelt. Er wurde von seinem eigenen Bruder Seth (!) getötet und

seiner Anthroposophie tatsächlich etwas entgegenzustellen, das dessen Entfaltung ernsthaft infrage stellen könnte oder sogar verhinderte. Rudolf Steiner als Seth folgte Theodor Herzl als Abel aber auch nach Basel, um so Hitler als Kain, der von Deutschland aus zu wüten begann, zu entgehen.[170]

Die Geschichte, die einst mit Kain, Abel und Seth begann[171], wiederholt sich also im Verlaufe der Menschheitsentwicklung immer wieder. Wie ein Kreislauf, als »ewige Wiederkehr des Gleichen« (Nietzsche), mit denselben Protagonisten, in jedoch jeweils neuen Inkarnationen. Für den Gnostiker oder Platoniker, der die Menschheitsgeschichte auf diese Weise studiert,

---

zerstückelt. Und in alle Himmelsrichtungen verstreut. Isis, die Gattin von Osiris und die Trägerin der Weisheit, suchte die in alle Richtungen verstreuten Teile Osiris' wieder zusammen und fügte sie zu einem Ganzen. Das jüdische Volk, das wie Osiris »zerstückelt« und in alle Himmelsrichtungen verstreut worden ist, kann also – gewissermassen – mit Osiris gleichgesetzt werden. Und der mit der Weisheit der Isis begabte Theodor Herzl mit Isis selbst. Denn auch er versuchte mit seinem Judenstaat, das »zerstückelte« und in alle Himmelsrichtungen verstreute jüdische Volk wieder zu einen und zu einem Ganzen zusammenzufügen.

170 In seinem »Dritten Reich« liess Hitler wie die Römer den Reichsadler als Feldzeichen respektive als Standarte mitführen. Dadurch demonstrierte er wohl äusserlich seine (direkte) Anknüpfung an das römische Reich und somit an das römische Kaisertum, welche er innerlich bereits vollzogen hatte, indem er von Mussolini den Faschismus übernahm. Zudem stellte das Hakenkreuz, die Swastika, das er dem Reichsadler hinzufügte, wohl eine Art »Gegenkreuz« zum christlichen Kreuz dar. Aus dem Sanskrit übersetzt bedeutet Swastika »das zum Gutsein Gehörige«, das »Heils- oder Glücksbringende«.

171 Selbstverständlich gibt es auch ein Weibliches, das sich immer wieder in verschiedenen Inkarnationen auf Erden zeigt. Mehr darüber berichte ich in meinen beiden Büchern über das gnostische Christentum, erschienen beim Twentysix-Verlag, Norderstedt.

ist der Reinkarnationsgedanke also tatsächlich nichts Fremdes. Im Gegenteil, er ist für ihn eine logische Realität. Denn in der abbildhaften Welt ist alles rund, also nicht nur das Materielle, der Raum, sondern auch die Zeit, alles ein Kreis. Deshalb bewegt sich auch die Menschheit mit ihrer Geschichte (und auch der einzelne Mensch selbst mit seiner Geschichte, nämlich von Inkarnation zu Inkarnation) wie ein Rad durch die Zeit. Impulse oder Geschehnisse, die mal da waren, erscheinen wieder, wenn auch in abgewandelter Form, sobald das Rad mit derselben Stelle in die Geschichte eintritt. Die Zeitdauer für einen solchen Radumlauf oder für einen solchen Kreis beträgt, nach gnostisch-platonischer Erkenntnis, etwa tausend und nicht mehr tausend, also ungefähr zweitausend Jahre. Wenn wir also erfahren wollen, was heute geschieht beziehungsweise welche Impulse heute wirksam sind, dann müssen wir in der Geschichte ungefähr zweitausend Jahre zurückgehen. Das heisst: Wir müssen das Rad um zweitausend Jahre zurückdrehen, damit wir erfahren, was zu dieser Zeit geschehen ist. Denn die Geschehnisse und die Zusammenhänge vor ungefähr zweitausend Jahren, deren Impulse, erscheinen wieder, wenn auch in abgewandelter Form, im Jetzt. Deshalb geben sie auch über das Jetzt Auskunft. Aber sie erscheinen auch vom Jetzt ausgehend wieder in ungefähr zweitausend Jahren, also in der Zukunft, sodass sie auch über diese Zeit bereits Auskunft geben können. Man kann also tatsächlich davon sprechen, dass Menschen, die um das Jahr null gelebt und gewirkt haben, auch tausend und nicht mehr tausend Jahre später, also Anfang des zwanzigsten Jahrhunderts, gelebt und gewirkt haben und auch wieder in tausend und nicht mehr tausend Jahren in Zukunft leben und wirken werden – sofern sich das Rad in Zukunft nicht schneller dreht.

Wie ein Meteorologe, der den Kreislauf der Jahreszeiten kennt und deshalb zu jeder Jahreszeit seine Aussagen und auch Voraussagen machen kann, oder wie ein Astronom, der die Umlaufszeiten der Planeten berechnet und ebenso weiss, wann entsprechende Planeten wieder am Firmament erscheinen, kennt also auch der Gnostiker oder Platoniker, und zwar mit derselben Möglichkeit zu Aussagen und Voraussagen, den Kreislauf der Menschheitsentwicklung und der Geschichte. Weil auch diese, die Menschheitsentwicklung und die Geschichte, gleich den Jahreszeiten oder den Planeten, wie ein Rad, das sich durch die Zeit bewegt, immer wieder mit denselben Impulsen erscheinen.[172] Der Gnostiker oder Platoniker erkennt also durch diese Gesetzmässigkeit des immer wieder Erscheinens Zusammenhänge und Entwicklungen, von der der gewöhnliche Mensch nichts weiss. Dadurch ist es ihm möglich, analog einem Meteorologen in Bezug auf die Jahreszeiten und deren Geschehnissen oder einem Astronomen in Bezug auf die Umlaufzeiten der Planeten und deren zyklischen Erscheinen, in gewissem Sinne die Zukunft des Menschen durchaus ebenso vorauszusagen.

Eine Zukunft, die deshalb jedoch in gewissem Sinne auch immer dieselbe bleibt. Weil auch die Impulse immer dieselben sind. Eine Zukunft deshalb aber auch, die der Sophist, gleich der Schlange, die sich in den eigenen Schwanz beisst, mit allen Mitteln wieder zum Anfang der Menschheitsentwicklung

---

172 Auch das eigene persönliche Leben verhält sich so. Auch da erscheinen nach einer gewissen Zeit immer wieder dieselben Impulse oder Ausgangslagen. Wenn man also sein eigenes Leben studiert, kann man ebenso zu wegweisenden Erkenntnissen in Bezug auf das Jetzt, aber auch in Bezug auf die Zukunft gelangen.

und somit zu Ur-Adam zurückbiegen will. Weil für ihn als Vertreter einer abbildhaften Welt das Alpha tatsächlich das Omega und die Zukunft tatsächlich die Vergangenheit ist. Er will den Menschen wieder zum Kollektivmenschen erziehen. Zum Kollektivmenschen, der als »neuer Adam« dem »alten Adam«, also Ur-Adam, entspricht und dafür sein Einzelmenschsein und somit sein persönliches, individuelles Ich und seine Seele aufgeben muss. Mit dem Unterschied jedoch, dass die Menschen, wenn sie wieder ganz in Ur-Adam vereint sind, wie Abel und Kain, die einerseits das »Licht« und anderseits die »Dunkelheit« repräsentierten, entweder gänzlich dem »scheinbar Lichthaften« oder gänzlich dem »tatsächlich Dunklen« zugeteilt sind. Das »scheinbar Lichthafte« und das »tatsächlich Dunkle« sind die »Götterväter« beziehungsweise die »Urwirksamkeiten« des Jehova-Prinzips respektive Jehovas und entsprechen dessen Voll- und Neumondseite. Auch sie beanspruchen für sich den Menschen, um dadurch, wie sie hoffen, ihr ewiges Sein zu ermöglichen. Das Jehova-Prinzip respektive Jehova als ihr »Sohn« soll für sie der Wegbereiter sein, so wie Jesus als »Sohn« des Jehova-Prinzips respektive als »Sohn« Jehovas der Wegbereiter für das Jehova-Prinzip respektive für Jehova ist.

Der Mensch, der nicht den Weg des einzelnen, wahren Menschen, sondern den Weg der Religionen oder den Weg der Weisheitslehren gehen will, wird sich also entscheiden müssen, welcher Seite des abbildhaften Scheins er sich mehr zugewandt sieht. Geht er den Weg der »Liebe« und der »Menschlichkeit«, dann entscheidet er sich wohl für das »scheinbar Lichthafte«. Er entscheidet sich für das »scheinbar Lichthafte«, weil er sich vielleicht von schönen

Worten und angeblich logischen Sichtweisen überzeugen und verführen lässt. Wählt er dagegen den Weg der Macht und Gewalt, dann entscheidet er sich wohl eher für das »tatsächlich Dunkle«. Mit dem »tatsächlich Dunklen«, so meint er, würde er wichtig und bedeutend werden. Doch bei beiden Wegen wird er sein persönliches Ich und seine Seele verlieren. Weil beide Wege den Menschen ent-ichen und ent-seelen. Auch und erst recht, wenn er das »scheinbar Lichthafte« und das »tatsächlich Dunkle« als Qualitäten in sich im Sinne des »Heiligen Geistes« vereint. Er verliert sein Ich und seine Seele beim Weg zum »scheinbar Lichthaften« durch Auflösung und Verflüchtigung. Beim Weg zum »tatsächlich Dunklen« durch Verhärtung und Zerfall. Die einzige Möglichkeit, einer solchen Entwicklung entgegenzuwirken und zu entgehen, ist für ihn, vom Standpunkt des Gnostikers oder Platonikers aus gesehen, wenn er den Weg der »Pronoia« und des wahren Christus und somit den Weg des selbstständigen Denkens wählt. Denn erst das selbstständige Denken führt ihn zum wahren Menschen und somit hinaus aus dem Labyrinth der abbildhaften Welt, die die gemeinsame Welt des »scheinbar Lichthaften« und des »tatsächlich Dunklen« ist. Weil er mit diesem die Lüge und den Schein (und generell auch Zusammenhänge) erkennt. Denn das selbstständige Denken ist der Faden der Ariadne, mit dem man den Baum der Erkenntnis von der Schlange befreit. Es befreit den Baum der Erkenntnis von der Schlange, damit dieser als wahrer Baum der Erkenntnis dem Menschen den Weg zum Baum des Lebens weist. Man muss also als Mensch die Schlange erkennen, um sie zu überwinden, wenn man zu ewigem Leben gelangen will. Auch führt es zu Vernunft und zu Einsicht. (Oder mit anderen Worten gesagt: Man muss also, um wahrer Mensch zu werden, genau das Gegenteil von dem tun, zu was einen die Religionen und die Weisheitslehren drängen.)

31. KAPITEL

Der Wissensverlust. Und die immerwährende Wiederkehr Abels, Seths und Kains

Die Tragik des Menschen in heutiger Zeit ist, dass er vom Menschen, insbesondere vom wahren Menschen, immer weniger oder gar nichts mehr weiss. Doch dies scheint nicht immer so gewesen zu sein. Zum Beispiel nicht zu Zeiten des Humanismus oder der Aufklärung, die es als Bewegungen sonst so wohl auch gar nicht gegeben hätte. Denn sowohl der Humanismus als auch die Aufklärung beschäftigten sich als Bewegungen für den Menschen und die Menschlichkeit mit dem letztlich wahren Menschen. Auch während der französischen Revolution gab es Menschen, die sich noch für den wahren Menschen interessierten. So beispielsweise der französische Dramatiker und Librettist Jean Nicolas Bouilly, der während der französischen Revolution lebte und mit seinem Libretto zur Oper *Léonore, ou L'amour conjugal* das Schicksal des wahren Menschen beschrieb. Auch der deutsche Komponist Beethoven schuf mit seinen Librettisten auf der Grundlage des Librettos von Jean Nicolas Bouilly zu diesem Thema die Oper *Fidelio*. Das heisst, auch er musste wohl noch vom wahren Menschen etwas gewusst oder zumindest geahnt haben. Dies im Gegensatz zum heutigen Menschen, der deshalb bei der Inszenierung seiner Oper völlig versagt. Versagt, weil er eben nichts (mehr) von den Hintergründen und dem wahren Menschen weiss.

Noch gänzlich präsent schien das Wissen vom wahren Menschen aber in der Antike gewesen zu sein. Hier kommt es vor allem in der griechischen Mythologie zum Vorschein. In ihr scheint, vom gnostisch-platonischen Standpunkt aus gesehen, sogar alles enthalten zu sein, das über den wahren Menschen Auskunft gibt. Dass die Antike noch über den wahren Menschen Bescheid wusste, war wohl auch ein Grund dafür, weshalb die Humanisten im 15. und 16. Jahrhundert den Menschen wieder an das Denken der Antike heranführen wollten. Denn der Fokus des Humanismus lag ganz beim Menschen und nicht wie beispielsweise bei der Scholastik bei »Gott«. Auch die Aufklärung später befasste sich mit dessen Mündigkeit. Deshalb können der Humanismus und die Aufklärung also tatsächlich beide generell als eine Art Gegenbewegung zur Scholastik beziehungsweise dann zur religiösen Welterklärung samt ihrem »Aberglauben« verstanden werden. Dass der heutige Mensch nichts mehr über den wahren Menschen weiss oder wissen will, führt ihn noch weiter hinein in die eigene Vergänglichkeit. Und somit in die Vergänglichkeit der abbildhaften Welt, da er sich auf diese Weise mit der abbildhaften Welt und deren Vergänglichkeit umso mehr verbindet. Bis dass er wohl tatsächlich selbst einst mit der abbildhaften Welt, deren Lebensdauer wie die seine begrenzt ist, zugrunde geht.

Der heutige Mensch verbindet sich also mit der Vergänglichkeit, statt dass er sich von ihr löst. Indem er meint, diese Vergänglichkeit mittels eines Wunderereignisses eines »Sohnes Gottes« zu überwinden.

...

Indem sich die Geschichte stets wiederholt, sind die Protagonisten, die den Menschen im Sinne des abbildhaften Menschen erziehen, also die Vertreter der sowohl spirituellen als auch weltlichen Elite, die man als »Göttersöhne« bezeichnen kann, da sie ganz im Sinne »Gottes« agieren, gezwungen, zumindest vom Standpunkt des Gnostikers oder Platonikers aus gesehen, sich ebenso stets von Neuem auf Erden zu inkarnieren. Denn tun sie es nicht, dann laufen sie Gefahr, den Menschen als Opfer für den »neuen Adam« und somit für ihre eigenen Interessen zu verlieren. Sie müssen also immer wieder erscheinen, um den Menschen weiterhin in ihrer »Obhut« behalten und auch weiterhin ganz in ihrem Sinne erziehen zu können. Denn sonst könnte der Mensch vielleicht fähig werden, (tatsächlich) selbstständig zu denken und sich seiner Situation und wirklichen Ausgangslage bewusst zu werden. So wie dies wohl bei Adam und Eva, wenn auch nur für einen kurzen Moment, geschehen ist, als sie vom Baum der Erkenntnis assen. Denn da merkten sie auf einmal, dass sie nackt waren. Und dass ihr Leib dem Leib eines Tieres und nicht dem Leib eines wahren Menschen, wie er ihnen ursprünglich aber zugedacht war, entsprach, sodass sie deshalb wohl ihre Scham verdeckten. Denn es ist die Sexualität, die den Menschen zum Tier macht, und der (männliche) Kehlkopf. Es sind also genau jene zwei Organe oder Qualitäten, auf denen der Sophist sein neues Menschsein aufbauen will.

Erschienen die im Sinne des »neuen Adam« wirkenden Protagonisten in den Anfangszeiten der Menschheitsentwicklung beispielsweise erstmals als Abel, Kain und Seth, so finden wir sie wieder um das Jahr null als Hohepriester (Abel), Judas (Kain) und Jesus (Seth) und dann als deren »Ersatz« als Paulus, Pilatus und Petrus – und vor und während dem Zweiten Weltkrieg, also tausend und nicht mehr tausend

Jahre später[173], als Theodor Herzl (Abel), Hitler (Kain) und Churchill (Kain und Seth)[174] beziehungsweise dann auch als

---

173 Der Begriff »tausend und nicht mehr tausend« bezieht sich auf die Offenbarung des Johannes (Offb. 20,1–10), in der geschrieben steht, dass Jesus den Drachen, den er gebunden hat, nach angeblich tausend Jahren wieder loslasse – und er selbst dann auch wieder erscheinen werde (Parusie). Diese tausend Jahre sollen die Dauer des tausendjährigen Reichs erklären. Die »endzeitliche Wiederkunft Christi« wurde also um das Jahr tausend erwartet. Gnostisch-platonisch gesehen werden diese tausend Jahre aber als »tausend und nicht mehr tausend« Jahre verstanden, was also insgesamt fast zweitausend und nicht nur tausend Jahre ergibt. Nach insgesamt fast zweitausend Jahren, also Ende des zwanzigsten Jahrhunderts, haben sich dann auch tatsächlich die Geschehnisse Golgathas wiederholt.

174 Der Grund, weshalb Churchill hier ebenso Kain zugeordnet wird, ist, dass er einerseits als Pilatus, der er, zumindest nach gnostisch-platonischer Betrachtung, in Vergangenheit war, beziehungsweise als Person im Geiste Pilatus Judas' Bedeutung übernahm und so also Judas gewissermassen als Person mit sich selbst ersetzte und anderseits Judas gleichzeitig mit Kain in Zusammenhang steht. Churchill übernahm als Pilatus Judas' Bedeutung, indem er beispielsweise dessen Wissen für sich selbst nutzte (»ecce homo!«) und dafür Judas, der als eigentlich ursprünglich vorgesehener Messias bei ihm um seine Bedeutung kämpfte, ins Leere laufen liess, also nicht unterstützte, überging. Er liess ihn ins Leere laufen, indem er mit den Hohepriestern paktierte und dafür (scheinbar) Jesus begünstigte. Seine Absicht war es, so ergibt dies zumindest die gnostisch-platonische Erkenntnis, sich wie Jesus oder anstelle von Jesus selbst in den Grad des »Vaters« erhöhen zu lassen und ewiges Leben zu erlangen. Denn er liess (unter falscher Beschuldigung!) den wahren Christus kreuzigen. Indem er den wahren Christus (unter falscher Beschuldigung!) kreuzigen liess, um sich dadurch selbst zu erhöhen, übernahm er auch Jesus' Bedeutung, die er diesem durch das Übergehen von Judas erst selbst ermöglichte, sodass ihm deshalb neben Kain ebenso Seth zugeordnet werden kann. Pilatus ersetzte also Judas und Jesus und deshalb auch Kain und Seth mit sich selbst. Er kann somit als erste Machtperson verstanden werden, die ganz im Sinne des »Heiligen Geistes« wirksam war, da er sowohl das »scheinbar Lichthafte« (Seth) als auch das »tatsächlich Dunkle« (Kain) an sich riss und somit in sich als Person vereinte – dies

Papst (Seth) und – als Rudolf Steiner (Seth)[175].

Dass sich sowohl Theodor Herzl als Vertreter des »alten Adam« (Abel) als auch Rudolf Steiner als Vertreter des »neuen Adam« (Seth) nach Basel begaben, hatte vielleicht tatsächlich noch einen anderen Grund als nur den, beispielsweise einen Kongress aus München woandershin zu verlegen (Herzl) oder aus München zu fliehen (Steiner). Einen vielleicht doch sehr gemeinsamen: nämlich dort, bewusst oder unbewusst, den wahren Menschen zu verhindern. Und zwar so zu verhindern, wie bereits Rudolf Steiner mit seiner Anthroposophie vielleicht, bewusst oder unbewusst, den Impuls Theodor Herzls (und somit die Wiedererstehung des »alten Adam«) zu verhindern versuchte. Denn Basel schien zu damaliger Zeit möglicherweise tatsächlich der Ort gewesen zu sein, an dem auch der Impuls der »Pronoia«, der Wegbereiterin für den wahren Menschen, wirkte oder hätte wirken können – zumindest nach gnostisch-platonischer Sicht. Weil in Basel durchaus entsprechende Gründe und auch Grundlagen dafür vorhanden gewesen waren oder auch heute vielleicht noch vorhanden sind oder vorhanden sein könnten. Nämlich zum Beispiel Grundlagen in Bezug auf seine Geschichte. Aber auch, selbst wenn dies im ersten Moment vielleicht eigentümlich erscheint, in Bezug auf seine geografische Lage.[176]

---

noch vor dem ersten Papst, Kaiser Konstantin oder Karl dem Grossen, dem ersten Kaiser des Heiligen Römischen Reichs Deutscher Nation.

175 Auch wenn dies vielleicht irritierend erscheint, dass Rudolf Steiner hier eine gleiche Bedeutung wie Herzl, Hitler, Churchill oder dem Papst zugemessen wird, so hat dies dennoch aus Sicht des Gnostikers oder Platonikers seine Bewandtnis.

176 Interessant ist, dass in Basel neben der Kunst und Kultur, die man vielleicht als »weibliche« Qualitäten bezeichnen kann, heute vor allem auch

Gerade seine geografische Lage könnte, vom gnostisch-platonischen Standpunkt aus gesehen, ein Wesentliches dazu beigetragen haben oder beitragen, dass ein »Pronoia«-Impuls unter Umständen in Basel hätte wirksam werden können oder vielleicht auch tatsächlich wirksam war (und auch heute noch vielleicht wirksam ist oder wirksam sein könnte).

Denn geografisch liegt Basel eingebettet zwischen drei Gebirgszügen, die gemeinsam eine Orientierung nach Norden hin ergeben. Im Norden, also »oben«, liegt der »Kopf« Europas – sofern man für diese Betrachtung den Menschen und nicht das Tier zu Grundlage nimmt, das heisst, den Kontinent Europa mit dem Menschen vergleicht.[177] (Wenn man für diese Betrachtung den Kontinent Europa mit dem Tier vergleicht, so liegt der (Kehl-)Kopf Europas eher im Osten. So wie er auch heute in der Schweiz eher wohl im Osten und nicht mehr im Norden liegt.) Diese drei Gebirgszüge bestehen aus den Vogesen im Westen, dem Schwarzwald im Osten und dem Jura im Süden. Sie grenzen das Oberrheingebiet, zu dem Basel gehört, also in Richtung westliches Frankreich, östliches Deutschland und Schweiz ab. Nur die Burgunderpforte erlaubt eine direkte Verbindung nach dem westlichen Frankreich (und somit in die Zentrale Paris beziehungsweise

---

die Pharmabranche und die Life Sciences sehr stark vertreten sind, die mit dem Leben in Zusammenhang stehen. Wenn die »Pronoia« dem Baum des Lebens entspricht, könnte dies, wenn auch nur äusserlich, abbildhaft gesehen, ebenso auf eine Art Affinität Basels zur »Pronoia« hinweisen.

177 Nimmt man für diese Betrachtung das Tier zur Grundlage, dann ist es auch nicht mehr die Aufrechte, sondern die Waagrechte, die als Wirkung Europa bestimmt – und auch nicht mehr der Kopf im Norden, sondern der Kehlkopf im Osten.

nach Südfrankreich, wo einst die Katharer wirkten). Auch scheint die Verbundenheit Basels mit der Schweiz wohl deshalb weniger stark ausgeprägt zu sein als die Verbundenheit mit der Region am Oberrhein und dem Norden. Da der Jura aber nicht wie die Vogesen oder der Schwarzwald aus hartem Granitgestein, sondern aus weicherem Kalk besteht, ist die Abgrenzung Basels zur Schweiz hin wohl dennoch nicht so gross wie jene zum westlichen Frankreich oder dem östlichen Deutschland. Im Gegenteil: Wie beim Menschen, bei dem der Kopf ebenso eine Art Abgrenzung zum Körper erfährt, aber dennoch eine Verbundenheit mit dem Körper zeigt – man erinnere sich hier beispielsweise an die Blut-Hirn-Schranke –, scheint auch Basel trotz den Gebirgszügen des Juras, die es von der übrigen Schweiz trennen, mit der Schweiz sehr wohl auf seine Art verbunden zu sein.

Dass Basel aufgrund seiner Geografie nach Norden hin orientiert ist, erklärt vielleicht, weshalb auch in Basel (wie übrigens in vielen anderen Oberrheinstädten und im Gegensatz zu den Städten der Schweiz, die sich mehr mit dem Religiösen beschäftigten) der Humanismus zu sehr grosser Bedeutung kam – was dann einen direkten möglichen Zusammenhang mit seiner Geschichte erklärte. Weil durch eine Orientierung nach dem Norden hin, wenn man den Menschen zur Grundlage nimmt, nicht nur die Aufrechte, sondern dadurch auch der »Kopf«, der sich im Norden befindet, angesprochen wird. Sowohl die Aufrechte als auch der Kopf haben mit dem Menschen und der Menschlichkeit zu tun. Dies im Gegensatz zur Waagrechten, die mit dem Tier (und mit dessen Sexual- und Kehlkopfkräften beziehungsweise dadurch auch mit den darwinistischen Gesetzen) in Zusammenhang steht. Abgesehen davon, dass Basel, das im Norden der Schweiz liegt und den natürlichen Ausgangspunkt der Süd-Nord-Achse der Schweiz bildet, für die Schweiz ebenso als »Kopf«, nämlich als »Kopf« der Schweiz, angesehen werden kann.[178]

Und nicht nur das: Indem in Basel auch der Rhein von Osten kommend nach Norden dreht, scheint eine weitere »Kraft« vorhanden zu sein, die mit dem Menschen in Zusammenhang steht. Nämlich eine »Kraft«, die tatsächlich vielleicht die Möglichkeit in sich birgt, Impulse einer Waagrechten, die von Osten her kommen, in Impulse einer Aufrechten, die in den Norden führen, umzuwandeln. Und somit letztlich auch Impulse, die mit dem Tier oder mit dem Tierischen und auch mit Religionen in Zusammenhang stehen, in Impulse des einzelnen, individuellen Menschen zu formen. So wie das geschichtlich mit Basel selbst dann tatsächlich geschehen ist. Denn Basel wurde als einstige Konzilsstadt des 15. Jahrhunderts im 15. und 16. Jahrhundert zur Humanistenstadt. Also zur Stadt, die sich mit der Waagrechten beschäftigte, zur Stadt, die auf der Suche nach der Aufrechten war. Denn als Stadt der Waagrechten beschäftigte sie sich mit »Gott« und den Religionen und als Stadt der Aufrechten mit dem Menschen und der Menschlichkeit. Weil die Waagrechte immer mit »Gott« und den Religionen (und dadurch auch mit der Natur) in Zusammenhang steht und die Aufrechte immer mit dem Menschen und dessen Menschlichkeit.

---

178 Dass Basel ebenso als »Kopf« der Schweiz angesehen werden kann, würde heissen, dass auch die Schweiz vielleicht (wieder) humanistisch werden könnte, wenn sie sich wirklich (wieder) auf Basel als »Kopf« besänne. So wie das seit seinem Eintritt in die Eidgenossenschaft im 16. Jahrhundert auf eine Art tatsächlich geschehen ist.

Dass Basel eine bedeutende Stadt des Humanismus war, zeigt sich auch daran, welche Persönlichkeiten zu dieser Zeit in Basel gelebt und gewirkt haben. So zum Beispiel der wohl bedeutendste Humanist seiner Zeit: Erasmus von Rotterdam[179], der sogar im Basler Münster begraben liegt. Dann aber auch Buchdrucker wie Johannes Froben, Petri oder Amerbach. Auch Paracelsus, Hans Holbein oder Sebastian Brant, der Verfasser des »Narrenschiffs«, lebten oder wirkten in Basel. Selbst die späteren Reformatoren Calvin und Zwingli hielten sich zu dieser Zeit in Basel auf. Calvin, um sich als Martianus Lucianus vor der Verfolgung durch den französischen König zu verstecken, und später Zwingli, um in Basel zu studieren.[180] Leider waren weder Calvin noch Zwingli fähig oder gewillt, den humanistischen Impuls aus Basel auch nach Genf beziehungsweise nach Zürich zu tragen. Ihnen lag das Religiöse, trotz allem, viel näher. Statt ihren Fokus auf den Menschen zu richten, wie es eigentlich von einem humanistischen Denken zu erwarten wäre, richteten sie ihn aber umso mehr wieder auf »Gott« und die Bibel und gegen den Menschen. Sie konnten sich also von ihrer Waagrechten, die sie weg vom Menschen und hin zu »Gott« und somit

---

179 Erasmus von Rotterdam wurde 1466 oder 1467 oder 1469 in Rotterdam geboren und starb 1536 in Basel. Sein Grabmal befindet sich im Basler Münster.
180 Wenn man die Schweiz, analog ihrem Wappen, das symbolisch ein Kreuz darstellt, in eine Süd-Nord- und eine West-Ost-Achse einteilt, dann befinden sich die Wirkungsorte Zwinglis (Zürich) und Calvins (Genf), wenn auch etwas verschoben, beide auf der West-Ost-Achse, also auf deren »Waagrechten«, der Wirkungsort von Erasmus dagegen auf der Süd-Nord-Achse, und zwar den »Kopf« bildend, also auf deren »Aufrechten«. Genf und Zürich wurden beide zu Orten der Religion, Basel dagegen zum Ort des Humanismus.

zum Religiösen lenkte, nicht lösen. Dadurch pervertierten sie gewissermassen den eigentlichen Grundgedanken des Humanismus, auch wenn einige Kirchenkritiker dennoch behaupten, dass Humanismus und Reformation miteinander zu tun hätten, da ja beide, also sowohl der Humanismus als auch die Reformation, wie sie sagen, Kritik an der Kirche übten. Doch das ist das grosse Missverständnis jener, die das behaupten: Die Kritik sowohl des Humanismus als auch der Reformation an der Kirche war nicht dieselbe. Denn während die einen, nämlich die Humanisten, beispielsweise mit »Zurück zu den Quellen« ein Zurück zum wahren Menschen meinten und deshalb das Studium antiker Texte forderten, erzwangen die anderen, die Reformatoren, damit ein Zurück zu einem letztlich noch viel Orthodoxeren, nämlich zu den Texten der Bibel und den alten Kirchenvätern. Die Toleranz, wie sie eine Forderung des Humanismus war, wurde von den Reformatoren – zum Beispiel im Verstehen dieser Bibeltexte, aber auch allein in der Vorstellung, wie ein Mensch zu leben habe – sogar gänzlich abgeschafft beziehungsweise mit Zucht und Intoleranz ersetzt und somit, auch hier, ins völlig Gegenteilige von dem ursprünglich und eigentlich Gemeinten verdreht.

Sobald man sich mit seinem Bewusstsein in die Waagrechte begibt, fängt man, wie es scheint und wie die Erfahrung zeigt, also automatisch, an, Inhalte, die jemand vertritt, wenn er mit seinem Bewusstsein der Aufrechten folgt, falsch herum oder sogar ins gerade Gegenteilige davon zu verdrehen. Aus diesem Grund wird wohl auch von den Vertretern der Waagrechten beispielsweise ein selbstständiges Denken als »egoistisches« Denken bezeichnet. Oder das individuelle

Menschsein als »asoziales« Menschsein. Selbst in der Architektur macht sich ein solch unterschiedliches Denken und Verstehen bemerkbar: Während der nach der Aufrechten hin orientierte Mensch beispielsweise in Hochhäusern das ebenso Aufrechte und Ich-hafte eines Menschen erkennt, so weiss der nach der Waagrechten hin ausgerichtete Mensch oftmals darinnen nichts anderes als »Grössenwahn« oder »Überheblichkeit« oder noch extremer, weil er sexuell motiviert ist, ein »Phallussymbol« zu sehen, auch wenn die Hochhäuser sehr bescheiden wirken oder gut und harmonisch in das städtische Gesamtbild integriert sind.

...

Die Losung der Humanisten »Zurück zu den Quellen!« sollte den Menschen also zur Bildung am antiken Vorbild führen, wenn man den Humanismus in seinem Grundgedanken versteht – und bestimmt nicht zu den Religionen. Weil nur auf diese Weise der Mensch zu sich selbst hin- und nicht von sich selbst weggeführt wird. Denn wer den Menschen zu den Religionen führt, führt ihn automatisch von sich weg. Weil sich Religionen nicht für den Menschen interessieren, sondern für »Gott«. Wer ihn dagegen zu den antiken Texten führt, führt ihn zu sich hin. Weil antike Texte Wahrheiten enthalten und auch Wahrheiten behandeln, wenn auch in bildhafter Form, die mit dem Menschen in Zusammenhang stehen. Antike Texte führen den Menschen zu sich hin, indem sie ihn durch ihre Wahrheiten, die sie enthalten und auch behandeln, nach dorthin »erziehen«. Denn »Menschen werden nicht als Menschen geboren, sondern als solche erzogen«, mahnte Erasmus von Rotterdam. Das heisst übersetzt:

Menschen sind ursprünglich, wenn sie geboren werden, also abbildhaft und deshalb noch nicht im eigentlichen, wahren Sinne Mensch, sondern mehr Tier. Man muss sie also bewusst erst, beispielsweise auf der Grundlage des antiken Vorbilds, zum eigentlichen, wahren Menschen heranbilden und somit in ihrer Waagrechten zur Aufrechten führen – was gerade aber Religionen, die »Gott« und dessen Gesetze, die die Gesetze der Natur und somit die darwinistischen Gesetze sind, und nicht den Menschen und die Menschlichkeit zum Ziel haben, nicht tun. Basel mit seiner zu dieser Zeit einzigen Universität der Schweiz war Stadt der Bildung und des Denkens – und deshalb wohl, zumindest seit seinem Beitritt 1501 zur Eidgenossenschaft, für die Schweiz tatsächlich eine Art »Kopf«.

...

Wie Herzl und Steiner war auch Friedrich Nietzsche in Basel. Er wirkte von 1869 bis 1879 als Professor an der Basler Universität, also vor den Zionistenkongressen, die von 1897 bis 1901 unter Theodor Herzl im Basler Stadtcasino stattfanden. Aber auch vor dem Wirken Rudolf Steiners, dessen erstes Goetheanum erst ab 1913 in Dornach gebaut wurde. Und auch er sinnierte über den wahren Menschen. Über den wahren Menschen, den er zwar erahnt, aber letztlich doch nicht gefunden hat. Dies als seine persönliche Tragik. Er scheiterte wohl am Widerspruch zwischen den Kräften der Waagrechten und der Senkrechten, die ihn (als salomonisch-aristotelischer Mensch) bestimmten – er stammte beispielsweise aus einer sehr religiösen Familie und er verachtete den einfachen Menschen –, und den Kräften der Aufrechten, die er (als Nicht-Platoniker, der zudem das Weibliche hasste) vergeblich suchte. Ob (auch) er deshalb den aufrechten Menschen als »Übermenschen« und nicht als wahren Menschen verstand?

Vielleicht hat er den wahren Menschen, für dessen Auffinden zu dieser Zeit tatsächlich Basel prädestinierter Ort gewesen war oder zumindest gewesen sein könnte, auch nicht gefunden, weil sich dort bereits Tendenzen bemerkbar machten, die dann Impulse ermöglichten, wie sie ein wenig später auch von Theodor Herzl und von Rudolf Steiner aufgenommen und dann selbst in der Welt vertreten wurden.[181] Nämlich Impulse in Form von Gegenimpulsen, um so den Zugang zum wahren Menschen zu verhindern und mit Schein zu überdecken. Denn anstelle des wahren Menschen idealisierten sie mit ihrem »alten und neuen Adam«

---

[181] Es schienen sich zu jener Zeit in der Welt generell verschiedenste Impulse offenbart zu haben, die den wahren Menschen gänzlich infrage stellten. So zum Beispiel der Impuls eines fast krankhaften Männlichkeitswahns, wie er vor allem in der preussisch-militärischen Erziehung oder in der Heldenverehrung jener Zeit zum Ausdruck kam. Er zeigte sich als Wahn, der dem völligen Gegenbild eines »Pronoia«-Impulses entspricht. Ob dies gar der Beweis dafür ist, dass sich zu dieser Zeit tatsächlich auch ein »Pronoia«-Impuls in der Welt manifestieren wollte? Denn jeder Impuls, so auch der Impuls des Wahren, löst Gegenimpulse aus. Auch den Gegenimpuls, es mit der Wahrheit generell nicht so ernst zu nehmen oder sogar Wahrheiten zu erfinden. Es scheint deshalb nicht von ungefähr, dass zu dieser Zeit beispielsweise auch Schriftsteller wie Jules Vernes oder Karl May auftauchten. Denn auch sie nahmen es mit der Wahrheit nicht so ernst oder übersteigerten diese sogar ins Fantastische. Die Wahrheit, so kann man sagen, wurde zu dieser Zeit sehr oft mit (eigenen) Fantasien oder sogar mit Fantastischem ersetzt. Das Männliche und das Fantastische (aber auch die Thematisierung oder sogar die Idealisierung eines »Übermenschen«) steigerten sich in dieser Zeit in einen Wahn, der letztlich dann, so scheint es, im Zweiten Weltkrieg Adolf Hitlers seine schlimmste Offenbarung fand.

den allein abbildhaften Menschen. Oder mit anderen Worten: Wären zu dieser Zeit keine solche Tendenzen vorhanden gewesen, die dann auch von Herzl und Steiner umso mehr aufgenommen und selbst als eigene Impulse dann in die Welt gesetzt wurden, so hätte vielleicht Nietzsche, hypothetisch gesehen, den wahren Menschen in Basel gefunden.

Selbst Wolfgang Borchert, der Autor von »Draussen vor der Tür«, blieb, als er auf dem Weg zu einer Kur nach Davos war, wenn auch ungewollt, in Basel hängen – wo er auch starb.

Churchill dagegen hat Basel gemieden. Und Lenin wurde in Basel, im Gegensatz zu Zürich, schlecht aufgenommen. Man mochte seine kalte, herzlose Art nicht.

...

Wenn man Rudolf Steiner vielleicht tatsächlich als Reinkarnation von Paulus verstehen will, so wie das die Mehrheit seine Anhänger tut, so könnte ein Grund für dessen Erscheinen in Basel, zumindest vom gnostisch-platonischen Standpunkt aus gesehen, durchaus die Verhinderung des wahren Menschen gewesen sein. Denn auch Paulus, der Saulus war, zerschlug, verfolgte und verhinderte – in quasi vorinquisitorischer Weise – alles, was nicht in seinem Sinne beziehungsweise nicht im Sinne des »neuen Adam« war. Aus diesem Grund soll er nach der Legende bereits Maria Magdalena bis nach Ephesus gefolgt sein, um sie von dort zu vertreiben.[182]

---

182 Maria Magdalena gilt nach gnostisch-platonischer Betrachtung als erster weiblicher Mensch und auch als erster Mensch überhaupt, der den wahren Christus erkannte. Ihr Pendant war Lazarus, der als erster männlicher

Denn in Ephesus soll sie eine eigene Schule geführt haben. Nach gnostisch-platonischer Erkenntnis war Maria Magdalena der erste Mensch, der im wahren Christus den wahren Menschen erkannte – und deshalb eine Gefahr für Paulus. Dies im völligen Gegensatz zu Pilatus, der mit seinem Ausspruch »ecce homo« zwar ebenso meinte zu wissen, wer der wahre Christus wäre, es aber doch nicht tat. Denn Pilatus erkannte den wahren Christus nicht wirklich, sondern nur abbildhaft, intellektuell. Das heisst, er erkannte ihn lediglich so, wie ihn Judas beschrieb und ihm deshalb auch dessen Bedeutung erklärte. Nämlich als unschuldiger Mensch, der für denjenigen Menschen, der, wie er, Judas, Messias werden sollte, geopfert werden müsse. Denn hätte er ihn als wahren Menschen erkannt, so wie ihn bereits Maria Magdalena als wahren Menschen erkannt hat, so hätte er dessen Verurteilung und Tötung mit allen Mitteln verhindert, also verhindert, weil er sie hätte verhindern müssen, – und nicht sogar das Volk[183] für Barabbas und gegen den wahren Christus ent-

---

Mensch den Weg des wahren Christus ging. Lazarus trat an die Stelle von Judas, da dieser den wahren Christus und somit den wahren Menschen verriet. Nach der Legenda aurea wurde Maria Magdalena von Juden auf einem segellosen Schiff ausgesetzt. In diesem sollen sich ebenso Maria des Kleophas, Maria von Bethanien, die die Mutter der Zebedäus-Söhne war, die schwarze Sarah, also die nathanische Maria, die Mutter von Judas, die Maria Salome, die Mutter von Jesus, und Lazarus befunden haben. Sie landete mit ihrem Schiff, mit dem sie das Mittelmeer überquerte, in Saintes-Maries-de-la-Mer bei Marseille, also an dem Ort, wo später die Katharer wirkten.

183 Mit Volk ist der Kollektivmensch, der »Herdenmensch« gemeint, dem die Fähigkeit fehlt, selbstständig zu denken, und der deshalb von einem übergeordneten »Ich« geleitet werden muss. Innerhalb des jüdischen Volkes übernahmen dieses übergeordnete Ich die Hohepriester, die als geistige Elite »Jehova« und dessen Gesetze vertraten.

scheiden lassen. Er sah im wahren Christus also allein den Nutzen, und zwar den Nutzen für sich selbst, und nicht den wahren Menschen.

Paulus, dessen Reinkarnation vielleicht tatsächlich Rudolf Steiner war, bedrängte die Menschen, die nicht in seinem Sinne glaubten, wie in der Apostelgeschichte nachgelesen werden kann, und zwar so lange, bis dass sie offen bekannten, »Zauber betrieben zu haben« und deshalb ihre »Zauberbücher« in aller Öffentlichkeit verbrannten.[184] Auch Rudolf Steiner setzte sich eisern durch, wenn man nicht befolgte, was er an Leitlinien vorgab. So soll er deshalb angeblich einen seiner Schüler aus der ersten Klasse der Hochschule am Goetheanum geworfen haben, weil sich dieser im Umgang mit seinen Erste-Klasse-Büchern in der Öffentlichkeit nicht an seine Vorgaben hielt.

---

[184] Apostelgeschichte 19, 18-19 – auch Hitler führte öffentliche Buchverbrennungen durch. Somit weht der Geist also, so könnte man meinen, tatsächlich, wo er will.

32. KAPITEL
Die Wiederkehr der Geschehnisse Golgathas

Um die Wende vom 19. zum 20. Jahrhundert respektive Anfang des 20. Jahrhunderts, also nach exakt tausend und nicht mehr tausend Jahren, schien sich in Europa in gewissem Sinne tatsächlich Golgatha zu wiederholen. Nämlich mit der Ermordung des unschuldigen beziehungsweise vieler unschuldiger Menschen im Zweiten Weltkrieg[185]. Ausgelöst wurde dieses »zweite Golgatha« durch Hitler, der als Kain oder Judas auftrat, um, gnostisch-platonisch gesehen, so wohl seine damals ihm sowohl als Kain als auch als Judas, der prophezeite »Sohn des Allerhöchsten«, entgangene Macht und Bedeutung zurückzuholen. Völlig trieb- und hassgesteuert trat er auf. Und ohne Kopf, also kopflos – denn als Judas hatte er sich erhängt und sich somit wohl damals tatsächlich seines eigenen Kopfes auch für die Zukunft entledigt. Und deshalb auch »ganz Tier« (Waagrechte) und ohne Menschlichkeit. Er

---

185 Wie man als Gnostiker oder Platoniker den Ersten Weltkrieg einordnen soll, ist schwer zu beantworten. Er sieht, gnostisch-platonisch gesehen, wie eine Art »Vorbereitung« für den Zweiten Weltkrieg aus. Denn mit der Übertragung der gesamten Kriegsschuld des Ersten Weltkriegs auf Deutschland scheint Hitler für sein zukünftiges Wirken vorbereitet worden zu sein. Auch scheint der Erste Weltkrieg eher Ausdruck des »scheinbar Lichthaften« und der Zweite Weltkrieg Ausdruck des »tatsächlich Dunklen« gewesen zu sein. Denn als Auslöser für den Ersten Weltkrieg erkennt man Grössenwahn und Selbstüberschätzung und als Auslöser für den Zweiten Weltkrieg Schmach und Rache. Zudem wurde im Ersten Weltkrieg erstmals auf dem Schlachtfeld Giftgas eingesetzt und im Zweiten Weltkrieg wurden zwei Atombomben gezündet.

hat die Juden (Abel) ermordet beziehungsweise ermorden lassen und auch die Auslöschung der Christen[186] (Seth) geplant. Mit der Auslöschung der Christen wollte er aber, wie er sagte, bis nach dem Krieg zuwarten. Dafür hätte jedoch bereits während des Zweiten Weltkriegs der Papst in Rom entführt und nach Deutschland verschleppt und dann getötet werden sollen. Auch die Bolschewiki hasste er. Diese wollte er mit seinem Russlandfeldzug vernichten, den er zwecks Vergrösserung des arischen Lebensraums im Osten begann.

An diesem »zweiten Golgatha« waren nicht nur alle Protagonisten des eigentlichen Golgatha wieder anwesend, nämlich Judas (Hitler), die Juden (Herzl), Petrus (Papst), Pilatus (Churchill) und Paulus (Steiner), sondern auch mehrere Städte involviert. Nämlich die Städte, in denen diese wirkten. Denn dieses »zweite Golgatha« fand nicht wie das eigentliche Golgatha an einem einzigen Ort nur, also allein im römischen Palästina, sondern in ganz Europa und dann in der ganzen Welt, quasi urbi et orbi, statt. Das heisst, es begann in Europa und breitete sich dann von Europa aus über die ganze Welt aus. Dies wohl, weil Europa jener Kontinent ist, auf dem sich, zumindest nach gnostisch-platonischer Erkenntnis, tatsächlich der wahre Mensch entfalten sollte. Denn nach gnostisch-platonischer Erkenntnis ist es nicht von ungefähr, dass Europa seinen Namen aus der griechischen Mythologie erhielt. So wurde beispielsweise Europa, die Tochter des

---

186 Mit Christen sind hier selbstverständlich die religiösen Christen gemeint, also die Christen, deren Religion und Glaube auf Jesus zurückgeht. Deshalb stehen sie in Bezug zu Seth. (Die wahren Christen stehen, nach gnostisch-platonischer Betrachtung, mit dem wahren Christus und mit der »Pronoia« in Zusammenhang.)

phönizischen Königs Agenor und der Telephassa, in gleicher Weise von Zeus verführt und entführt, wie der Mensch bis heute vom »scheinbar Lichthaften« respektive von Jehova, dem »Gott« der Naturgesetze, die die darwinistischen Gesetze sind, verführt und entführt wird. Europa bedeutet aus dem Altgriechischen übersetzt »die mit der weiten Sicht« (auch Vorsehung?) oder »die mit dem umfassenden Gesicht«. Wenn Europa als »die mit dem umfassenden Gesicht« verstanden wird, kann dies durchaus heissen, dass sie auch die mit dem menschlichen Antlitz – und somit der wahre Mensch oder sogar also die »Pronoia« selbst – ist. Auch hier wusste die Antike also durchaus Bescheid.

Die in dieses »zweite Golgatha« involvierten Städte waren hauptsächlich München und Berlin, Basel, Rom – und London (und auch St. Petersburg beziehungsweise Moskau). In München und Berlin wirkte der nun selber mordende (oder besser: morden lassende) Judas (Hitler), in Basel – und nicht wie ursprünglich aber vorgesehen in München – die Hohepriester (Herzl) und Paulus (Steiner), in Rom Petrus (Papst) – und in London Pilatus (Churchill). Basel trat an die Stelle von München, weil wohl in Basel, im Gegensatz zu München, tatsächlich zu dieser Zeit ein »Pronoia«-Impuls existierte, der von jenen Gegenimpulsen, die sowohl den »neuen« als auch den »alten Adam« vertraten, so der Verdacht, unbedingt verhindert werden wollte. (Oder aus welchen Gründen sonst entschieden sich gerade beide Adam-Vertreter für Basel?)

Pilatus, der gegen Judas agierte, indem er dessen Bedeutung und Machtanspruch überging, kann, nach gnostisch-platonischer Erkenntnis, mit Churchill gleichgesetzt werden, da dieser im Zweiten Weltkrieg in diesem Sinne auch gegen Hitler agierte. Das heisst: Auch Churchill verweigerte Hitler sowohl seine Bedeutung als auch seine Macht.

Der Verrat des wahren Christus und somit der Verrat des wahren Menschen brachte Judas (und somit Hitler) sowohl bei den Hohepriestern als auch bei den Römern nichts ein. Dafür aber umso mehr den Hohepriestern selbst. Und dann vor allem Pilatus (und somit Churchill). Denn durch diesen Verrat wussten sowohl die Hohepriester als auch Pilatus, wenn auch nicht wirklich, sondern nur abbildhaft, intellektuell, wer der wahre Christus war. Pilatus konnte den wahren Christus also, ganz im Sinne der Hohepriester, die Judas mit Jesus als Messias ersetzen wollten, aber für den Opfertod des wahren Christus als strenggläubige Juden selbst keinen Menschen töten durften, sehr leicht aufgrund von falschen Behauptungen verhaften, anklagen und dann am Kreuz hinrichten lassen. Weil auch er eben nun wusste, wer der wahre Christus und somit auch, was dessen Bedeutung als Unschuldiger war. Doch nach gnostisch-platonischer Erkenntnis liess er den wahren Christus letztlich aber nicht für Jesus, sondern für sich selbst am Kreuz hinrichten, was er selbstverständlich für sich behielt und keinem Menschen, so auch nicht den Hohepriestern, verriet. Denn alles deutet darauf hin, dass tatsächlich auch er Messias werden wollte. (Selbst, dass er dann unter Caligula derart in Bedrängnis geriet, wie der Geschichtsschreiber Eusebius schrieb, und von diesem möglicherweise sogar, wie Orosius bemerkte, zu Selbstmord gedrängt wurde, könnte als Hinweis hierfür gedeutet werden, zumal der spätere Kaiser Caligula wohl keinen Messias beziehungsweise keinen zweiten »Kaiser«

neben sich in Rom geduldet hätte.) So erfuhr er von Judas auch, was es bedeutete, durch das Opfer des wahren Christus Messias zu sein. Judas erzählte ihm auch davon, weil er sich damit wohl von ihm, der Statthalter von Judäa war, Hilfe erhoffte. Nämlich Hilfe gegen die Machenschaften der Hohepriester, die ihn mit Jesus ersetzen wollten. Denn die Besonderheit für jenen Menschen, der durch den Opfertod des wahren Christus Messias werden konnte, wäre nicht nur, zum »Vater« aufsteigen und »König der Juden« werden, sondern sich vor allem auch das ewige Leben des wahren Christus aneignen zu können. So zumindest verkündete es die damalige sophistische Lehre, die wohl auch auf Pilatus einen sehr grossen Eindruck machte, sodass er deshalb für sich die Gunst der Stunde nutzte. Nämlich die Gunst der Stunde, durch die Kreuzigung des wahren Christus selbst noch mächtiger oder sogar eben »Gott« wie der Kaiser in Rom oder noch mehr als »Gott« wie der Kaiser in Rom, nämlich »Gott« mit ewigem Leben zu werden. (Und als Churchill, der die Welt rettete, erschien er dann tatsächlich als eine Art »Messias«.)

Das heisst mit anderen Worten, gnostisch-platonisch gesehen: Pilatus wollte letztlich wohl also selbst, und dies nicht nur anstelle von Judas, sondern auch anstelle von Jesus, Messias werden. Deshalb paktierte er (vorerst) mit den Hohepriestern. Denn mit ihnen und mit dem jüdischen Volk konnte er nicht nur Judas beseitigen, sondern auch für sich einen Grund für die Ermordung des wahren Christus finden. Judas, der bei Pilatus vorsprach, weil er sich von ihm wohl Hilfe erhoffte, wusste nicht, dass dieser mit den Hohepriestern paktierte und ihn auch deshalb, das heisst, weil er selbst Messias werden wollte, ins Leere laufen liess.[187] Es waren also mit Judas, Jesus und Pilatus tatsächlich drei Gesellen, die allesamt dasselbe wollten, nämlich Messias werden und dadurch zum »Vater« beziehungsweise in den Grad des Meisters aufsteigen und gleichzeitig mit einem Mord am wahren Christus das ewige Leben erlangen können. Und nur einer davon liess den wahren Christus tatsächlich ermorden, nämlich Pilatus. Judas, Jesus und Pilatus entsprachen den drei Qualitäten Denken, Fühlen und Wollen, wie sie auch den drei Gesellen König Salomons in den Tempellegenden zugeordnet werden können. Und auch hier war es von diesen drei Gesellen letztlich nur einer, der den Baumeister Hiram Abiff erschlug. Von den Hohepriestern wurde Judas für seinen Verrat mit dreissig Silberlingen entlöhnt.[188] Und von Pilatus, gemeinsam mit den Hohepriestern, wohl in den Selbstmord getrieben.

Rein gnostisch-platonisch gesehen verstünde man also durchaus, weshalb für Hitler (Judas) Churchill (Pilatus) der Erzfeind war. Aber auch, weshalb er die Juden (Hohepriester) hasste. Er fing an zu morden (oder ermorden zu lassen), so wie Pilatus einst den wahren Christus für sich, aber auch für die Hohepriester, die Jesus zum Messias küren wollten, ermorden liess. Oder vielleicht auch so, wie bereits Kain Abel ermordet hat – wenn es tatsächlich Kain und nicht

---

187 »Lache nie über die Dummheit der anderen. Sie ist deine Chance.« Dieses Zitat von Churchill könnte auch ein Zitat von Pilatus gewesen sein, der aufgrund der »Dummheit« Judas' sich selbst an dessen Stelle setzen konnte.
188 Über den genauen Hergang und die Hintergründe berichte ich in meinen beiden Büchern »Das gnostische Christentum« und »Das gnostische Christentum – Teil 2«, erschienen beim Twentysix-Verlag, Norderstedt.

Seth war, der für den Mord an Abel infrage kommt.[189] Wenn man davon ausgeht, dass es tatsächlich Kain und nicht Seth gewesen war, der Abel ermordet hat, so ermordete Hitler mit seinen Schergen wohl vielleicht deshalb vorerst nur die Juden (Abel) und nicht die Christen (Seth). Aus diesem Grund schon hatte dann wohl auch Judas, wenn man ihn nicht nur als Verräter, sondern auch als Mörder sehen will, nicht Jesus, den Repräsentanten Seths, auf den er wohl ebenso – zu Recht – eine Wut gehabt haben musste, sondern vorerst mal nur sich selbst umgebracht.

Vielleicht hatte er sich aber auch selbst umgebracht, weil ihm die Macht über die Menschen, die ihm als prophezeiten »Sohn des Allerhöchsten« zugedacht war, von Pilatus geraubt wurde, sofern ihn nicht Pilatus, in Absprache mit den Hohepriestern, die ihm für seine Absetzung dreissig Silberlinge aushändigten, willentlich zum Selbstmord gedrängt hatte. Das heisst also, dass er sich selbst umgebracht hatte, weil er sich vielleicht nur so die Möglichkeit schaffen konnte, diese geraubte Macht als Hitler umso mehr wieder für sich zurückzuholen. Denn wer sich umbringt, hat Rache in sich und bündelt wohl auf diese Weise seine Selbstsucht und Entschlusskraft. Auch verbindet er sich damit wohl persönlich mit dem »tatsächlich Dunklen«. Oder er opfert sich sogar für dieses, indem er dafür sein eigenes Ich und sein eigenes

---

189 Wie bereits in einer Fussnote behandelt wurde, fragt man sich als Gnostiker oder Platoniker, ob wirklich Kain Abel ermordet hat oder ob nicht Seth dafür infrage kommt. Denn es war auch nicht Judas, der den wahren Christus kreuzigen liess, sondern Pilatus. Und im Mittelalter war es die katholische Kirche, die die Katharer mithilfe ihrer Inquisitoren auf dem Scheiterhaufen umgebracht (und dann nach dem Zweiten Weltkrieg den Nazis zur Flucht nach Südamerika verholfen) hat.

Seelisches gänzlich aufgibt. Doch auch als Hitler konnte er die Macht, die er zwar anfänglich wiedererlangte, nämlich für zwölf Jahre, von 1933 bis 1945, nicht endgültig bewahren – und musste sich stattdessen, weil er auch hier gescheitert ist, wieder selbst umbringen. Die Frage, die sich deshalb unweigerlich stellt, ist: Wird er diese Macht nun bei einem dritten Erscheinen irgendwo auf der Welt, vielleicht mit einem Dritten Weltkrieg, für immer an sich reissen können, um dann tatsächlich die ganze Welt zu übernehmen? Oder wird auch dies Churchill, dann zum dritten Mal, wieder verhindern, indem auch er zu diesem Zeitpunkt irgendwo auf der Welt erscheint, sodass sich deshalb auch Judas beziehungsweise Hitler wohl wieder selbst umbringen wird oder umbringen muss? Heisst es aus diesem Grund in der Bibel, es wäre besser für Judas, er wäre nicht geboren? Weil er sich seine Macht niemals wird zurückholen können und sich stattdessen immer wieder selbst umbringen muss? Wenn dem so ist oder wäre: War dieses immerwährende Scheitern als Schicksal sogar also ein Mitgrund, weshalb der wahre Christus Judas als Jüngling von Nain zum Leben erweckt hat?[190] Damit er wahrer Mensch und somit von diesem seinem Schicksal erlöst werde?

---

190 Die gnostisch-platonische Erkenntnis geht davon aus, dass es sich beim Jüngling von Nain und Judas um dieselbe Person handelt. Als Jüngling von Nain war Judas (bereits) in den Grad des »Sohnes« eingeweiht. Deshalb hiess er »Jüngling«. »Jüngling« ist in der Eingeweihtensprache ein anderer Begriff für »Sohn«. Und als »Sohn«, der Messias würde, wäre er in den Grad des »Vaters« erhöht worden. Der Jüngling von Nain wurde vom wahren Christus »von den Toten erweckt«, das heisst, er wurde in seinem wahren Ich und somit in seiner Aufrechten angesprochen.

Aber auch Pilatus beziehungsweise Churchill wird wohl für immer eine »geplagte Seele« bleiben. Denn auch er muss auf diese Weise immer wieder dafür sorgen und dafür kämpfen, dass er gegenüber Judas beziehungsweise gegenüber Hitler weiterhin die Oberhand behalten kann. Das heisst für ihn: Er wird seine zukünftigen Inkarnationen ebenso immerzu dafür wohl einsetzen müssen, zu sorgen, dass Judas' beziehungsweise Hitlers Rache immerwährend entkräftet wird oder entkräftet bleiben kann. Somit kann Pilatus beziehungsweise Churchill tatsächlich in dem Sinne als Schlüsselperson für den Frieden auf Erden für die Zukunft bezeichnet werden. Als Schlüsselperson letztlich jedoch auch deshalb, weil er es war, der einst Judas mithilfe der Hohepriester entmachtet hat, um (neben Judas und Jesus als einer der drei Gesellen) letztlich selbst dessen Stelle einzunehmen. Er selbst wäre oder war es somit, der einst die Rache, der er sich immerzu fortan entgegenstellen muss, erzeugt und so in die Welt gesetzt hat. Denn als römischer Statthalter Judäas (Pilatus) hatte er Judas nicht unterstützt, sondern stattdessen mit den Hohepriestern (deren Stellvertreter in diesem Zusammenhang dann Roosevelt war?) paktiert – in der Absicht, so die gnostisch-platonische Annahme, sich selbst zum »Sohn des Allerhöchsten« zu küren, dessen Bedeutung ursprünglich Judas zugedacht war und dann Jesus hatte übertragen werden wollen, ausgestattet mit dem ewigen Leben des wahren Christus, der dafür gekreuzigt werden musste. Und das Tragische dabei ist: Es war Judas selbst, der ihm alle Fakten und Hintergründe dafür lieferte. In der Hoffnung, von ihm in seiner misslichen Lage wohl unterstützt zu werden. Judas erzählte ihm über sich selbst, den prophezeiten »Sohn des Allerhöchsten«, und seine eigentliche Bedeutung. Und über den wahren Christus, den nur er kannte, sodass auch nur er ihn hatte verraten können. Denn Pilatus' Hilfe benötigte er, um sich gegen die Machenschaften der Hohepriester zu wehren, die nun nicht mehr ihn, wie ursprünglich aber vorgesehen, sondern eben Jesus zum Messias kürten.

...

In der Innerschweiz gibt es eine Sage, die davon erzählt, dass die Leiche von Pilatus in den Bergsee des nach ihm benannten Berges geworfen wurde und dieser dort nun, quasi als tatsächlich »geplagte Seele«, nicht gestört werden dürfe, um nicht Unwetter heraufzubeschwören.

...

Pilatus hatte im Jahr 33 n. Chr. den wahren Menschen zum Tode verurteilt und kreuzigen, also ermorden lassen. Er tat dies mithilfe des Verrates durch Judas und auf Drängen der Hohepriester. 1900 Jahre, also »tausend und nicht mehr tausend Jahre« später, im Jahr 1933, kam Hitler an die Macht. Und Anfang des 20. Jahrhunderts hatte Churchill, gemeinsam mit den USA (Roosevelt), die Welt vor dem Untergang durch Judas (Hitler) gerettet oder retten müssen. Churchills Bedeutung, aber auch jene Roosevelts, erscheint nach dieser Betrachtung also sehr ambivalent.

Wenn sich Grossbritannien nun wieder gänzlich von Europa losgelöst und abgeschottet hat, um sich auf diese Weise wohl einerseits dem Einfluss Deutschlands zu entziehen und sich andererseits auch umso mehr wieder seinen

Grossmachtfantasien hinzugeben, so hat man den Eindruck, dass sich in ihm tatsächlich wieder der Geist des Pilatus, so wie er wirklich war, offenbarte: gänzlich auf sich selbst bezogen, einem allein eigenen Nutzdenken folgend und mit Hang zu Grössenwahn und Allmachtsfantasien ausgestattet. Denn Grossbritannien träumt wieder, wie man entsprechenden Aussagen und Kommentaren entnehmen kann, vom neuen Empire, von der »Goldenen Zukunft« in den Ex-Kolonien des Commonwealth.

Das heisst übersetzt: Wenn Churchill nach dem Krieg, der ihn zwang, mit den USA zusammenzuarbeiten, für ein geeintes Europa warb – während des Krieges wollte er bereits eine Union mit Frankreich eingehen, die die mit dem Dritten Reich kollaborierende Regierung Pétains jedoch aus Erinnerung an den Hundertjährigen Krieg und deshalb aus Furcht vor einer Übermacht Grossbritanniens ablehnte –, so tat er dies mit Bestimmtheit allein deshalb, weil er damit Grossbritannien (oder vielleicht auch die Welt?) wohl wiederum vor einem erneuten Erstarken Deutschlands und deshalb auch vor einem erneuten Krieg mit Deutschland schützen wollte – und nicht aus irgendwelchen »idealistischen« oder sogar menschlichen Gründen, wie man vielleicht meinte oder sich erhofft hat. Denn Deutschland sollte mit einer europäischen Gemeinschaft, in die es ebenso eingebunden ist, in seinem Bestreben, möglicherweise erneut einen Krieg zu entfachen, gebannt werden. Der Fehler, den man nach dem Ersten Weltkrieg beging, als man Deutschland die gesamte Kriegsschuld auflud und es gleichzeitig völlig isoliert bleiben liess, sollte nicht mehr wiederholt werden. Das Eingebundensein in eine Gemeinschaft, eine Gemeinschaft, die sich auch gegenseitig kontrolliert, sollte verhindern, dass Deutschland abermals geistig und auch militärisch aufrüsten und sich auf einen neuen Krieg vorbereiten könnte, um sich so erneut zu »rehabilitieren« und sich seiner Schmach zu entledigen.

Mit anderen Worten: Churchill postulierte die Idee eines geeinten Europas deshalb tatsächlich wohl aus allein strategischen und weniger oder überhaupt nicht aus sozialen, geschweige denn aus idealistischen oder gar menschlichen Gründen. Im Gegenteil, man kann sogar davon ausgehen, dass ihn ein geeintes Europa, das vielleicht auch aus menschlichen oder idealistischen Überlegungen zusammenhält, keinen Deut interessierte. So zumindest muss man das Verhalten Grossbritanniens, das sich ganz im Geiste Churchills versteht, heute interpretieren. Weil es eine andere Erklärung dafür, also dafür, dass mit allen Mitteln versucht wurde, den Bruch mit der EU herbeizuführen, nicht gibt. Denn heute, wo keine kriegerische Gefahr mehr von Deutschland ausgeht und somit die Kriegsgefahr in Europa generell gebannt zu sein scheint, sieht auch Boris Johnson, dessen Vorbild Churchill ist und der sich schwärmerisch auch immer wieder als »Wiedergänger« Churchills inszeniert, ja selbst eine Biografie über Churchill verfasst hat, keinen Grund mehr, innerhalb Europas zu verbleiben – im Gegenteil. Weil das strategische Mittel zum Zweck nun tatsächlich auch für ihn nicht mehr nötig erscheint. Und weil vielleicht vielmehr nun die Gefahr droht, von Deutschland umso mehr nun wirtschaftlich dominiert zu werden. Zudem ist London noch immer das bedeutendste Finanzzentrum Europas. Ein Finanzzentrum jedoch, das ebenso nicht mehr nur Teil einer europäischen Gemeinschaft, sondern vielmehr vielleicht – eben – wohl mehr als das nun sein will.

Interessant in diesem Zusammenhang ist, dass zu gleicher Zeit, als Grossbritannien seine Brexit-Ideen entwickelte, sich auch in Amerika ein Präsident zu formieren begann, der mit seinem »America first«-Slogan, einem Slogan, der in den 1930er Jahren von US-amerikanischen Sympathisanten des Nationalsozialismus verwendet wurde, meint, sein Land in isolationistische Zustände zu führen. Man hat den Eindruck, die Angst vor einem erneuten Weltkrieg und deshalb auch die Angst vor einem erneuten Auftreten eines Hitlers sei heute tatsächlich gebannt, sodass deshalb die wahren »Charaktere« der Länder Grossbritannien und USA, nämlich die Charaktere, wie sie sich damals in Pilatus und den Hohepriestern zeigten, wieder zum Vorschein kommen. Es sind dies »Charaktere«, die sich mit einem »Gesellendasein« nicht mehr abfinden wollen und deshalb nach einem »Höheren« und auch »Besseren«, dem »Meister-, Vater oder Gottesgrad«, streben. Die Idee eines geeinten Europas kann also mit Grossbritannien tatsächlich nicht realisiert werden – weil auch Churchill mit Bestimmtheit kein Europäer war.

LETZTES KAPITEL

Der wahre Mensch, der verloren geht und vergessen wird

Wenn wir die heutige Zeit betrachten, so stellen wir fest, dass wir uns nach den Ereignissen, die 1933 begannen und bis 1945 andauerten, also nicht ganz hundert Jahre später, wieder vor bedrohliche Probleme gestellt sehen. Diesmal betreffen diese Probleme aber nicht den Menschen als solchen selbst, also nicht den Menschen, der sich selbst zur Gefahr wird, indem er beispielsweise mordet und vernichtet, sondern vor allem seine Umwelt und seine Gesundheit. So bedrohen nicht nur immer mehr Überbevölkerung oder Armut oder auch eine weltweite Umweltverschmutzung und vor allem, ganz neu, eine allgemeine Klimaerwärmung sein Leben und seine Existenz auf Erden, sondern auch Seuchen und Pandemien. Doch es scheint auch das politische und gesellschaftliche Leben immer mehr wieder von Totalitarismus, Fanatismus und Radikalismus bestimmt zu werden. Man denke hier nicht nur an Präsidenten und »Volksführer«, die zu selbstherrlichen und grössenwahnsinnigen Autokraten mutieren, oder an Umwelt-, Klima und Tieraktivisten, deren Auftreten immer radikaler wird, sondern vor allem auch an die politische Gesinnung, die beispielsweise Gewalt wieder als legitimes Mittel zur Durchsetzung ihrer Forderungen sieht oder die gegen Ausländer hetzt und den Patriotismus fordert oder gar alles, was nicht ihrer Ideologie (oder auch ihrem Glauben) entspricht, mit Vehemenz und Verboten torpedieren will.

Manchmal hat man den Eindruck, wenn man die heutige Zeit und auch die Zukunft in dieser Hinsicht studiert, dass sich für das Leben des Menschen auf Erden – im Gegensatz zum Jahr 1000 – nun tatsächlich beinahe eine Art Endzeit vorbereiten will. Doch warum? Weil es keine Menschen mehr gibt, die sich für den wahren Menschen interessieren? Und deshalb auch keine Menschen mehr, die von einem wahren Menschen wissen? Und die ihn deshalb auch nicht mehr vermissen oder suchen? Weil die gesamte Welt nur noch den abbildhaften Menschen idealisiert und auch nur noch den abbildhaften Menschen überlassen wird?

Man meint fast, Nietzsche wäre noch der letzte Mensch gewesen, der den wahren Menschen vermisst und deshalb auch gesucht hat. Ob er auch deshalb in die geistige Umnachtung fiel? Das heisst: Weil auch er ihn nicht mehr fand und somit vergeblich suchte?

Doch auch ich vermisse den wahren Menschen. Ich vermisse ihn wie Nietzsche, der an der christlichen Religion zerbrochen ist. Nietzsche ist an der christlichen Religion zerbrochen, weil sie sich in der Tat, also auch von meinem Standpunkt aus gesehen, als das Gegenteil von dem offenbart, was der Mensch für sich und seine Orientierung braucht – und was letztlich wohl auch er, Nietzsche, suchte, nämlich den wahren Menschen. Auch ist sie das Gegenteil von dem, was sie selbst verspricht. Nämlich statt menschlich, respektvoll und gerecht zu sein, arrogant, menschenverachtend und überheblich. Denn sie dient allein sich selbst beziehungsweise, wie sie selbst sagt, dem »Gott« oder dem »Gottessohn«, und nicht dem Menschen. Der Mensch interessiert sie nicht, geschweige denn der wahre Mensch. Im Gegenteil. Stattdessen oder deshalb wohl entmündigt sie ihn. Und erklärt sie ihn zum Sünder. Auch diskriminiert sie ihn. So wie alle Religionen den Menschen, oder zumindest die Frauen, diskriminieren. Denn Religionen stellen sich über den Menschen und nicht hinter ihn. Und sie bedrängen ihn und verbieten ihm das (selbstständige) Denken und dadurch seine Mündigkeit. Und drohen mit Strafen. Sie zerstören das Individuelle, Einzelne und Persönliche des Menschen und fördern stattdessen den Kollektivmenschen, das »Herdentier«. Also das »Herdentier« Mensch, wie schon Nietzsche konstatierte, – und das dann von einem »Leittier« oder Führer (oder auch von Dogmen) geleitet wird. Ob es deshalb letztlich allein die christliche Religion war, die Nietzsche auf dem Gewissen hat? Weil sie ihm nichts von einem wahren Christus und deshalb auch nichts vom wahren Menschen erzählte, sondern nur vom falschen, abbildhaften und verklärten? Hätte er ihr aber geglaubt, wenn sie ihm von einem wahren Christus und deshalb auch vom wahren Menschen erzählte? Gibt es überhaupt jemand in der Welt, der glaubte, wenn man ihm von einem wahren Christus und vom wahren Menschen erzählt? Der Mensch der Jetztzeit eben bestimmt nicht. Im Gegenteil, der lachte den, der davon erzählte, wie Platon sagte, wohl tatsächlich aus. Oder brächte ihn am Ende sogar um, wenn er dennoch versuchte, ihn von seinem Höhlenschicksal zu befreien und nach oben zu führen. So wie die Römer den wahren Christus und damit den wahren Menschen umgebracht hatten. Oder Hitler Millionen von unschuldigen Menschen im Zweiten Weltkrieg. Oder einer der drei Gesellen der Tempellegenden den Baumeister Hiram Abiff.

Auch wäre die Welt sonst wohl eine völlig andere Welt, wenn der Mensch vom wahren Menschen wüsste. Weil sie dann mit ihren Gesetzen auf den wahren Menschen baute und nicht auf das Tier. Denn für den wahren Menschen benötigt man den Menschen als Grundlage und bestimmt nicht das Tier. Auch wäre sie eine Welt, die auf das Innere, Seelische baute und nicht auf die reine Äusserlichkeit. Und deshalb auch nicht auf ein »Heldentum«. Denn »Helden« gibt es nur in einer abbildhaften, scheinbaren Welt. Also in einer Welt, in der es auch ein »Oben und Unten« oder ein »Besser und Schlechter« gibt. Deshalb ist der wahre Christus, wie ihn der Gnostiker oder Platoniker vertritt, im Gegensatz zum Christus oder Jesus der Sophisten, kein Held. Im Gegenteil: Er ist höchstens oder vielmehr ein »Antiheld«. So wie mein Bruder ein »Antiheld« ist. Denn auch mein Bruder steht beispielsweise in der menschlichen Hierarchie der abbildhaften Welt zuunterst und nicht, wie dies bei »Helden« üblich ist, zuoberst. Auch wird er für seine Taten und seinen persönlichen Einsatz ebenso wenig oder überhaupt nicht verehrt und vergöttert, sondern, im Gegenteil, vielmehr gehasst und bekämpft. Wenn man unter Christus den Christus der Sophisten und somit den Christus der christlichen Religion meint, so kann man – vom Standpunkt des Sophisten und der Vertreter von Religionen aus gesehen – den wahren Christus als »Antichristen« bezeichnen, und nicht den Christus der Sophisten und somit den Christus der christlichen Religion, wie das Nietzsche tat. Und wenn doch, dann höchstens nur aus gnostisch-platonischer Sicht. Weil der Christus der Sophisten und somit der Christus der christlichen Religion tatsächlich als »Held« erscheint und nicht wie der wahre Christus als Gegenbild davon, also als »Antiheld«. Denn als

»Antiheld« ist man letztlich, nach gnostisch-platonischer Sichtweise, automatisch auch »Antichrist«. Dafür ist der wahre Christus der wahre Mensch und nicht wie der Christus der Sophisten und somit der Christus der christlichen Religion der abbildhafte. Nämlich der wahre Mensch, so wie ihn bereits Platon erahnt hat – obwohl der wahre Christus als Instanz des wahren Menschen zu der Zeit, als Platon gelebt hat, noch gar nicht auf Erden erschienen war.

. . .

Weil Nietzsche letztlich vom wahren Menschen nichts wusste (oder nichts wissen wollte?), und dies, obwohl er anfing, den Christus der Sophisten und somit den Christus der christlichen Religion zu hassen, fing er dennoch (wie Judas?) an, auch das Christentum als solches, also generell, zu hassen. Das heisst, er hasste es pauschal, ohne auch hier, wie beim Menschen, zwischen einem verfälschten, abbildhaften (nach der Waagrechten oder auch Senkrechten hin ausgerichteten) und einem wirklich wahren (nach der Aufrechten hin ausgerichteten) Christentum zu unterscheiden. Auch fing er wohl deshalb an, sich – sinnigerweise – über Platon zu erheben. Also über Platon, der, im Gegensatz zu Aristoteles, letztlich den Weg zum wahren Menschen hin und somit zum wahren Christus ebnete. Seine eigene Philosophie, so meinte er, sollte deshalb als »umgedrehter Platonismus« verstanden werden – was sie aus gnostisch-platonischer Sicht deshalb auch durchaus ist. Denn für ihn, den Anti-Platoniker, war Platon »das grösste Malheur Europas«. Mit Platon sei »der schlimmste, langwierigste und gefährlichste aller Irrtümer« in die Welt gekommen. Die ganze europäische Philosophie bestehe nur aus Fussnoten zu Platon. Er schimpfte also mit Platon über dasjenige, von dem er selbst nichts wusste und das er, so tragisch die Situation dabei ist, letztlich aber doch selbst vermisste und suchte. Er hätte also nicht über Platon und dasjenige, was Platon vorbereitet hat, sondern vielmehr, wenn schon, über Aristoteles und dasjenige, das Aristoteles vertrat und verhinderte (!), schimpfen müssen. Er schimpfte wohl über Platon, weil es ihn zornig machte, ihn wie das wahre Christentum nicht zu verstehen. Denn es war Aristoteles, der das Tor zur Welt des wahren Menschen gänzlich zuzog und bestimmt nicht Platon. Aristoteles mit seinem allein auf das Sinnliche, Abbildhafte bezogenen Denken. Dies im Gegensatz zu Platon, der von Urideen sprach, die existierten, auch ohne dass sie sich sinnlich, stofflich oder abbildhaft manifestierten.

Das ist also die grosse Tragik des Aristotelikers oder Sophisten. Dass er die Wahrheit letztlich, vom Standpunkt des Gnostikers oder Platonikers aus gesehen, umgekehrt sieht und verdreht und nicht versteht. So wie das »scheinbar Lichthafte« oder der »Übermensch«, der Ausdruck des »scheinbar Lichthaften« ist, Wahrheiten und Inhalte umgekehrt sieht, verdreht und nicht versteht – und den aber Nietzsche doch so sehr verehrte. Ob sich vielleicht auch deshalb Judas selbst erhängte? Da er mit demselben Problem konfrontiert war? Und auch deshalb den wahren Menschen verriet? Denn auch Nietzsche verriet im gewissen Sinne den wahren Menschen. Indem er Platon verriet. Also Platon, der vom wahren Menschen wusste oder ahnte. Er verriet ihn als »willenloser reiner und absoluter Egoist«, so wie er selbst den »Übermenschen« beschrieb.

Nachtrag

Um den Weg aus dem Labyrinth zu finden, musste ich mich von jeglichem Glauben und von jeglicher weltanschaulichen Lehre, welcher oder welche auf der Vergangenheit einer Weisheit beruht, befreien. Das heisst: Ich musste mich nicht nur wieder von der katholischen Kirche, sondern auch von der Anthroposophie (und später selbstverständlich dann auch von der Freimaurerei) befreien. Weil alle diese Glaubens- und Weltanschauungsgebilde vom wahren Menschen nichts wissen und (dadurch) den wahren Menschen verhindern. Sie beziehungsweise deren Vertreter wissen nichts von ihm und verhindern ihn, statt dass sie ihn suchten und ermöglichten. Und sie verhindern ihn mit Absicht. Nicht nur, um damit den Menschen umso mehr an einen letztlich wohl fiktiven »Gott« beziehungsweise an einen »neuen Adam« zu binden, sondern vor allem, um selbst dadurch Macht zu erhalten. Dadurch verhindern sie aber den Zugang zur Welt ausserhalb des Labyrinths, den ich glücklicherweise dennoch meine, für mich gefunden zu haben. Ich habe ihn für mich, wie ich meine, allein durch meinen Bruder gefunden, sodass ich ihm deshalb nun sehr dankbar bin. Denn der Zugang zur Welt ausserhalb des Labyrinths bedeutet gleichzeitig die Befreiung aus dem Labyrinth. Und dadurch die Rettung des eigenen persönlichen Ichs, des Seelischen und der eigenen Zukunft. Denn die Welt ausserhalb des Labyrinths ist die Welt des wahren Menschen. Und deshalb auch die Welt, in der die Wahrheit und die Vollkommenheit existiert. Und somit auch das wahre, unvergängliche Leben. Die Lebensfreude, die Aufrichtigkeit und die Ich-Kraft. Deshalb schrieben wohl viele antike Dichter und Philosophen von diesem Ort, den sie als Land Hyperborea bezeichneten. Weil sie ihn wohl auch für sich zu finden hofften.

Mein Bruder hat mich in die Sophistik hineingeführt, um mich von dort dann wieder herauszuführen. Er hat mich in die Sophistik hineingeführt, damit ich sie wohl erfahre und kennenlerne. Denn wer nichts von der Sophistik weiss, kann sie weder beurteilen noch sich von ihr deshalb befreien. Ich habe mich von der Sophistik wieder befreit, als ich anfing, mich meines Bruders anzunehmen, ihn in seinem Leben und seinem wahren Menschsein zu studieren. Und auch begann, die Widersprüche, die zwischen ihm als Mensch und der Welt existieren, herauszuarbeiten und zu erkennen. Und auch deren Gründe dafür. Aber auch, indem ich sah und gewahr wurde, wie man mit ihm in der Welt umgeht, wie man sein Menschsein wertet und ihn als Mensch versteht, wie man ihn behandelt. Mit der Konsequenz dann für mich, dass ich mich im Leben für oder gegen ihn zu entscheiden hatte. Da ich auf der Suche nach der Wahrheit war und ich diese in meinem Bruder fand, mit dem ich mich schon immer in besonderer Weise verbunden fühlte, und auch weil ich mich mit ihm schon immer in besonderer Weise verbunden fühlte, war ich letztlich »gezwungen«, mich allein für ihn zu entscheiden – und somit gegen den Rest der Welt, die in meinem Bruder lediglich den »unbedeutenden«, zu nichts taugenden, wertlosen Menschen sah oder sieht. Doch hätte ich mich gegen ihn und für den Rest der Welt entschieden, so hätte ich ihn (oder ich mich letztlich selbst) womöglich verloren.

Mit der Sophistik, in die mich mein Bruder hineingeführt hat, meine ich vor allem die Anthroposophie. Die Anthroposophie, der ich letztlich dennoch viel zu verdanken habe. Auch habe ich innerhalb der Anthroposophie viele Menschen kennengelernt. Menschen, die ich sehr schätzte und vielleicht sogar verehrte. Heute beschäftige ich mich jedoch nicht mehr mit esoterischen Weisheiten und Weisheitslehren. Weil ich mich ganz der gnostisch-platonischen Erkenntnis hingegeben habe. Also jener Erkenntnis, die sich geradezu konträr, ja, als Gegenbild zur sophistisch-aristotelischen Weisheit zeigt. Deshalb bin ich schon lange aus der anthroposophischen Gesellschaft ausgetreten.[191] Das heisst: Ich bin wieder aus der Anthroposophie ausgetreten, in die mich mein Bruder einst hineingeführt hat. Weil ich durch ihn auch in ihr viele Widersprüchlichkeiten entdeckt habe. Widersprüchlichkeiten, die sich, vorab, was das Seelische und das Ich des Menschen betrifft, als letztlich nicht wahr oder als gespiegelte Wahrheit offenbaren. Auch Theseus begab sich vorerst ins Labyrinth, um von dort dann wieder hinauszufinden. Er fand mit Hilfe der Ariadne hinaus, die ihm dafür einen Faden gab. Selbst Odysseus irrte mit seinem Schiff jahrelang im Meer umher, bevor er wieder nach Hause fand.

Für mich offenbart sich mein Bruder als Faden der Ariadne. Weil er mir zu meinem Denken verhalf. Denn damit führt

---

191 Ich bin aber auch aus der Allgemeinen Anthroposophischen Gesellschaft ausgetreten, weil ich dort nicht nur bereits wegen meines platonisch-gnostischen Denkens, sondern vorab wohl auch wegen meines Bruders gemieden wurde. Denn in gewissen, vorab dem Goetheanum zugewandten anthroposophischen Kreisen wurde mein Bruder als Mensch betrachtet, der in vergangenen Inkarnationen viel Schuld auf sich geladen hätte und deshalb, so sein eigener anthroposophischer Hausarzt (!) über ihn, der mit dem Goetheanum in enger Verbindung stand, die »Aura verdunkle«.

auch er mich wieder aus dem Labyrinth, dem Labyrinth der abbildhaften Welt. Er offenbart sich jedoch als Faden, den ich zuerst – willentlich – entdecken musste. Denn einen Faden der Ariadne erkennt man nicht einfach so. Er ist unscheinbar und verborgen – und nicht hellleuchtend und glänzend wie der Schein des »scheinbar Lichthaften«, der die Menschen verführt. Oder wie der Glanz der Schlange, mit dem auch diese den Menschen umgarnt, um ihn damit umso mehr in die Äusserlichkeit zu drängen. Denn es sind der Schein und der Glanz, denen gewöhnlich Menschen erliegen. Weil sie nicht denken und hinterfragen wollen und dadurch verführt werden. Und darinnen deshalb, wie sie meinen, den »Gott« oder ein »Göttliches« erkennen. Auch Menschen mit Titel, Ornat, Reichtum, »grossartigen« Reden oder Predigten und »schönen« Worten folgen sie. Ohne zu merken, dass sie auch damit umso mehr in die Irre eines Schlangenhaften geführt werden können. Und deshalb auch umso mehr hinein in das Labyrinth. Denn Glanz und Schein sind Ausdruck eines rein Äusseren (und somit letztlich auch Ausdruck eines Inhalts- und Seelenlosen) und haben mit dem wahren Menschen nichts zu tun. Deshalb, das heisst, weil dem Glanz und dem Schein gehuldigt und gefolgt wird, werden »Gott« und sein »Sohn« und alles, was »heilig« ist, beispielsweise in (meist barocken) katholischen Kirchen, aber besonders auch im orthodoxen östlichen Christentum, mit Gold und Prunk dargestellt. Und auch umgekehrt wird all jenes mit Gold und Prunk dargestellt, was »Gott« und seinem »Sohn« entspricht und »heilig« ist. Die christliche Religion verrät sich dadurch also selbst. Sie zeigt mit ihrem Gebaren selbst, wen sie vertritt und wem sie nachfolgt. Wie die Königin von Saba des Alten Testaments oder der Tempellegenden: Auch sie verriet ihre Absicht, als sie mit Gold und Prunk bei

König Salomon erschien. Nämlich jedoch die Absicht, König Salomon damit bewusst zu täuschen, um sich so den Zugang zu seinem Tempel zu ermöglichen, in dem Hiram Abiff gefangen ist – gleich wie Leonore in Beethovens Oper *Fidelio*, die sich dafür wohl als Mann verkleidet hat.

So wie religiöse Menschen meinen, den »Retter der Menschheit« und letztlich damit auch die »Wahrheit« durch Glanz und Schein (und sogar durch »Wunder«, die sie angeblich vollbringen) zu erkennen – und je grösser und gewaltiger sich der Glanz und der Schein (und auch die »Wunder«) offenbaren, desto überzeugter sind sie davon –, entdeckte ich dagegen den Faden der Ariadne in meinem Bruder, als ich anfing, das rein Äusserliche einer Welt wegzudenken und zu durchschauen und somit zu relativieren. Denn dadurch erst stiess ich auf sein wirklich wahres Ich, auf sein wirklich wahres Menschsein, das hinter dem rein Äusseren verborgen liegt. Und auf sein wirklich wahres Seelisches.

Auch ist mein Bruder wie eine Art gute Sphinx. Denn auch er stellt mir Fragen, deren Antworten ich mir immerzu selbst erringen muss. Fragen, die entstehen durch sein Anderssein. Und seine Widersprüchlichkeiten zwischen ihm und der Welt. Und wie bei der Sphinx hätte mich auch sein Schicksal verschlungen, wenn ich nicht auf ihn gehört hätte. Wenn ich nicht versucht hätte, ihn zu verstehen, die Fragen, die sein Anderssein stellten, zu beantworten. Es hätte mich vor Kummer und Gram verschlungen. Nämlich vor Kummer und Gram, ihn – vielleicht aus Hochmut oder Überheblichkeit? – nicht beachtet und übergangen oder sogar von mir gestossen zu haben.

...

Im Gegensatz zu Nietzsche meine ich, das Tor zu Hyperborea gefunden zu haben. Also nicht nur theoretisch oder als Ahnung wie Nietzsche, sondern wirklich. Damit stehe ich aber an einem Punkt im Leben, der mich (wie Nietzsche?) in gewissem Sinne völlig isoliert werden lässt. Weil auch die Welt selbst, die rein aristotelisch und sophistisch geprägt ist (!), ihren Weg scheinbar gefunden hat. Nämlich den Weg hin zur reinen Äusserlichkeit und zur Stofflichkeit. Den Weg hin zur Weisheit (und auch zur Metaphysik) und zur Macht. Und somit auch den Weg wieder zurück zum Anfang, zu Ur-Adam, dem angeblich ersten Menschen, der ursprünglich jedoch, gnostisch-platonisch gesehen, nichts anderes als ein Klumpen Materie ohne menschliches Antlitz war.[192] In der abbildhaften Welt, in der selbst die Zeit rund ist, entspricht dieser Weg selbstverständlich einer gewissen »Logik« oder »Richtigkeit«. Weil sie einer sophistischen Vorstellung folgt. Für den Menschen, der sich nicht als allein abbildhafter Mensch versteht, ist sie jedoch ein Irrweg. Und völlig abstrus. Und auch gefährlich. Ein »Hamsterrad«, in dem man »ewig« gefangen bleibt. Denn dadurch verliert man als Mensch sein eigenes, individuelles Ich. Sein eigenes, individuelles Ich und auch seine Seele. Seine gesamte individuelle Persönlichkeit. Sein Leben. Und man verbleibt im Labyrinth, dem Rad der »ewigen Wiederkehr des Gleichen« (Nietzsche), indem man sich immerzu weiter verstrickt. Und je mehr man sich immerzu weiter verstrickt, desto schwerer findet man aus diesem Labyrinth wieder hinaus. Bis dass man sich mit

---

192 Mehr darüber in meinem Buch »Das gnostische Christentum – Teil 2«, erschienen beim Twentysix-Verlag, Norderstedt.

der Zeit mit diesem Labyrinth tatsächlich gänzlich arrangiert und alles andere dabei, was mit einem »Ausserhalb« zu tun hat, und so auch sich selbst, vergisst. Vergisst und deshalb auch bekämpft. Bekämpft, weil es das Labyrinth, in dem man sich wohlfühlt und in das man sich eingenistet hat (oder aus dem man letztlich tatsächlich selbst nur entstammt?), infrage stellt.

Ich aber will nicht mehr zurück zum Anfang, zu Ur-Adam. Sondern nach vorn, zum wahren Menschen. Um die Welt der Menschen, die wieder zurückwollen zu Ur-Adam, gänzlich hinter mir zu lassen. »Was ihr auf Erden binden werdet, soll auch im Himmel gebunden sein. Und was ihr auf Erden lösen werdet, soll auch im Himmel lose sein«, heisst es bei Matthäus – zu Recht – in der Bibel. Binden bedeutet, sich zum Gefangenen zu machen. Lösen heisst, frei zu sein. Ich habe mich von meinem Gefangenensein befreit und von der Aristotelik und der Sophistik gelöst.

Wenn ich gleich Nietzsche argumentieren wollte, so müsste ich, von meinem Standpunkt aus gesehen, die Aristotelik »verdammen«. Denn für mich ist sie »das grösste Malheur Europas«. Mit Aristoteles und nicht mit Platon ist für mich »der schlimmste, langwierigste und gefährlichste aller Irrtümer« in die Welt gekommen. Auch die ganze europäische Philosophie besteht für mich nur aus Fussnoten zu Aristoteles. Im Unterschied zu Nietzsche kann ich meine Sichtweise jedoch erklären. Nietzsche dagegen konnte es nicht. Er schimpfte nur und verdammte. Dies quasi bereits als Folge seiner Erkrankung? Oder weil er letztlich doch nicht fähig war, wirklich selbstständig zu denken, obwohl oder weil er

Professor an der Universität war? Das heisst: Weil er ganz in den Normen und der Vorstellungswelt eines aristotelischen Denkens verhaftet und gefangen blieb?

Die Entscheidung, welchen Weg man im Leben geht oder gehen soll, liegt bei jedem Menschen selbst. Ich habe mich für den Weg nach Hyperborea entschieden. Den Weg hinaus aus dem Labyrinth, den Weg nach »jenseits von Himmel und Erde«. Durch meinen Bruder, der sich zu mir wie Kastor zu Pollux verhält. Ich gehe damit also auch den Weg mit ihm nach jenseits des Nordens – und nicht zurück. Denn auch ich habe, um in Nietzsches Worten zu sprechen, das Glück entdeckt.»Ich weiss den Weg und fand dadurch (wirklich) den Ausgang aus ganzen Jahrtausenden des Labyrinths. Wer fand ihn sonst? – Der moderne Mensch etwa? – ›Ich weiss nicht aus noch ein; ich bin alles, was nicht aus noch ein weiss‹ – seufzt der moderne Mensch.«